ÖSTERREICHISCHE MILITÄRGESCHICHTE

Sammelband 1992, 1993, 1994

DIE K.U.K. KRIEGSMARINE

ZEUGNIS EINER GLORREICHEN VERGANGENHEIT

 VERLAGSBUCHHANDLUNG STÖHR, WIEN

2. wesentlich verbesserte Neuauflage 1997

ÖSTERREICHISCHE MILITÄRGESCHICHTE erscheint 2x jährlich mit unregelmäßig erscheinenden Sonderbänden heereskundlichen und militärischen Inhalts.
Herausgeber, Verlag und Redaktion: Buchhandlung Heide STÖHR, Lerchenfelderstraße 78–80, A-1080 Wien.
Druck und technische Gestaltung: Peter DORNER, Hasnerstr. 61, A-1160 WIEN.
Für die mit Namen oder Initialen gezeichneten Beiträge sind die Autoren verantwortlich. Nachdruck, Übersetzung sowie jegliche andere Verwertung nur mit schriftlicher Genehmigung des Verlages.
Bezugspreise ohne Sonderbände: Apart öS 270,–/DM 39,–; im Abo öS 240,–/DM 34,–.
ISBN 3-901208-20-8

INHALTSVERZEICHNIS

VORWORT 4

Georg Pawlik
DIE K.(U.)K. MARINE VON DEN FRÜHEN ANFÄNGEN
BIS ZUM ERSTEN WELTKRIEG 5
    Anhang: Die Entwicklung des österreichischen Kriegsschiffbaues
    (Skizzen u. Fotos) 16

Lothar Baumgartner
DIE K.U.K. KRIEGSMARINE IM ERSTEN WELTKRIEG 29

Gerd Kamiski
DIE K.U.K. KRIEGSMARINE IN CHINA 53
    Anhang: Fotos und Faksimile 1900 - 1918 82

Peter Jung
DIE UNBEKANNTE SEITE DER K.U.K. KRIEGSMARINE
IM ERSTEN WELTKRIEG
    Der Geheimdienst 93

Erwin Sieche
MARINESPIONAGE 113

Lothar Baumgartner
DIE VERSENKUNG DES ITALIENISCHEN U-BOOTES
BALILLA VOR LISSA AM 14. 7. 1916 116

ÖSTERREICHISCHE MARINATRADITION 1904 - 1994
90 JAHRE FLOTTENVEREIN – 70 JHRE MARINEVERBAND 123

Lothar Baumgartner
GEDANKEN ZUR GESCHICHTE DES ÖSTERREICHISCHEN
FLOTTENVEREINES UND DES ÖSTERREICHISCHEN
MARINEVERBANDES 123
    Wichtige Ereignisse der Österreichischen Marine 134

Hans Sanda
ÖSTERREICHER IN DER DEUTSCHEN KRIEGSMARINE 1938 - 1945 ... 159

Lothar Baumgartner
VOM ZÖGLING DER K.U.K. MARINE-AKADEMIE ZUM
DEUTSCHEN KONTERADMIRAL
    Die Lebensgeschichte des Dr. Paul Meixner 1891 - 1950 182

DIE AUTOREN 189

VORWORT

Dem Verfasser dieser Zeilen ist es eine Ehre und Freude, daß gerade die Hefte mit Marine-Themen als kompakter Sammelband eine Neuauflage erleben.

In einer Zeit in der die Pflege jeder Tradition, auch einer so abgeschlossenen und „harmlosen" wie die der österreichischen Kriegsmarine, als negativ angesehen werden kann, sind solche Lichtblicke selten geworden. Von 1382 bis 1918 hatte Altösterreich einen Zugang zum Mittelmeer. 536 Jahre gehörte Triest und immerhin rund 63 Jahre lang auch Venedig zu Österreich.

Nicht zu vergessen sind auch an die 150 Fernreisen österreichischer Kriegsschiffe. Einerseits wurden sogenannte Missionsreisen mit wissenschaftlichem und handelspolitischem Hintergrund durchgeführt, andererseits auch Übungsreisen. Ein spezielles Kapitel dazu sind die Einsätze im fernen Osten. Eine „Aufgabe", der sich keine der europäischen Großmächte entziehen konnte.

Diese Zeit mit ihren Persönlichkeiten sollte nicht in Vergessenheit geraten. Merkwürdig genug war sie ja, die vielsprachige österreichische Marine auf der Adria. In Triest erschien 1980 ein Werk in vier Bänden mit maritimen Anekdoten. In London wurden bis 1996 ebenfalls vier Bände österreichischer Marineromane mit insgesamt 1000 Seiten verlegt! Abgesehen von den zahlreichen Dissertationen über die k.u.k. Kriegsmarine in England und den U.S.A. sind weltweit über hundert Publikationen zu „unserer" Marine mit ihrer glorreichen Vergangenheit erschienen.

Welche andere Marine könnte solches vorweisen?

Die vorliegende 2. Auflage wurde wesentlich überarbeitet und erweitert.

Lothar Baumgartner

DIE K.(U.)K. MARINE VON DEN FRÜHEN ANFÄNGEN BIS ZUM ERSTEN WELTKRIEG

DIE K.U.K. KRIEGSMARINE IM ERSTEN WELTKRIEG

Seeschlacht bei Lissa, Gemälde von Arthur Frh. von Ramberg

Die Erinnerung an Lepanto wurde von jeder christlichen Nation gepflegt und ausgeschmückt. Dieses Gemälde, von einem unbekannten Künstler, unterstreicht die Gefahren der Küstengewässer, in denen die Schlacht geschlagen wurde.

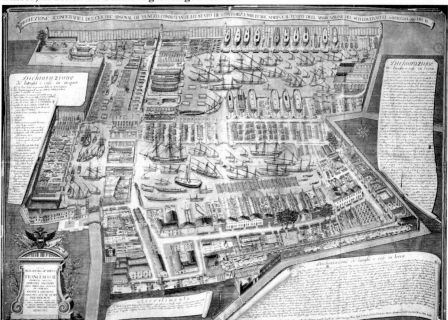

Plan[2] des Arsenals von Venedig 1797 bei Übergabe an die Österreicher, nach dem Frieden von Campoformido.

---

[2] Die insgesamt drei Pläne wurden eigens für Seine Majestät dem Kaiser angefertigt. Von den zahlreichen eingezeichneten Schiffen gelangte nur ein Bruchteil an die Österreicher

Georg Pawlik

DIE K.(U.)K. MARINE VON DEN FRÜHEN ANFÄNGEN BIS ZUM ERSTEN WELTKRIEG

Die Vorgeschichte 1528 - 1786

Die Geschichte der Marine der habsburgischen Erblande, später Österreich-Ungarns begann 1379, als der Graf von Tibein (heute Duino) Lehensmann der Habsburger wurde. Am 30. 9. 1382 huldigen die Vertreter der Seestadt Triest dem Herzog Leopold III von Steiermark in Graz. Damit hatte Habsburg zum ersten Mal sein Reich bis an die Adriaküste ausgedehnt.

Der Handel der neuen österreichischen Seestadt Triest stand stark im Schatten Venedigs. Es sollten noch fast 150 Jahre vergehen, bis nach der Vereinigung Ungarns und seines Küstenlandes Kroatien mit Österreich, dies fand 1528 statt, zum ersten Male bewaffnete Schiffe in Triest ausgerüstet wurden. Diese Schiffe führten die Flagge des Heiligen Römischen Reiches Deutscher Nation, übrigens die gleiche Flagge, die die fünf Schiffe des Ferdinand Magellan bei deren Weltumsegelung 1519 führten.

1552 wird Triest unter dem kaiserlichen Feldhauptmann Freiherr von Thurn befestigt, 1556 in Wien der Hofkriegsrat gegründet, dem 1735 auch die Seemacht untergeordnet wird.

Am 7. Oktober 1571 besiegt die Flotte der Heiligen Liga unter dem Oberkommando von Don Juan d'Austria die Türken bei Lepanto. Die Türken verlieren bei dieser Seeschlacht 130 Kriegsschiffe, sowie 30.000 Tote und Verwundete. Die Sieger konnten 12.000 christliche Galeerensklaven befreien. Don Juan war ein Sohn von Kaiser Karl V und der Barbara Blomberg aus Regensburg. Er kann somit als der erste deutsche Seebefehlshaber einer allerdings überwiegend spanischen Flotte bezeichnet werden. Don Juan stand zum Zeitpunkt der Schlacht im 26. Lebensjahr.

1612 landen die Venezianer bei Fiume, das sie niederbrannten, um die leidigen Wettbewerber im Seehandel zu schädigen. Der Krieg wird 1615 fortgesetzt, um die bei Zengg als Schutz gegen die Türken angesiedelten christlichen Uskoken zu vertreiben. Diese hatten mit ihren besonders schnellen Schiffen den Seehandel Venedigs empfindlich gestört. Die Seeräuberflotte wird vernichtet, obwohl sich Österreich für die Uskoken eingesetzt hat.

Die österreichischen Erbfolgekriege hinterlassen auch in der Adria ihre Spuren. 1702 beschießen französische Schiffe Triest und Fiume. Der Friede von Rastatt bringt unter anderem Neapel und Sardinien an Österreich.

In dieser Zeit wird Prinz Eugen von Savoyen-Soissons-Carignan Reichsfeldmarschall und mit der Statthalterschaft der österr. Niederlande betraut. Der Prinz erweist sich, wie auch in seinem späteren Leben, als sehr tatkräftig. Seiner Tatkraft war die Gründung der „Kaiserlichen Gesellschaft von Ostindien" zu verdanken. Diese Aktivitäten lösen auch im Süden des Reiches einen „Bauboom" aus. Der Bau der Semmeringstraße verbindet Triest und Fiume, die zu Freihäfen erklärt werden, mit Wien.

Drei aus Neapel stammende Linienschiffe bilden den Kern einer jungen Seemacht, die, durch Neubauten verstärkt, vor allem den Handel von Triest schützen soll.

Diese Marine geht als die „Erste Triester Marine" in die Geschichte ein. 1725 wird der Engländer Deigham als Vizeadmiral Befehlshaber dieser Flotte.

Im Sommer 1733 trifft der in österreichischen Diensten stehende genuesische Conte Luca Pallavicini mit einer kleinen neapolitanischen Eskadre in Triest ein, um das Heer während des Krieges mit Frankreich durch Geleitdienste zu unterstützen.

Am 7. August 1733 legt er als erster Oberbefehlshaber einer österreichischen Kriegsmarine den Eid ab und arbeitet einen Flottengründungsplan aus. Dieser wird, sowie alle weiteren Flottenausbaupläne, nur teilweise verwirklicht. 1735 erhält er den Titel „General der Galeeren und übrigen marina". Die junge im Aufbau befindliche Marine muß große Teile ihrer Ausrüstung an die Streitkräfte auf der Donau abgeben, was zu ihrem Ende führt.

Während des dritten Schlesischen Krieges (Siebenjähriger Krieg, 1756 - 1763) kapern Engländer unter preußischer Flagge österreichische Schiffe.

1763 wird die neuerliche Gründung einer kleinen Seestreitmacht in Aussicht genommen. Im September 1776 verläßt der Ostindienfahrer JOSEPH UND THERESIA Livorno unter kaiserlicher Flagge, um eine fünfjährige Weltreise anzutreten. 1786 treffen die beiden in den österreichischen Niederlanden gebauten Kutter LE JUSTE und LE FERME in Triest ein. Die Schiffe führen bei ihrem Einlaufen in Triest am 4. Oktober die auf Grund einer kaiserlichen Entschließung vom 20. 3. 1786 eingeführte Kriegsflagge, – die rot-weiß-rote Flagge mit Bindenschild und heraldischer Krone, die bis 1918 mit Ausnahme kleiner Korrekturen die Kriegsflagge Österreich (-Ungarns) bleiben sollte.

Die Marine unter italienischem Einfluß 1786-1848

Während des Krieges gegen die Türkei 1788-1791 werden in Ermangelung einer Flotte Kauffahrschiffe bewaffnet sowie einige leichte Kanonenboote, sogenannte Kanonierschaluppen, gebaut. Die Gefahr aus dem Westen durch Napoleon läßt die Wiener Zentralstellen ihre bisherige oberflächliche Einstellung gegenüber der Kriegsmarine neu überdenken.

Der erste Koalitionskrieg gegen Frankreich 1792-1797 hat auf die Marine insofern Auswirkung, als daß Kutter und Schaluppen kriegsbereit gemacht werden und Triest befestigt wird. Auch weitere Küstenfahrzeuge, wie Schebeken und Feluken, werden notdürftig bewaffnet und bemannt. Es sollten noch fünf Jahre vergehen, bis Triest von den Franzosen besetzt wird. Die kleine, notdürftig ausgerüstete Marine kann den Franzosen teilweise ernsten Widerstand leisten. So z. B. können zwei Schebeken und zwei Kanonierschaluppen zwei Kauffahrschiffe, die von einem französischen Kriegsschiff aufgebracht wurden, am 4. März 1797 befreien.

Im Frühjahr 1798, nach Ausbruch des zweiten Koalitionskrieges, vernichtet eine österreichische Flottille die französische Po-Flottille in mehreren Gefechten. Im Herbst blockiert die Flottille unter der Führung des Marinemajors Joseph Chevalier de L'Espine französische Seestreitkräfte in Ancona. Nach der Kapitulation von Ancona werden fünf Linienschiffe zu je 74 Kanonen, fünf kleinere Schiffe, vier Korsaren und 17 Handelsschiffe von Österreich übernommen. Noch im gleichen Jahr schließen österreichische Schiffe Genua bis zu dessen Fall am 24. Juni 1800 ein.

Die eroberten und zum Teil noch nicht fertigen französischen Linienschiffe werden als Verpflichtung angesehen, eine schlagkräftige Marine aufzubauen. Der neue Marinekommandant Graf L'Espine arbeitet eine Neuorganisierung aus, als erste größere Einheit wird die Korvette AQUILA (1801/02) gebaut. Diese „Neue Marine" geht als die „Zweite Triestiner Marine" in die Geschichte ein. Graf L'Espine wird in seinen organisatorischen

Absichten durch Erzherzog Karl unterstützt, der, als Kriegs- und Marineminister eingesetzt, als einer der fähigsten Heerführer seiner Zeit galt.

Die Marinesprache war naturgemäß italienisch, denn dies war die Sprache an der Küste und auf See. Es ist daher nicht verwunderlich, daß alle Dienstvorschriften dieser „Österreichischen Marine" in italienischer Sprache abgefaßt waren. Deutsch hingegen war die Staats- und Armeesprache, so daß bereits 1805 eine Verordnung erlassen wurde, daß Seekadetten, um befördert zu werden, die deutsche Sprache beherrschen mußten. Mit dieser Verordnung wollte man langsam aber sicher erreichen, daß Heer und Marine wenigstens in der Führung eine gemeinsame Sprache benutzten. Es wurde daher Offizieren unter 25 Jahren eine dreijährige Frist eingeräumt, um die deutsche Sprache zu erlernen, andernfalls ein Beförderungsstop Platz greift.

Am 11. August 1804 nimmt Franz II den Titel „Erblicher Kaiser von Österreich" an, nachdem sich Napoleon zum erblichen Kaiser der Franzosen ausrufen hatte lassen.

Die erste Mission der kaiserlichen Marine ist die Entsendung der Briggs PILADE und ORESTE an den Hof von Marokko zur Erneuerung des Freundschaftsvertrages.

Der dritte Koalitionskrieg endet mit dem Verlust der Küste (1805) und der vorläufigen Aufgabe jeder maritimen Betätigung Österreichs. Der Friede von Schönbrunn (1809) verdrängt Österreich vom Zugang zum Meer, - die „Zweite Triestiner Marine" hat aufgehört zu bestehen.

Die Befreiungskriege (1813/14) lassen ab Dezember 1813 wieder österreichische Truppen an die Adria vorstoßen. Im April 1814 wird die Marine des bisher unter französischer Herrschaft stehenden Königreiches Italien an den österreichischen Marinekommandanten übergeben. Es ist dies eine reiche Beute: 5 Linienschiffe, 7 weitere im Bau, 2 Fregatten, 5 im Bau, eine Korvette, sowie eine größere Anzahl kleinerer Kriegsschiffe für den Dienst auf See, sowie eine Vielzahl an Lagunen- und Flußfahrzeugen. Erste organisatorische Maßnahmen sollen zur Festigung des Zusammenhaltes der neuen Marine dienen.

Der Beginn ist euphorisch, aber schon bald sollen die zerrütteten Finanzen des Kaiserreiches nach fast 20 Jahren ununterbrochenen Krieges dem Flottenausbauprogramm einen natürlichen Riegel vorschieben. Ein Teil der Flotte, vor allem die Linienschiffe, werden als Bau- und Brennholz verkauft. Anstatt eine straffe und gut organisierte Marine aufzubauen, beschäftigen sich die verantwortlichen Stellen mit Kleiderverordnungen, die blaue Uniform für die Marine wird eingeführt.

Die Matrosen erhalten nach italienischem Vorbild einen Zylinderhut aus schwarzem Lackleder.

Der Wiener Kongreß teilt Österreich unter anderem Illyrien mit Ragusa und Cattaro, Venezien und die Lombardei zu. Das überraschende Auftreten des nach Elba verbannten Napoleon führt zur Indienststellung eines Geschwaders unter der Führung des Oberst von Pasqualigo und einer zweiten Einheit, einer „Schiffsdivision" unter Oberstleutnant Flanagan.

Anläßlich der Vermählung der Kaisertochter Leopoldine mit dem späteren Kaiser Pedro I. von Portugal und Brasilien werden die beiden Fregatten AUSTRIA und AUGUSTA im Frühjahr 1817 nach Rio de Janeiro entsandt. Die Schiffe eröffnen damit die lange Reihe erfolgreicher überseeischer Missionsreisen der österreichischen Marine. Die Situation der damaligen Marine wird deutlich, wenn man bedenkt, daß jedes der Schiffe zur Ortsbestimmung zwei Chronometer an Bord haben sollte. Die gesamte Marine besaß jedoch nur einen einzigen, dieser wurde zwar mitgegeben, blieb aber nach kurzer Zeit für immer stehen.

Der innere und äußere Aufbau der Marine entwickelte sich erfreulich gut. 1819 wird die Adria vermessen, regelmäßige Paketdienste zwischen Triest und Korfu installiert. 1820 übernehmen Kriegsschiffe den Postverkehr längs der österreichischen Küste. In diesem Jahr tritt die Fregatte CAROLINA eine teils diplomatische, teils kommerzielle Reise nach Ostasien an. Während der Überfahrt von Batavia (Djakarta) nach Singapore bricht an Bord die Cholera aus. 45 Besatzungsmitglieder erkranken, von denen 20 sterben und „samt Matten und was inselben war mit einem Gewichte über Bord geworfen wurden". Der Kommandant stirbt auf der Heimreise an den Folgen der Cholera, 1822 erreicht die CAROLINA wieder Triest.

In der Zeit zwischen 1820 und 1840 hatte sich die Marine erfolgreich im Kampf gegen das immer stärker werdende Piratentum bewährt. Besonders die griechische und die marokkanische Küste galten zu dieser Zeit als sehr gefährlich.

1836 wird die „Dampfschiffahrtsgesellschaft Österreichischer Lloyd" in Triest gegründet und bereits 1837 ein Liniendienst nach Konstantinopel eingerichtet. Zum Vergleich: Die große englische Reederei Cunard Steam Ship Company wurde erst 1840 gegründet, die Hamburg-Amerikanische Packetfahrt-AG (HAPAG) 1856 und der Norddeutsche Lloyd 1857.

Die enge Verbindung des Kaiserhauses mit der Marine und die Gleichrangigkeit der jungen Marine gegenüber dem traditionsreichen, jahrhundertealten Heer wird 1837 durch die Einstellung des ersten Herzogs in die Marine, Friedrich, ausgedrückt. Erzherzog Friedrich, geboren 1821, gestorben 1847 als Vizeadmiral und Marinekommandant, begraben in der Malteser Kirche zu Venedig. Trotz seiner Jugend hatte es Erzherzog Friedrich verstanden, binnen kürzester Zeit einen frischen Wind in die Marine zu bringen.

Schon nach drei Dienstjahren befehligte er die Fregatte GUERRIERA, als diese im Verband einer internationalen Flotte bestehend aus englischen, türkischen und österreichischen Schiffen an einer Demonstration gegen das von Frankreich beeinflußte Ägypten teilnahm. Die Ägypter hatten die syrische Stadt Beirut mit 60.000 Mann besetzt, die sie unter dem Druck der Schiffsartillerie teilweise räumten. Um den Nachschub zu unterbinden, wurde ein Teil des Geschwaders vor die südlich gelegene Hafen- und Festungsstadt Saida entsandt, wo ein Landungskorps aus Österreichern, Türken und Engländern nach kurzer Beschießung an Land ging, darunter auch ein erstes Detachement von der GUERRIERA, dem bald ein zweites unter Führung des Erzherzogs in die erbitterten Straßenkämpfe folgte. Friedrich setzte sich an die Spitze der stürmenden Truppen und führte Österreicher und Engländer in die Festung. Der britische Geschwaderchef berichtete von ihm, Friedrich sei *ein ebenso ausgezeichneter Seemann wie tapferer Offizier; sein Betragen wirkt auf unsere eigene Mannschaft begeisternd.*

Nachfolger von Erzherzog Friedrich wird 1847 Feldmarschalleutnant von Martini, der das ihm fremde Amt gar nicht antreten, aber auch die Sturmzeichen nicht erkennen wollte. So geriet er unversehens in die Strudel der Kämpfe, die durch die Februarrevolution in Paris und die Revolution in Wien (13. 3. 1848) ausgelöst wurden und damit begannen, daß am 22. März der Arsenalkommandant von Arsenalarbeitern überfallen und erschlagen wurde. Der zu Hilfe eilende Kommandeur der Marineinfanterie wurde von seinen eigenen Soldaten angegriffen und schwer verletzt.

Das Arsenal von Venedig fällt den Aufständischen in die Hand, drei Korvetten, vier Briggs, zwei Kriegsdampfer, sowie eine größere Anzahl kleinerer Schiffe hielten sich gerade außerhalb Venedigs, vornehmlich in Triest, auf, wo der Militärkommandant, Feldmarschalleutnant Graf Gyulai sich zum Marinekommandanten ernennt und die Schiffe vor dem Zugriff der Italiener rettet. Nachdem viele italienischsprachige Besatzungsmitglieder nach Venedig desertiert sind, versucht Graf Gyulai die fehlenden Besatzungen durch Landsoldaten aufzufüllen, um die Schiffe einsatzbereit zu machen.

Als am 22. Mai eine aus sardischen, venezianischen und neapolitanischen Schiffen bestehende Flotte vor Triest erscheint, kann die völlig unfertige österreichische Flotte sich nur in den Hafen zurückziehen. Die Blockade Triests durch die feindliche Flotte dauerte bis 12. August.

Durch einen Gefangenenaustausch war Feldmarschalleutnant von Martini nach Triest gelangt, wo er die Marineführung wieder übernahm.

Die Wirren der Revolution in Österreich hatten sich gelegt, nicht zuletzt durch den Thronverzicht des Kaisers Ferdinand zu Gunsten seines erst 18jährigen Neffen Franz Joseph. Mit Sardinien kommt ein Waffenstillstand zustande, der jedoch schon im März 1849 beendet wird. In dem noch vier Tage währenden Krieg werden die Italiener entscheidend bei Mortara und Novara geschlagen, worauf sie sehr bald die maßvollen Friedensbedingungen annehmen.

Im März wird der dänische Kontreadmiral Hans Birch Freiherr von Dahlerup als k. k. Vizeadmiral Marinekommandant. Im April desselben Jahres nimmt er die Blockade von Venedig auf, ab Mai kann auch das kleinste Fahrzeug die Blockade nicht mehr durchbrechen. Ausbruchsversuche der Venezianer werden hart und energisch im Keim erstickt. Am 22. August 1849 kapituliert Venedig, die von italienischen Führungselementen befreite Flotte hatte ihre Feuertaufe bestanden!

Um künftig die Besatzungen dem italienischen Einfluß zu entziehen, wird noch 1849 Pola zum Kriegshafen bestimmt und dessen Ausbau zügig begonnen. 1854 folgt Cattaro als weiterer Kriegshafen, zwei Jahre später erfolgt die Grundsteinlegung des Seearsenals in Pola.

Das Seegefecht bei Helgoland am 9. Mai 1864

Wie kam es zum Seegefecht von Helgoland?

1863 versuchte der dänische König das Herzogtum Schleswig seinem Reiche einzuverleiben. Im darauffolgenden Jahr bildeten Preußen und Österreich eine Allianz gegen Dänemark. Da die preußischen Seestreitkräfte nur aus einigen Kanonenbooten bestanden, waren die dänischen Inseln vor einer Landung sicher, die dänischen Seestreitkräfte fügten der gegnerischen Handelsschiffahrt hingegen schweren Schaden zu. Österreich war das einzige Mitglied des Deutschen Bundes, das über eine nennenswerte Seemacht verfügte, daher gab die österreichische Regierung der dringenden Bitte Preußens nach und entsandte ein Geschwader in die Nordsee.

Der Weg nach Lissa – Die Seeschlacht bei Lissa am 20. Juli 1866

Wie kam es zur Seeschlacht bei Lissa?

Der im Oktober 1864 geschlossene Friedensvertrag sah für die Herzogtümer Schleswig, Holstein und Lauenburg eine vorläufig österreichisch-preußische Regierung mit dem Sitz in der Stadt Schleswig vor. Auf Grund der am 14. August zwischen Österreich und Preußen geschlossenen Konvention von Gastein übernahm Österreich die Verwaltung von Holstein, Preußen jene von Schleswig. Diese unglückliche Lösung bestätigte Bismarck, Preußens Vorherrschaft innerhalb des deutschen Reiches zu forcieren, unter gleichzeitiger Zurückdrängung des Einflusses der Habsburgermonarchie. Die Lage spitzte sich bis Jänner 1866 derart zu, daß Preußen unverhohlen Kriegsvorbereitungen traf. Kurz darauf schloß Preußen mit dem südlichen Nachbarn Österreichs, Italien, einen Schutz- und Trutzbund, wobei sich Italien verpflichtete, der Donaumonarchie den Krieg zu erklären, sobald Preußen mit den Feindseligkeiten beginnen würde. Als Gegenleistung garantierte Preußen, Italiens Ansprüche auf Venetien zu unterstützen. Italiens Kriegserklärung an Österreich erfolgte am 20. Juni 1866, vier Tage später schlug die österreichische Südarmee, unter dem Oberbefehl von Erzherzog Albrecht, die Italiener bei Custoza vernichtend. Während die k. k. Armee bereits 96 Stunden nach erfolgter Kriegserklärung dem Gegner eine empfindliche Niederlage zufügte, mußte die Kriegsmarine - an Feuerkraft und Stärke der gegnerischen unterlegen - noch einen Monat auf ihre Feuertaufe warten.

Die königlich-italienische Flotte stand unter dem Oberbefehl des Admirals Conte Carlo Pellion di Persano, der im Gegensatz zu Tegetthoff als Zauderer und übervorsichtig bezeichnet werden muß. So vermied Admiral Persano jeden Zusammenstoß mit der k. k. Flotte, obwohl diese bereits unter Tegetthoffs Kommando, anläßlich einer Demonstration vor dem italienischen Kriegshafen Ancona am 26. Juni den Kampf suchte. Sechs Panzerschiffe, eine Schraubenfregatte, vier Schraubenkanonenboote und zwei Raddampfer kreuzten an diesem Tag vor Ancona; die 17 Einheiten umfassende italienische Flotte vermied jedoch den Kampf und blieb im schützenden Hafen.

Die Italiener verloren bei Lissa 38 Offiziere und 574 Mann, 4 Offiziere und 34 Mann wurden verwundet, 19 Mann gerieten in Gefangenschaft, zwei Panzerschiffe versenkt, zwei weitere erreichten schwer beschädigt den Heimathafen.

Die k. k. Escadre verlor keine einzige Schiffseinheit, 3 Offiziere und 35 Mann fielen, 15 Offiziere und 123 Mann wurden verwundet. Tags darauf erhielt Tegetthoff eine Depesche des Kaisers, in der er von seiner Beförderung zum Vizeadmiral verständigt wurde.

Lange konnte Österreichs größter Seeheld seinen Ruhm nicht genießen; Tegetthoff starb, im 45. Lebensjahr stehend, am 7. April 1871 in Wien.

Vergleichende Übersicht der k. k. und der königlich-italienischen Flotten, die an der Seeschlacht bei Lissa beteiligt waren:

	Österreich	Italien
Panzerschiffe	7	12
Besatzung	2.811	5.028
Geschütze	176	243
Tonnage (t)	27.154	45.956
Schwere Holzschiffe	7	11
Besatzung	3.477	5.015
Geschütze	304	382
Tonnage (t)	18.273	31.030

Die Hinzurechnung der Kanonenboote, Raddampfer und diverser Transportschiffe ergibt nachstehende Totale:

Österreich: 27 Schiffe mit einer Gesamttonnage von 57.344 t, 532 Kanonen und 7.871 Mann.

Italien: 34 Schiffe mit einer Gesamttonnage von 86.022 t, 645 Kanonen und 10.886 Mann.

Wilhelm von Tegetthoff

Geboren am 23. 12. 1827 in Marburg/Steiermark.

Eintritt in das Collegio di Cadetti della Marina (Marine-Kadetten-Kollegium) in Venedig am 28. 9. 1840.

Am 21. 7. 1845 verläßt Tegetthoff das Collegium mit sehr gutem Erfolg.

1857/58 Forschungsreise im Auftrag des Marinekommandos in das Rote Meer und den Golf von Aden.

13. 11. 1859 Reise nach Brasilien als Adjutant des Marinekommandanten Erzherzog Ferdinand Max.

24. 4. 1860 Beförderung zum Fregattenkapitän.

3. 11. 1861 Beförderung zum Linienschiffskapitän.

10. 5. 1864 Beförderung zum Kontreadmiral.

21. 7. 1866 Beförderung zum Vizeadmiral.

Am 10. 7. 1867 wird Tegetthoff die äußerst heikle Aufgabe übertragen, die Überführung des in Mexiko hingerichteten Kaisers Maximilian zu bewerkstelligen.

28. 2. 1868 Ernennung zum Marinekommandanten.

In der Zeit vom 25. 10. 1869 bis 7. 12. 1869 begleitet Tegetthoff Kaiser Franz Joseph in die Türkei, ins Heilige Land, sowie nach Ägypten zur Eröffnung des Suez-Kanals.

7. 4. 1871 Tegetthoff stirbt in Wien und wird am 10. 4. am Matzleinsdorfer Friedhof beerdigt.

31. 10. 1872 Exhumierung und Überführung in die Familiengruft nach Graz (Sankt Leonhard-Friedhof).

Schiffbau – Die Lehre von Lissa

Der glänzende Sieg bei Lissa, der primär durch das Einsetzen der Ramme als Waffe erreicht wurde, hat auf den Schiffbau in den Jahren nach Lissa maßgeblichen Einfluß genommen.

Der oberste Schiffbauingenieur Josef Ritter von Romako (1828 - 1882) schrieb:

„Die Erfahrungen, welche aus der Schlacht bei Lissa gewonnen wurden, haben zweifellos festgestellt, daß die Ramme die stärkste Offensivwaffe eines Schiffes ist und in künftigen Seekriegen die erste Rolle spielen wird, daß mithin das Manöver der einzelnen Schiffe, welches in früherer Zeit den alleinigen Zweck verfolgte, die Geschütze dem Feinde gegenüber in eine günstige Stellung zu bringen, nunmehr vor allem darauf hinauslaufen wird, dem Gegner mit der Ramme beizukommen. Der Geschützkampf wird sich dem zufolge dem Kampf der Ramme anpassen müssen."

Wie die stürmische technische Entwicklung der 70er und 80er Jahre des vorigen Jahrhunderts uns zeigen, war diese Ansicht falsch, da die Reichweite der Geschütze, sowie deren Durchschlagskraft ständig zunahmen und eine Gefechtsdistanz, die eine Rammung möglich machte, illusorisch wurde. Somit kann gesagt werden, daß die österreichischen Kasemattschiffe, vom Aussehen her unförmige „Bügeleisen", bereits zum Zeitpunkt ihrer Indienststellung der schiffbautechnischen Vergangenheit angehört haben.

Die Forschungs- und Missionsreisen

Die erste Missionsreise, die als solche bezeichnet werden kann, war die Fahrt des Schiffes JOSEPH UND THERESIA unter dem Kommando von Kapitän William Bolts. Zweck der Reise war eine Expedition zu den Nikobaren, sowie die Gründung einer Kolonie in Ostindien. Die Reiseroute erstreckte sich um Afrika - Kap der guten Hoffnung - Zanzibar - Ostindien.

Insgesamt unternahmen österreichische Kriegsschiffe in der Zeit zwischen 1776 bis 1913 144 Missions- bzw. Forschungsreisen nach Übersee.

Reise SM Fregatte CAROLINA 1820 - 1822 unter dem Kommando von Linienschiffskapitän Seraphin v. Pöltl.

Zweck der Reise: Überführung des österreichischen Gesandten nach Brasilien. Das Schiff verläßt Triest am 11. 9. 1820, Reiseroute Gibraltar - Rio de Janeiro - Kapstadt - Batavia - Singapore - Macao - Canton - retour am gleichen Weg. An Triest 7. 7. 1822, der Schiffskommandant ist an Bord während der Rückreise verstorben.

Weltreise SM Fregatte NOVARA 1857 - 1859 unter dem Kommando von Comodore Bernhard v. Wüllerstorf-Urbair. Wüllerstorf-Urbair, Admiral und späterer österreichischer Handelsminister liegt in Gries bei Bozen begraben, sein Grab befindet sich in ausgezeichnetem Zustand. SM Fregatte NOVARA verließ Triest am 30. 4. 1857, die Reise führte über Rio de Janeiro - Kap der guten Hoffnung - Ostindien - Ostasien - Australien - Valparaiso - Magellanstraße - retour, an Triest 26. 8. 1859. Das Schiff ist das letzte Kriegsschiff der k. k. Marine, das ausschließlich mit Segeln die Welt umfuhr! Bei der Heimreise befindet sich an Bord eine reiche Ausbeute an wissenschaftlichen Exponaten, die noch heute einen Grundstock des Völkerkunde- und Naturhistorischen Museums darstellen.

1859, während sich das Schiff auf der Heimreise befindet, steht Österreich mit Frankreich im Krieg. Der französische Kaiser Napoleon III gibt an die französische Flotte den ausdrücklichen Befehl, daß der NOVARA freie und ungehinderte Fahrt zu gewähren sei, „denn sie trägt wissenschaftliche Schätze an Bord und die Wissenschaft ist Gemeingut aller Völker der Erde." Aus diesem Erlaß des Kaisers Napoleon müssen wir erkennen, daß in einigen grundsätzlichen Überlegungen die Menschen 1859 unserer heutigen Generation überlegen waren.

Weltreise SM Korvette FASANA 1891 - 1893. Der Schiffskommandant der FASANA, Linienschiffskapitän Friedrich Schweisgut, stirbt an Bord des Schiffes am 10. Juni 1892 und wird am 12. Juni 1892 in Honolulu beerdigt. Das Grab von Linienschiffskapitän Schweisgut wird heute von der österreichischen Kolonie in Hawaii gepflegt.

Erlebnisbericht aus dem Tagebuch eines Seekadetten zu einer Äquatortaufe:
Das Passieren der Linie wurde in der üblichen Weise gefeiert, die ihr wohl schon oft gehört und noch öfter gelesen haben werdet, daß ihr mir eine detaillierte Beschreibung erlassen werdet.
Um zwei Uhr nachmittags wurde der Mannschaft erlaubt, ihre Possen zu treiben, der Stab war auf der Brücke versammelt, während sich unter dem Vorcastelle der Festzug der Mannschaft arrangierte und nach achter zog; gelungene Figuren darunter, der Bootsmann mit weißem Barte, grünem Kleid und Dreizack als Neptun, ein Artillerie-Instruktor in einem fabelhaften Kleide, modernem Damenhut und gänzlich geschminkt als Amphitrite, eine Schar Neger, die von dieser Rasse wohl nur die mangelhafte Bekleidung hatte, auf einer Landungslafette war der Thron des Götterpaares errichtet; inmitten des Achterdeckes wurde eine große Balje (Faß) aufgestellt, ein Brett darüber gelegt, ein Opfer

daraufgesetzt und mit einem zwei bis drei Fuß langen hölzernen Rasiermesser malträtiert, zum Schlusse das Brett umgekippt und der Unglückliche ordentlich eingeweicht.

Am Achtercastell hatte sich unterdessen eine Gruppe mit einem ungeheuren Fernrohr und einem mysteriösen Sextanten aus Holz installiert, hier wurde nun bestimmt, daß man sich gerade unter der Linie befinde, wovon sich jeder, der durch das Fernrohr sah, überzeugen konnte. Am Objektiv war nämlich ein fingerdicker Strick gespannt, der am Horizonte den Äquator vorstellte. Nachdem diese wichtigen Zeremonien erledigt waren, begann ein allgemeines Sturzbad und gegenseitiges Sichangießen, aus der Takelage regneten Wassergüsse, die Pumpen und Spritzen wurden in Tätigkeit gesetzt, nach einer Viertel Stunde hatte kein Mensch mehr einen trockenen Faden am Leibe. Mit Schlag drei Uhr wurde der Herrlichkeit ein Ende gemacht und das Schiff nahm nach und nach wieder ernstes Dienstaussehen an. (Originalzitat)

Quellenverzeichnis

Arthur von Khuepach zu Ried, Geschichte der k.k. Kriegsmarine während der Jahre 1802 - 1814, Zimmerlehen und Haselburg, Wien 1942.
Alfred Freiherr von Koudelka, Unsere Kriegsflotte 1556 - 1908, Laibach 1908.
Georg Pawlik und Lothar Baumgartner, Österreichs Marine und Küste auf alten Postkarten, Graz 1985.
Josef Ritter Rechberger von Rechkron, Österreichs Seewesen in dem Zeitraume von 1500 bis 1797, Wien 1882.
Paul Schmalenbach, Kurze Geschichte der k.u.k. Marine, Herford 1970.
Diverse Zitate aus dem Privattagebuch eines österr. Seekadetten, Privatbesitz.
Alle Schiffsskizzen stammen aus der Zeitschrift „MARINE - Gestern, Heute"

ANHANG

Die Entwicklung des österreichischen Kriegsschiffbaues
(Skizzen nicht im einheitlichen Maßstab)

S.M. Segelfregatte NOVARA
Kiellegung 1843/Arsenal Venedig
Verdrängung 2.107 t
Zeichnung von Karl K. Körner

Aussehen zur Weltumseglung

S.M. Glattdeckkorvette AURORA
Kiellegung 1871/Triest
Verdrängung 1.430 t
Zeichnung von Franz F. Bilzer

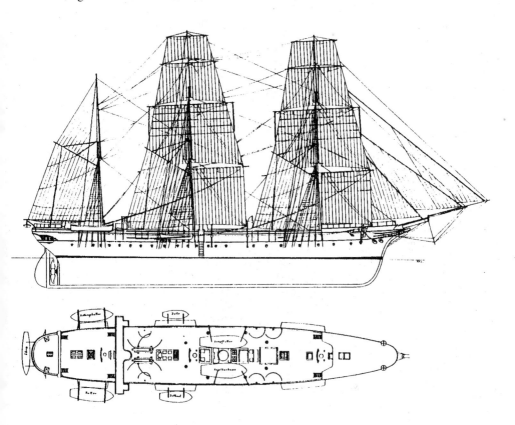

S.M. Kasemattschiff KAISER MAX
Kiellegung 1874/Triest
Verdrängung 3.799 t
Zeichnung von Georg Pawlik

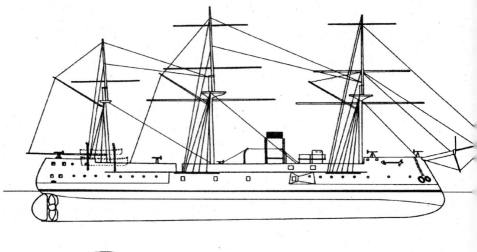

Aussehen 1877 - 1880

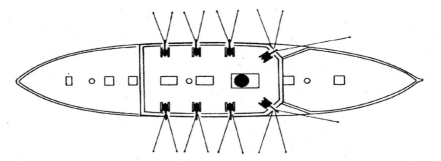

Bestreichungswinkel
der 21 cm-Geschütze
in der Kasematte

S.M. Turmschiff KRONPRINZESSIN ERZHERZOGIN STEFANIE
Kiellegung 1884/Triest
Verdrängung 5.390 t
Zeichnung von Erwin Sieche

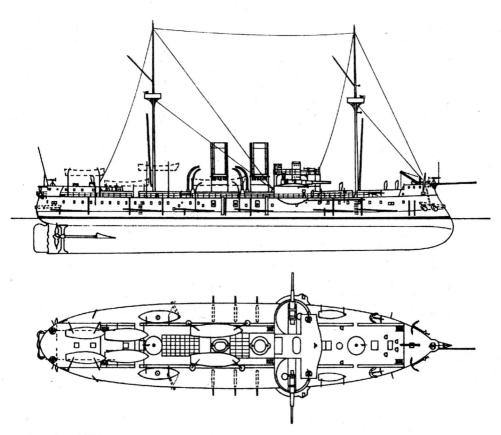

Aussehen 1895

S.M. Panzerkreuzer SANKT GEORG
Kiellegung 1901/Pola
Verdrängung 8.199 t
Zeichnung von Erwin Sieche

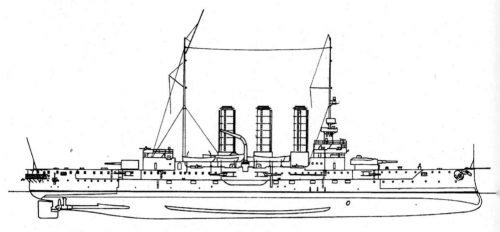

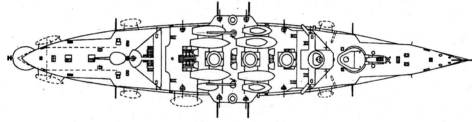

Aussehen bis ca. 1903/04

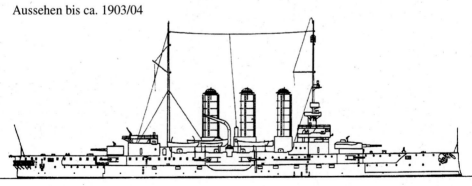

Aussehen 1917/18

S.M. Schlachtschiff VIRIBUS UNITIS
Kiellegung 1910/Triest
Verdrängung 21.595 t

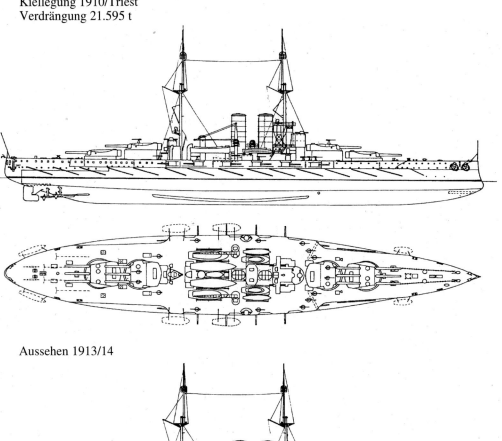

Aussehen 1913/14

Aussehen 1916/17

Korvette DONAU, 1893 in Pola vom Stapel gelaufen, zeigt sich hier in der Schönheit der ausklingenden Selgeschiffs-Romantik. Als Kriegsschiff war die DONAU schon bei ihrer Fertigstellung nicht mehr verwendbar, doch für die Durchführung der jährlichen Übungsreisen mit den Zöglingen der Marine-Akademie und für sogenannte Missionsreisen waren Schiffe dieser Art stets beliebt gewesen.

Kanonenboot ALBATROS, 1873 in Pola gebaut. Die Monarchie zeigte bekanntlich keine kolonialen Aspirationen, die Einsätze der ALBATROS verdeutlichen dennoch die außenpolitischen Positionen einer europäischen Großmacht. 1882 war sie zur Wahrung der Interessen Österreich- Ungarns in Ägypten, 1883 - 1885 Stationsschiff in Ostasien und 1895 - 1898 in der Südsee, unter anderem zu dem Zweck, auf der Salomonen-Insel Guadalcanal nach Nickelvorkommen zu suchen.

Kasemattschiff LISSA, 1869 in Triest von Stapel.
Im Wettstreit zwischen Panzer und Geschütz, der von 1859 bis in den Zweiten Weltkrieg hinein dauerte, stellten die sogenannten Kasemattschiffe eine konstruktiv interessante Zwischenlösung dar. Nur der Mittelteil des Schiffes mit dem Standort der schweren Geschütze, eben die Kasematte, war stark gepanzert.

Panzerschiff KAISER MAX, 1875 in Triest von Stapel.
Altösterreichische Sparsamkeit zwang die Marineverwaltung, zahlreiche Teile der Panzerfregatte KAISER MAX von 1862, die in der Nordsee 1864 und Lissa 1866 dabei gewesen war, weiter zu verwenden. So entstand dieses Schiff, zwar reich an Tradition, aber als Kampfeinheit kaum einsetzbar!

Yacht GREIF, 1883 gebaut.
Mit dieser eleganten Radyacht unternahmen Kaiser Franz Joseph I. und mehr noch die reiselustige Kaiserin, zahlreiche Reisen.

Kreuzer KAISERIN ELISABETH, 1890 in Pola von Stapel gelaufen.
Mit diesem Schiff und dem Schwesterschiff KAISER FRANZ JOSEPH I. versuchte man den Anschluß an die technische Entwicklung in den großen Marinen zu halten. Das Bild ist 1906 aufgenommen und zeigt das Schiff in „großer Flaggengala". Bei Kriegsausbruch 1914 befand sich die KAISERIN ELISABETH in Ostasien, lief den deutschen Hafen Tsingtau an und wurde kurz vor der Eroberung der Hafenstadt durch die japanischen und englischen Belagerer an der tiefsten Stelle der Bucht von Kiautschou gesprengt.

Küstenverteidiger MONARCH, 1895 in Pola gebaut.
Die drei Schiffe der MONARCH-Klasse waren als echte Schlachtschiffe einfach zu klein, daher der Verlegenheits-Titel „Küstenverteidiger". Daraus spricht aber auch die zu diesem Zeitpunkt rein defensive Einstellung der kontinentalen Macht Österreich-Ungarn zu ihrer Seemacht.

Der achtere 24 cm Doppelturm des Schlachtschiffes ERZHERZOG FRIEDRICH. Martialisch recken sich die Rohre übers Deck. Die drei Einheiten der ERZHERZOG-Klasse, 1903 - 1905 in Triest gebaut, erwiesen sich als kriegsbrauchbare, schnelle Schiffe.

Am 17.1.1914 läuft der neue Dreadnought SZENT ISTVÁN in Fiume/Rijeka von Stapel. Der Zustimmung der Delegation jeder Reichshälfte zum gemeinsamen Wehrbudget gingen immer äußerst zähe Verhandlungen um den Aufteilungsschlüssel der Rüstungsausgaben – die sogenannte Quote – voraus. Ungarn wollte mehr als nur Pferdefutter, Textilien und Proviant für die gemeinsame Wehrmacht liefern und ging an den Aufbau einer eigenen Rüstungsindustrie. Zu diesem Zweck gründete man u.A. bereits 1892 in Bergudi, einem Vorort von Rijeka, gemeinsam mit den Howaldtswerken Kiel eine gemeinsame Werft. Nachdem die Deutschen 1903 aus dem Vertrag ausgestiegen waren, fusionierten auf Druck der ungarischen Regierung die Budapester Maschinenfabrik Ganz & Co und die Budapester Donauwerft Danubius und betreiben die Werft in Fiume hinfort unter dem Namen Ganz & Co - Danubius. Allerdings schritt der Ausbau des Betriebes nur langsam voran.

Als im März 1911 die Delegationen den lang ersehnten Spezialkredit zum Ausbau der k.u.k. Flotte beschlossen, betrug die Quote 63,6 zu 36,4. Die Zustimmung der Ungarn war damit erkauft worden, daß auch Ganz & Co - Danubius den Auftrag für einen der Dreadnoughts der TEGETTHOFF-Klasse erhielt, das vierte Schiff sollte auf ungarischem Boden gebaut werden. Sofort erhoben sich starke Bedenken, man bekrittelte die fehlende Erfahrung im Großkampfschiffbau. Das sollte sich noch bewahrheiten, mangelnde Bauqualität war mit ein Grund für den Untergang des Schlachtschiffes am 10.6.1918 nach zwei Torpedotreffern durch ein italienisches Schnellboot.

Die Werft existiert noch heute unter dem Namen '3. Maj', dem Datum, an dem Tito-Truppen 1945 Rijeka eroberten.

Flottenflaggenschiff VIRIBUS UNITIS (= mit vereinten Kräften, der Wahlspruch des Kaisers) führt die Flotte in den Sommermanövern von 1913. Sommermanöver 1914 sollte es keine mehr geben, die Ära des friedlichen Aufbauens war zu Ende, die Stunde der Bewährung gekommen.

Franz F. Bilzer
Die Torpedoboote der k.u.k. Kriegsmarine
ISBN 3-900310-16-5; *2. Aufl.*
22,5 x 26,5 cm, 200 S., 173 Abb.;
öS 590,–/DM/sfr 84,–

Georg Pawlik / Lothar Baumgartner
Österreichs Marine und Küste auf alten Postkarten
ISBN 3-900310-25-4; *2. Aufl.*
22,5 x 26,5 cm, 144 S., 246 z.T. farbige Abb.;
öS 590,–/DM/sfr 84,–

Dieter Winkler / Georg Pawlik
Der Österreichische Lloyd 1836 bis heute
ISBN 3-900310-55-6; *3. Aufl.*
22,5 x 26,5 cm, 176 S., 225 z.T. farbige Abb.;
öS 590,–/DM/sfr 84,–

Georg Pawlik / Heinz Christ / Herbert Winkler
Die k.u.k. Donauflottille 1870–1918
ISBN 3-900310-45-9; *2. Aufl.*
21,5 x 30 cm, 180 S., 280 Abb.;
öS 590,–/DM/sfr 84,–

Franz F. Bilzer
Die Torpedoschiffe und Zerstörer der k.u.k. Kriegsmarine von 1875–1918
ISBN 3-900310-66-1; *2. Aufl.*
21,5 x 30 cm, 180 S., 170 Abb.;
öS 590,–/DM/sfr 84,–

Georg Pawlik / Lothar Baumgartner
S.M. Unterseeboote
Das k.u.k. Unterseebootswesen 1907–1918
ISBN 3-900310-29-7; *2. Aufl.*
21,5 x 30 cm, 128 S., 250 Abb.;
öS 495,–/DM/sfr 69,–

H. Weishaupt Verlag • Graz

Postkartenserie mit Schiffen der k.(u.)k. Kriegsmarine aus der Zeit von 1840 bis 1917. Bisher nicht veröffentlichte Bilder!
16 Farbbildpostkarten mit Textheft in Mäppchen
öS 150,– / DM 22,–

VERLAGSBUCHHANDLUNG STÖHR

A-1080 Wien, Lerchenfelderstraße 78-80 · ☎ 01/406 13 49 · Fax: 01/403 04 10

Lothar Baumgartner

DIE K. U. K. KRIEGSMARINE IM ERSTEN WELTKRIEG

Der Erste Weltkrieg ist in einer Weise, die man wohl allegorisch und tragisch nennen kann, an seinem Anfang und an seinem Ende von zwei maritimen Ereignissen umrahmt.
Das Thronfolgerpaar wurde in Sarajewo am 28. Juni 1914 ermordet. Die beiden Leichname wurden mit der Yacht DALMAT die Narenta hinunter befördert und vor der Mündung auf das Flaggschiff VIRIBUS UNITIS überschifft. Viribus unitis (mit vereinten Kräften), war der Wahlspruch Kaiser Franz Josefs.
Die VIRIBUS UNITIS fuhr dann nach Norden, unter der Küste, gefolgt von anderen Schiffen der Flotte. Ein Leichenkondukt zur See leitete diesen Weltkrieg ein.
Am Morgen des 1. November 1918 sank dieses Schiff, das die beiden Sarkophage transportiert hatte, im Hafen von Pola. Zwei italienische Froschmänner, der Ingenieur Rosetti und der Marinearzt Dr. Paolucci, hatten eine Haftladung angebracht.
Der Wahlspruch des Kaisers, der das Reich 68 Jahre lang regiert hatte, ging also unter. Eine historische Symbolik.
Dieses Alpha und Omega des Ersten Weltkrieges führt mich zu zwei Vorbemerkungen, danach werde ich chronologisch durch die Jahre des Krieges vorgehen. Jedes Jahr werden wir eine kleine Rückschau halten und uns am Ende noch etwas über die strategischen oder nichtstrategischen Möglichkeiten der k. u. k. Kriegsmarine unterhalten.
1914 - das Ausbruchsjahr des Krieges - ist ein klassisches Jahr des sogenannten Navalismus. Politiker und Mächtige dieser Welt müssen immer ihre „Lieblingsspielzeuge" haben. Die Dekade zwischen 1904 und 1914 war wohl die klassische Zeit des Navalismus. Jede Großmacht, die auf sich hielt, mußte ihre Schlachtschiffe haben. Selbst Länder, die man heute als Dritte-Welt-Länder abqualifiziert, wie z. B. Brasilien, hatten ihre Dreadnought-Schlachtschiffe, egal wieviel das kostete. Österreich-Ungarn war seinem Wesen nach zweifelsohne eine kontinentale Macht, aber in der Epoche des Navalismus besaß auch Österreich-Ungarn seine Dreadnoughts.
Der ermordete Thronfolger hatte Interesse für die Marine gehabt, aber nie so weitgehend wie Kaiser Wilhelm II.
Erzherzog Franz Ferdinand war interessiert und ein Förderer, aber kein Fanatiker. Navalismus heißt, daß man Schlachtschiffe baut. Diese waren damals das Non plus Ultra der Technologie und dementsprechend teuer. Entsprechend interessiert war die Schwerindustrie an ihrer Erbauung. Die Panzerplatten für unsere Schiffe kamen aus Witkowitz in Böhmen und die Geschütze von den Skoda-Werken in Pilsen. Das Ganze war ein gigantisches, vernetztes Kartell. Die führenden Banken der Monarchie hatten ihre Hände an den entscheidenden Hebeln. Selbstverständlich war man interessiert, daß diese Schiffe gebaut und bezahlt wurden.
Viele von Ihnen kennen wahrscheinlich die Geschichte vom Marinekommandant Admiral Montecuccoli, der zwar mit Rückendeckung des Thronfolgers, aber doch kühn aus eigenem, die entsprechenden Bauaufträge gegeben hatte, ohne daß der Budgetrahmen vorher bewilligt worden war. Die Kriegsmarine war ein gemeinsamer Wehrmachtsteil. Es mußte also die Zustimmung von Cis- und Transleithanien vorliegen. Es gab schwierige

Verhandlungen mit Ungarn. Verhandlungen, die unter anderem zur Folge hatten, daß in dem kurzen ungarischen Küstenstrich bei Fiume/Rijeka, die einzige größere Werft dort, Ganz & Co - Danubius, einen Bauauftrag über zwei schnelle Kreuzer und ein Schlachtschiff erhielt. Das Schlachtschiff erhielt den Namen SZENT ISTVÁN und wir werden noch später von ihm hören. Militärisch wäre es für die k. u. k. Armee, im ganzen gesehen, vermutlich besser gewesen, man hätte ein oder zwei Schlachtschiffe weniger gebaut und statt dessen einige tausend Maschinengewehre und einige hundert Geschütze mehr gehabt.

In Galizien, in den Jahren 1914 und 1915, hätte dies im Kampf gegen die Russen wohl mehr genützt. Damit soll das Thema Navalismus beendet sein. Die zweite Vorbemerkung betrifft ein historiographisches Problem unserer Marinegeschichte. Als in den ersten Novembertagen 1918 italienische Kriegsschiffe in Pola einliefen, wurde nach dem alten Motto: **„Der Sieger hat immer recht"** gestohlen und abtransportiert, was nur möglich war.

Unter anderem wurde auf diese Weise folgendes entfernt:
- die gesamten Akten des k. u. k. Flottenkommandos;
- der gesamte Aktenbestand des Marinetechnischen Komitees.

Wenn man weiß, daß sensible Akten, wie die U-Boot-Kriegstagebücher des Zweiten Weltkrieges, von den Alliierten schon längst an Deutschland zurückgegeben wurden, so wirkt es fast unglaublich, daß unsere damals entfernten Aktenbestände bis heute nicht zurückgekommen sind bzw. eine Einsicht für Fachleute bis zum heutigen Tag nicht möglich war. Eine erstmalige, wenn auch noch nicht exakte Einsicht erfolgte erst 1991. Nach vielen Bemühungen war es möglich, daß Dr. Peter Jung vom Österreichischen Kriegsarchiv den Inhalt dieser Akten in Rom sichten konnte und dazu Stellung nehmen konnte (das war im Jänner 1991). Da in diesem Depot des Ufficio Storico della Marina Militare keineswegs alle Bestände vorgefunden wurden, die in Pola (November 1918) vorhanden waren, laufen derzeit in Italien offizielle Bestrebungen, auch in anderen möglichen Depots zu sichten (z. B. in La Spezia und in Ancona), um zu prüfen, ob sich nicht auch anderswo solche Aktenbestände finden. Die Ausbeute aus jenen rund 60 Kartons, die Dr. Jung sichten konnte, war nicht ganz so, wie Marinefreunde sich das erwartet hatten. Aber immerhin kam damit nach vielen Jahrzehnten erstmals etwas in Bewegung. Durch die geschilderten Umstände war es bisher nicht möglich, wirklich exakt eine Marinegeschichte Österreich-Ungarns zu schreiben. (vgl. Seite 95f)

Jedem Forscher stand nur jenes Material zur Verfügung, das sich Ende 1918 im Kriegsarchiv befand. Die gesamten Hintergrundüberlegungen, was sich die leitenden Männer im Kommando überlegt hatten, welche Entscheidungsgrundlagen sie hatten, das alles war nicht zugänglich. Diese Akten gab es in Wien nicht. Sie waren eben in Pola gewesen und dort beschlagnahmt worden. Es bestand somit ein unlösbares historiographisches Problem. Ich habe versucht, dieses Problem für meine Person so zu lösen, indem ich versuchte, möglichst viel ausländische Literatur zu lesen und zu verarbeiten, wobei es zum Teil recht überraschende und seltsame Erfolge gab. Das ist die eine Lösungsmöglichkeit. Selbstverständlich gab es bei uns ab den Zwanziger-Jahren eine Marinegeschichtsschreibung. Doch während die Geschichte der kaiserlich-deutschen Marine ganz offiziell vom Beginn der Zwanziger-Jahre weg von mehreren Mitarbeitern bearbeitet wurde, gab es im Österreich der Nachkriegszeit zunächst nur wehmütige Einzelbücher. Das erste Buch, mit dem versucht wurde, wirklich umfassend über Österreich-Ungarns Seekrieg zu schreiben, war das von Hans Hugo Sokol (erschienen 1933). Einige Jahre später folgte das Werk von Nikolaus Martiny. Er war, wie auch Sokol, ein ehemaliger Seeoffizier.

Er brachte 1939 ein ausgezeichnetes zweibändiges Bildwerk heraus. Sokol stützte sich exakt auf Akten, die im Kriegsarchiv vorhanden waren. Martiny ging den umgekehrten Weg. Er korrespondierte tausendfach mit allen damals noch lebenden Kameraden, und versuchte, aus diesen tausenden Briefen ein individuelles Bild zu machen. Auf diesen Schilderungen aufbauend schrieb er eine persönliche Marinegeschichte. Martiny hat dabei oftmals recht interessante Ergebnisse gebracht, die von denen, die Sokol erarbeitete, manchmal abgewichen sind.

Das Kriegsjahr 1914

Der Erste Weltkrieg begann mit der Kriegserklärung Österreich-Ungarns an Serbien am 28. Juli 1914. Am 30. Juli fielen die ersten Schüsse von einem k. u. k. Kriegsschiff und zwar auf der Save, kurz vor deren Einmündung in die Donau. Ein Monitor der Donauflottille eröffnete das Feuer auf die Festung Kalemegdan in Belgrad. Die ersten Schüsse dieses Krieges fielen also nicht auf der Adria, sondern auf der Donau. Zur österreichischen Donauflottille soll an dieser Stelle bemerkt werden, daß sie ein gut geführter und den ganzen Krieg über erfolgreicher Truppenkörper war. Die Schiffe waren gut konstruiert und brauchbar. Die Besatzungen kannten sich auf dem großen Strom aus. Die DDSG war damals die größte Binnenschiffahrtsgesellschaft der Welt. Ihr Personal und ihre Schiffe haben sich gemeinsam mit der k. u. k. Donauflottille bewährt. Ich darf hier vorgreifen. Die Donauflottille hat bei den beiden Feldzügen gegen Serbien jedesmal die Donauübergänge erfolgreich gedeckt. Sie hat 1916 im Feldzug gegen Rumänien einen Vorstoß der Rumänen auf das Südufer der Donau durch die Zerstörung der rumänischen Kriegsbrücke vereitelt. Unsere Donauflottille ist dann schließlich ins Schwarze Meer eingelaufen und hat begonnen, die großen Flüsse hochzufahren, um die Ukraine mit ihren Kornvorräten für die Mittelmächte zu sichern.

Nach den ersten Schüssen auf der Save vom 30. Juli folgte am 6. August die Kriegserklärung gegen Rußland. Am 11. August traten Frankreich, am 12. August Großbritannien in die Reihe der Feinde Österreich-Ungarns ein. Zwischen dem 6. und 12. August lag etwa eine Woche, in der man sich in Pola und im Flottenkommando einiges überlegt hatte. Einige Anregungen lagen in der Luft.

Man muß zugeben, daß die Möglichkeiten für die k. u. k. Kriegsmarine, in einem Binnenmeer, wie es die Adria letztlich ist, wirklich weitgreifend strategisch wirksam zu werden, nicht sehr dicht gesät waren. Es gab nicht viele Gelegenheiten, der Armee wirklich zuhilfe zu kommen oder weitreichende Unternehmungen durchzuführen. In diesem Zwischenstadium, als man bereits im Krieg mit Rußland war, aber noch nicht mit Frankreich und Großbritannien, gab es solche Überlegungen, mit der k. u. k. Flotte aus der Adria auszulaufen und durch die Dardanellen das Schwarze Meer zu erreichen. Man wollte die türkische Flotte unterstützen und Rußland von Süden angreifen. Da das Unternehmen nicht zustande gekommen ist, kann man auch nicht behaupten, was tatsächlich passiert wäre. Es gab Admiräle, die den Plan befürworteten. Der Flottenkommandant Admiral Haus hat die Absichten jedoch schroff abgelehnt. Vielleicht hätte diese Aktion die Weltgeschichte und den Verlauf des 1. Weltkrieges geändert, vielleicht auch nicht. Admiral Haus hielt jedenfalls eine Entblößung der eigenen Küste von den stärksten Einheiten der Marine für undenkbar und war überdies der Meinung, daß eine solche Verlegung mit allen Troßschiffen fast unmöglich gewesen wäre.

Zwei österreichische Kriegsschiffe waren nicht „zu Hause" als der Krieg begann: Die Stationsyacht TAURUS lag am Bosporus, denn es war üblich, daß jede Großmacht ein Stationsschiff am Bosporus hatte. Die TAURUS kam in den ersten Kriegstagen mit etwas Mühen durch die Straße von Otranto zurück in die Adria. Das zweite Schiff war der Kreuzer KAISERIN ELISABETH, Stationsschiff Fernost. Dieses Schiff lief auftragsgemäß den deutschen Hafen von Tsingtau an und wurde dort mit einigen deutschen

Kriegsschiffen bei Beginn der Belagerung durch die Japaner und Engländer eingeschlossen. Das österreichische Kriegsschiff hat bei der Abwehr dieser Belagerung tapfer mitgekämpft und wurde kurz vor der Kapitulation im Hafenbecken von Tsingtau gesprengt, wo es jetzt noch auf Grund liegt. Seit dem Boxeraufstand 1900/1901 hatten alle Mächte in Peking Wachabteilungen in ihren Gesandtschaften. In der österreichisch-ungarischen Gesandtschaft gab es ein Marine-Detachement, eine Matrosenabteilung, diese wurde bei Kriegseintritt Chinas im Jahre 1917 interniert.

Zurück ins Mittelmeer: Im Mittelmeer gab es zwei moderne deutsche Kriegsschiffe, die man stolz die Mittelmeer-Division nannte.
1. den Schlachtkreuzer GOEBEN
2. den kleinen Kreuzer BRESLAU

Diese beiden Schiffe machten Weltgeschichte. Jedenfalls stellt sich die rhetorische Frage, ob jemals zuvor zwei Schiffe historisch so viel bewegt haben wie diese beiden. Der Kommandant der beiden Schiffe, Admiral Souchon, wurde von der Tatsache überrascht, daß Italien sich als neutral erklärte. Die GOEBEN und die BRESLAU fuhren zunächst nach Westen an die Küste Algeriens, um den Transport eines französischen Armee-Korps aus Nordafrika in das Mutterland zu behindern. Es wurden die algerischen Hafenstädte Philippe Ville und Bône beschossen. Im Anschluß daran wurden die Deutschen von britischen Schlachtkreuzern verfolgt. Die britischen Kommandanten im Mittelmeer waren Sir Berkeley Milne und sein nachgeordneter Admiral Ernest Troubridge. Er war Nachkomme jenes Troubridge, der unter Nelson gedient hatte und dementsprechend stolz. Die beiden Briten, die über keinen ausreichend organisierten Stab verfügten, wurden von den Ereignissen der ersten Kriegstage überrollt. Sie schafften es durch ihre Fehldispositionen, daß die GOEBEN, wenn auch mit platzenden Kesselrohren und Heizern, die vor Erschöpfung starben, den Peloponnes umfahren, in die Ägäis einlaufen und mit dem kleinen Kreuzer BRESLAU die Dardanellen erreichen konnte. Vor der Umrundung des Peloponnes steuerten die beiden deutschen Kriegsschiffe nach Norden, so als wollten sie in die Adria einlaufen. Das deutsche Marinekommando hatte ein entsprechendes Hilfeersuchen an das österreichische Flottenkommando gerichtet. So liefen die kriegsbereiten österreichischen Kriegsschiffe nach Süden aus, um die beiden Schiffe des deutschen Verbündeten aufzunehmen und nach Pola zu geleiten. Als klar war, daß die beiden deutschen Schiffe abgedreht hatten, drehten die österreichischen Schiffe wieder nach Norden um. GOEBEN und BRESLAU liefen also ins Marmarameer ein, erreichten Konstantinopel und wurden symbolisch an die Türkei verkauft. Die Türkei war noch nicht in den Krieg eingetreten. Das Erscheinen der beiden deutschen Kriegsschiffe am Bosporus hat zweifelsohne den Eintritt der Türkei an der Seite der Mittelmächte in den Krieg maßgeblich beeinflußt, und somit zur Sperre der Meerengen beigetragen. Es ist klar, daß ohne diese Sperre der Meerengen die Alliierten ihrem russischen Verbündeten in wesentlich höherem Maße Munition und Nahrungsmittel hätten liefern können, als dies über die mühsame Nordroute der Fall war. Es stellt sich hier die unbeantwortbare Frage an die Geschichte. Wäre Rußland vielleicht ein Zarenreich geblieben? Wäre die Regierung Kerenski an der Macht geblieben, wenn diese Versorgung durch das Schwarze Meer möglich gewesen wäre? Die Briten, nicht zuletzt der erste Lord der Admiralität, Herr Winston Churchill, erkannten die Fehler, die hier passierten, sehr wohl. Die beiden britischen Befehlshaber wurden ihrer Posten enthoben. Sie wurden jedoch nicht kriegsgerichtlich verurteilt, denn die Fehler waren auch in der Admiralität in London passiert. Beide Kommandanten erhielten jedoch während des ganzen Krieges keine entsprechenden Kommanden mehr. Winston Churchill und andere waren der Auffassung, man müsse diese Schlappe wieder gut machen, und so kam es zur Flottenaktion und schließlich zum Landungsunternehmen in den Dardanellen.

Die Dardanellen wurden letztlich gehalten. Die Alliierten mußten sich nach schweren Menschen- und Schiffsverlusten wieder zurückziehen. In der Adria blockierte die k. u. k. Kriegsmarine die Küste von Montenegro, um den Nachschub an den Kriegsgegner Serbien zu unterbinden. Unter Verletzung des Völkerrechts lag eine französische Flottenabteilung vor Korfu. Gemäß Vereinbarungen, die vor dem Krieg getroffen worden waren, hatten im Mittelmeer die Franzosen das Oberkommando. Der französische Befehlshaber Boué de Lapeyrère entwickelte einen geschickten Plan, um die blockierenden österreichischen Einheiten zu vernichten. Er fuhr mit seinen Schlachtschiffen von Süden her langsam, unter der italienischen Küste, mit abgeblendeten Lichtern, nach Norden und überquerte dann nach Osten die Adria. Von Süden her, unter der albanischen Küste, schlossen britische Panzerkreuzer die Falle. An jenem Tag hatten der kleine Kreuzer ZENTA und der Zerstörer ULAN den Blockadedienst inne. Die Falle schnappte zu. Die ZENTA wurde versenkt und der ULAN, ein schnelles Schiff, machte seinem Namen alle Ehre. Er erreichte mit Höchstgeschwindigkeit, unter der Küste steuernd, mit viel Glück, die Bucht von Cattaro. Die Blockade Montenegros war gebrochen. Sie war auch vorher nicht sehr erfolgreich gewesen. Nachschub für Serbien kam durch. Darunter befanden sich auch französische Marine-Langrohr-Geschütze. Die Montenegriner transportierten diese Geschütze mit viel Mühe hinauf auf den Berg Lovcen, der das Südufer der Bucht von Cattaro (Boka Kotorska) hoch überragt. Dort gingen diese Geschütze in Position und begannen die österreichischen Einheiten im Flottenstützpunkt der Buchten von Cattaro zu beschießen. Die Buchten von Cattaro sind tief eingeschnitten, wie ein norwegischer Fjord. Sie waren ein idealer Ankerplatz und Flottenstützpunkt. Diese Geschütze auf dem Lovcen waren auf Dauer untragbar. Sie mußten ausgeschaltet werden. In der Bucht lag damals die 5. Division, die Schlachtschiffe der MONARCH-Klasse. Alte Schiffe (an die 20 Jahre alt), deren Geschütze nicht auf den hohen Berg hinaufreichten. Am 22. Juli 1914 kamen die ersten Seeflugzeuge in die Bucht von Cattaro. Man kann der k. u. k. Kriegsmarine also nicht den Vorwurf machen, nicht am neuesten Stand der Technik gewesen zu sein. Die ersten U-Boote waren da, die Flugzeuge waren auch da. Man wußte auch, wie man sie zu verwenden hatte. Dennoch hatten diese ersten Flugzeuge gegen die Geschützstellungen am Lovcen keinen Erfolg. So wurde das moderne Schlachtschiff RADETZKY nach Cattaro verlegt. Das Schiff wurde gekrängt (d. h. künstlich geneigt), damit die Geschütze eine entsprechend höhere Elevation erreichten. Es begann nun ein Punktschießen hinauf auf den Lovcen, bis die Batterien außer Gefecht gesetzt waren.

Eines der erwähnten U-Boote war ein Spekulationsbau der Werft gewesen, das bei Kriegsbeginn von der k. u. k. Kriegsmarine sofort angekauft worden war. Es erwies sich als kriegsbrauchbar und hatte auch einen schneidigen jungen Kommandanten namens Egon Lerch. Das U12 steuerte von Cattaro nach Süden. In der Straße von Otranto, die die Verbindung zwischen Adria und Mittelmeer herstellt, patrouillierten französische Kriegsschiffe. Französische Panzerkreuzer durchsteuerten die Straße von Otranto. Im Süden lagen auch schwere französische Einheiten. Eines dieser Schlachtschiffe lief dem U-Boot, U12, vor das Rohr, wurde torpediert, schwer beschädigt und mußte in Malta repariert werden. Die Bucht von Cattaro wurde gehalten. Sie wäre nur durch eine amphibische Operation seitens der Alliierten zu nehmen gewesen. Eine solche Operation wurde den ganzen Krieg über nicht versucht. Nach der Zerstörung der französischen Batterien am Lovcen herrschte Ruhe in der Bucht, bis zur Eroberung Montenegros durch die Mittelmächte.

Die Franzosen sandten ein U-Boot mit dem Namen MADAME CURIE nach Norden. Es drang in den Hafen von Pola ein, verfing sich jedoch in den Seilsperren des Hafens, wurde versenkt, dann gehoben und unter der Nummer 14 als U-Boot U14 in österreichische Dienste gestellt.

Rückblick auf das Jahr 1914

Auf dem Land tobte der erste Volkskrieg der Weltgeschichte. Die Volksheere der Nationen waren gegeneinander angetreten. Die Kriegsmarinen jedoch nicht, auch nicht in der Nordsee, wo man sich ein dramatisches „Aufeinander-Losgehen" der Royal Navy und der deutschen Hochseeflotte erwartet hatte. Es zeichnete sich auch in der Adria ab, daß der tägliche Seekrieg von den kleinen Einheiten, U-Booten und Flugzeugen, geführt wurde. Die großen Einheiten, deren Bau Unsummen verschlungen hatte, lagen in ihren geschützten Häfen. Am Horizont zeichnete sich die kommende Kriegstechnik ab. Es war zu erwarten, daß dieser Krieg ein wenig anders verlaufen würde, als man sich das vorher vorgestellt hatte.

Das Kriegsjahr 1915

Die Feldzüge gegen Serbien unter Feldzeugmeister Potiorek waren fehlgeschlagen. Die österreichischen Truppen mußten sich zurückziehen. Es war nicht gelungen, den Nachschub aus Frankreich nach Serbien völlig zu unterbrechen. Das Seeflugzeug und das U-Boot hatten ihre Kriegstauglichkeit bereits bewiesen. Im Februar und März 1915 gab es weitere Versuche, den Nachschub nach Serbien und Montenegro zu bremsen. Die Einheiten der österreichischen Kriegsmarine drangen in den Hafen von San Giovanni di Medua (heute Shengjini) ein. Sie versenkten dort einige Nachschubschiffe. Am 24. April 1915 versenkte Georg Ritter von Trapp mit seinem U-Boot, U5, einen Panzerkreuzer der Franzosen in der Straße von Otranto, die LEON GAMBETTA. Diese Versenkung, verbunden mit hohen Menschenverlusten, zwang die Franzosen letztlich, ihre Blockadelinie weiter nach Süden zu verlegen. Von da an war Schluß mit mehr oder weniger kühnen Blockadeversuchen. Die Franzosen zogen sich nach Korfu und ins Ionische Meer zurück. Sie betrieben von dort aus eine Fernblockade, so, wie es die Briten in der Nordsee machten. Im Mai 1915 kamen zerlegte kleine U-Boote aus Deutschland per Bahn nach Pola. Für die damalige Zeit eine unerhörte technische Leistung. In drei Stücke zerlegt, konnten sie auf die Eisenbahnwaggons verladen werden. Die U-Boote wurden zusammengesetzt und machten sich sofort auf den Weg in das Schwarze Meer, um die schwer ringenden Türken zu entlasten. Am 13. Mai 1915 kam das deutsche U-Boot U 21 unter einem jungen Seeoffizier namens Hersing in die Bucht von Cattaro. Wenn es eines Beweises für die Wichtigkeit der Bucht von Cattaro und ihrem Erhalten für die Mittelmächte bedurft hätte, so war es dieser Tag. Mit dem letzten Tropfen Dieselöl kam U 21, welches aus der Nordsee auslaufend die britischen Inseln seewärts umrundet hatte und dann durch die Straße von Gibraltar in das Mittelmeer eingelaufen war, in der Adria an. Hersings U-Boot wurde in Cattaro versorgt, aufgetankt und lief dann nach den Dardanellen aus, wo er zwei der britischen Schlachtschiffe, die die türkischen Forts beschossen, versenkte.

Es erwies sich, daß dies der Anfang vom Ende des Dardanellenunternehmens der Alliierten war. Die Standfestigkeit der türkischen Soldaten, die nunmehrige Bedrohung der Schlachtschiffe durch die U-Boote, die Wirksamkeit der Minen in den Meerengen und die auf den Donauweg herangebrachten deutschen Haubitz-Batterien hatten das Dardanellenunternehmen endgültig zum Scheitern gebracht.

Winston Churchill mußte als erster Lord der Admiralität zurücktreten.

Im Frühjahr 1915 begann Italien mit beiden Seiten zu verhandeln, mit Österreich-Ungarn und den Alliierten. Es ging letztlich um die Frage: Wer bietet mehr? Österreich-Ungarn bot Welsch-Tirol (Trentino), Teile Friauls und die Umwandlung von Triest zu einer Freistadt an. Am 23. April 1915 wurde der sogenannte Pakt von London geschlossen. Für die Italiener war es die Verpflichtung binnen einem Monat, also bis zum 23./24.

Mai in den Ersten Weltkrieg einzutreten. Die Alliierten versprachen ganz Südtirol bis zur Brennergrenze, ganz Istrien, Triest und Friaul. Darüber hinaus die gesamte Ostküste der Adria mit sämtlichen Inseln, wobei das Festlandgebiet bis zur Wasserscheide der in die Adria mündenden Flüsse reichen sollte!

Am 23. Mai 1915 kam die Kriegserklärung Italiens. Sie war von österreichischer Seite längst erwartet worden. Die Marine hatte sich darauf vorbereitet. Man war niemals besonders gut auf Italien zu sprechen gewesen. Im Morgengrauen des 24. Mai lief die gesamte operative österreichische Flotte aus und beschoß die Ostküste Italiens. Die großen Hafenstädte Ancona, Bari, Barletta und die Eisenbahnlinie, die diese Küste entlang lief. Der wahre militärische Wert der Beschießung dieser Linie war nicht so groß, wie man es damals einschätzte, doch zweifellos war eine psychologische Auswirkung da. Die Behauptung, die sich in mehreren Quellen findet: Der Aufmarsch der italienischen Armee Richtung Isonzo sei durch diese Beschießung drei Tage verzögert worden, ist vermutlich nicht zu halten. Nach dem Pakt von London hatten die Italiener wohl genug Zeit gehabt, den Aufmarsch am Isonzo und anderswo rechtzeitig vorzubereiten und zu vollenden. Wie erwähnt, empfiehlt es sich, zur Beurteilung solcher Fragen ausländische Quellen heranzuziehen. Auf allen Meeren der Welt hatte die Royal Navy den Oberbefehl, nur im Mittelmeer hatte von Kriegsbeginn weg die französische Marine den Oberbefehl. Mit dem Kriegseintritt Italiens hatten in der Adria, aber ausschließlich in der Adria, die Italiener den Oberbefehl - das zur Befehlsstruktur der Ententemächte. Dem italienischen Oberbefehlshaber zur See, Herzog der Abruzzen, wurde der britische Admiral Herbert Richmond als Ratgeber zugeteilt. Richmond sprach fließend französisch und italienisch. Er hat uns ein Tagebuch hinterlassen, das eine sehr interessante Quelle ist. Nach Richmonds Tagebuch waren die ersten Wochen voll Besprechungen, wobei die Italiener mitteilten, was sie gegen die österreichische Kriegsflotte alles unternehmen würden. Die Eroberung von Cattaro, Sebenico, Lagosta und anderer Küstenorte wurde angekündigt, doch war das alles offensichtlich nicht so ernst gemeint. Bereits im August 1915 beantragte Richmond seine Rückversetzung in die Heimat, weil er mit dem Verhalten des italienischen Marinekommandos nicht einverstanden war. Italiener, die auf der in der Mitte der Adria liegenden Insel Pelagosa stationiert waren, verwendeten sie als Basis für weitere Unternehmungen gegen die Ostküste. Nachdem am 18. August 1915 (der Geburtstag des Kaisers) eine österreichische Flottenabteilung die kleine Insel heftig beschossen hatte, wurde diese in der Nacht darauf von den Italienern geräumt. Pelagosa wurde Niemandsland und blieb es.

Am 12. August 1915 geschah etwas Tragisches. Der Schiffsleutnant Lerch, der mit seinem U-Boot, U12, in der Straße von Otranto ein französisches Schlachtschiff torpediert hatte, versuchte mit Mühen in den Hafen von Venedig einzudringen, also das Gleiche zu versuchen, was die CURIE in Pola versucht hatte. Das U12 lief aber auf eine Minensperre in der Lagune auf und sank. Es wurde genau so wie die CURIE gehoben. Die Besatzung des U12 ruht auf der Friedhofsinsel San Michele. An Bord des U-Bootes fanden die Italiener auch die österreichischen Schlüsselunterlagen. Es ist eine unbeantwortbare Frage, inwieweit danach von diesen Schlüsselunterlagen erfolgreich Gebrauch gemacht werden konnte. Es gibt Anzeichen dafür, daß es der Fall war, andere Anzeigen sprechen aber dagegen. Ein generelles Mitlesen des österreichischen Funkverkehrs, wie es den Engländern mit den Deutschen im Ersten Weltkrieg ja gelungen ist, scheint es jedoch in der Adria nicht gegeben zu haben. Die österreichische Funkdisziplin war auch wesentlich schärfer. Es wurde generell weniger gefunkt als in der Nordsee, und es wurde mit verschiedenen Tricks versucht, den Gegnern ein Mithören und Entschlüsseln zu erschweren. Im Juni 1915 gab es den nächsten U-Booterfolg. Die italienische Flotte hat versucht, sich für die Beschießung der italienischen Ostküste zu revanchieren. Es erschien eine italienische Flottenabteilung an der Küste, nördlich von Cattaro. Es gelang dem österreichischen U-Boot U4 vor der Stadt Cavtat (damals Ragusa Vecchia) den italienischen Panzerkreuzer GIUSEPPE GARIBALDI zu versenken. Danach gab es keine Küstenbeschießung dieser Art mehr.

Während Österreich-Ungarn von Anfang an auf Seeflugzeuge (Flugzeuge mit Bootsrumpf) gesetzt hatte, versuchten die Italiener im ersten Kriegsjahr starre Luftschiffe nach Art der deutschen Zeppeline gegen die österreichische Küste einzusetzen. Mehrere dieser Luftschiffe wurden abgeschossen. Es erwies sich schon damals die Überlegenheit des Flugzeugs über das Luftschiff.

Im Herbst 1915 begannen neuerliche Operationen gegen Serbien. Mit deutscher Unterstützung rückten zunächst österreichische Truppen von Norden vor, bald darauf auch bulgarische Truppen von Osten. Konzentrisch marschierte man in Serbien ein und die Unterbindung jeglichen Nachschubs für Serbien wurde akuter denn je. Im Dezember 1915 gab es daher zwei Aktionen gegen den gegnerischen Nachschub:

Am 5. Dezember eine neuerliche Aktion gegen den Hafen von San Giovanni di Medua (Shengjini), am 29./30. Dezember 1915, am vorletzten Tag dieses Jahres, kam es zu einem Vorstoß einer Abteilung, bestehend aus einem schnellen Kreuzer und vier modernen Zerstörern. Der Kreuzer HELGOLAND und die Zerstörer LIKA, TRIGLAV, CSEPEL und BALATON stießen nach Durazzo vor. Man wollte dort energisch reinen Tisch machen. Es sollten etliche Nachschubdampfer, die man vorfand, versenkt werden. Es kam aber anders. Zwei österreichische Zerstörer liefen im Hafen von Durazzo (heute Durrés) auf Minen. Die Abteilung stand unter dem Kommando von Linienschiffskapitän Seitz. Im Anschluß an den Verlust der beiden Zerstörer wurde die Abteilung von einer britisch-italienischen Flottenabteilung, die aus Brindisi ausgelaufen war, quer durch die Adria verfolgt. Seitz nützte seinen geringen Geschwindigkeitsvorsprung aus und fuhr quer über die Adria unter die italienische Ostküste nach Westen, bis endlich die Dämmerung hereinbrach und die Geschützführer durch ihre Fernrohre nichts mehr sehen konnten. Admiral Haus hat das Verhalten von Seitz kritisiert. In der britischen Marineliteratur wird diese Aktion als ausgezeichnet beurteilt.

Es begann sich nun etwas abzuzeichnen, das man das „Dünkirchen Österreich-Ungarns" nennen könnte. Vor den konzentrisch einmarschierenden Truppen der Mittelmächte zog sich der Kern der serbischen Armee über die verschneiten albanischen Berge an die Adriaküste zurück. Nach mühsamen Märschen erreichten die besten Soldaten Serbiens die Adriaküste.

Da vorher sehr hohe Gefangenenzahlen gemeldet worden waren, schien man auf Seiten der Mittelmächte die Bedeutung dieses Rückzuges unterschätzt zu haben. Der Hafen von San Giovanni di Medua war viel zu klein, um eine großzügige Einschiffung zu ermöglichen. Die Serben marschierten daher weiter nach Süden bis Durazzo. Von dort wurden sie in einer gut geführten Aktion von italienischen, französischen und britischen Handelsschiffen abgeholt, aufgenommen und auf die Insel Korfu überführt. Die Serben konnten sich auf der Insel Korfu gesundheitlich erholen. Sie wurden mit französischer Ausrüstung wieder voll ausgerüstet und einige Monate später nach Saloniki transportiert. Sie traten dort zur französischen Armee im Orient. Dieser Vorgang sollte für die Mittelmächte weitreichende Folgen haben. Im Herbst 1918 kam es im Vardartal zum Durchbruch der französisch-serbischen Armee nach Norden. Zwar waren die Straßenverhältnisse am Balkan schlimm, aber mit dem Hintergrund amerikanischer Kriegsrüstung und ausreichendem Treibstoff gelang es dieser Armee, nach Norden vorzurücken und serbisches Gebiet zu erreichen. Nicht der von Italien stets so hoch gelobte Sieg von Vittorio Veneto hat das Ende der Mittelmächte eingeleitet, sondern der Vormarsch der französischen Orientarmee nach Norden, die von Süden her Ungarn und die Donau erreicht hätte und auf jeden Fall das Ende des Krieges für die Mittelmächte herbeigeführt hätte! Daher ist ein Vergleich mit Dünkirchen (im Jahr 1940) zulässig.

Zunächst aber marschierten die Truppen der Mittelmächte nach Albanien, in den Süden, blieben aber am Fluß Scumbi stehen. Durazzo wurde erobert, nicht aber Valona (heute Vloré). Der Scumbi blieb die Frontlinie. Das Ostufer der Straße von Otranto blieb in der Hand der Entente. Damit bestand die Möglichkeit, die Straße von Otranto zu sperren und ein- bzw. auslaufende U-Boote der Mittelmächte zu behindern. Wieder stellt sich eine theoretische Frage, nämlich ob es nicht doch eventuell mit deutscher Hilfe möglich gewesen wäre, die Front in Albanien weiter nach Süden vorzuschieben und Valona zu erobern und so auch das Ostufer der Straße von Otranto in die Hand zu bekommen sowie die Sperre dieser Straße aufzuheben.

Die Front in Albanien war eine schwierige Front. Die Verluste durch Malaria waren stets höher als die durch Feindeinwirkung, da die Transportverhältnisse zu Land sehr geringe Möglichkeiten boten, und so blieb die Albanienfront auf den Transport und Nachschub zur See angewiesen. Entlang der dalmatischen Küste fuhren von da an regelmäßig Geleite nach Süden, nach Durazzo.

Rückblick auf das Jahr 1915

Im Krieg auf der Adria sieht es so aus, daß es gegenüber Italien zu einer Patt-Stellung gekommen war. Die Österreicher durften glauben, daß sie den besseren Teil hatten. Die Bedeutung der Rettung des serbischen Heeres wurde, wie erwähnt, damals nicht voll erkannt. In zunehmend größerer Zahl kamen 1915 deutsche U-Boote in das Mittelmeer und benutzten die Bucht von Cattaro als ihre Basis.

Das Kriegsjahr 1916

Im Jahr 1916 vollendete sich das, was vorher unter dem Titel „Österreich-Ungarns Dünkirchen" geschildert wurde. Die Überlebenden der serbischen Armee, der Kern des serbischen Heeres, wurde aus Durazzo und Valona nach Korfu transportiert. Die österreichisch-ungarische Armee und ihre Verbündeten konnten zwar Durazzo erobern, aber nicht Valona erreichen.

Im Seekrieg tauchte 1916 eine neue Waffe auf. Die Italiener entwickelten ein schnell laufendes, mit Torpedos bewaffnetes Motorboot. Man nannte es M.A.S. Diese Abkürzung bedeutet Motoscafi anti Sommergibili. Diese Boote waren leicht gebaut und nicht sehr seetüchtig, aber auf einem Schönwettermeer, wie es die Adria meistens ist, waren sie durchaus einsatzfähig. Die Bedeutung dieser neuen Seekriegswaffe, die Bedrohung, die von ihr ausging, wurde auf österreichischer Seite nicht voll erkannt. Man hat sich zwar bemüht, etwas Ähnliches nachzubauen, konnte aber diese Qualität nicht erreichen. 1916 machte sich erstmals der Rohstoffmangel fühlbar und es gab für diese Boote keine geeigneten Motoren.

Die Seeflugzeuge erwiesen sich immer mehr als leistungsfähig und immer wichtiger. Hier waren Österreich-Ungarn und seine Fabriken auf der Höhe der Zeit. Ausgezeichnete Konstruktionen wurden entwickelt. In allen Fällen handelte es sich um Flugboote mit einem bootsförmigen Rumpf - nicht um Schwimmerflugzeuge. Diese Flugboote waren mit Druckschrauben angetrieben, die Schrauben befanden sich also stets hinten am Flügel. Die k. u. k. Seeflugzeuge wurden nicht nur über der Adria, sondern auch zu Bombeneinsätzen im italienischen Hinterland verwendet. Im September 1916 kam es zu einer Premiere im Seekrieg. Zwei österreichisch-ungarische Flugboote versenkten vor der Bucht von Cattaro mit Wasserbomben ein französisches U-Boot. Auch hier ist als technologisch eindrucksvoll zu erwähnen, daß es sich tatsächlich um echte Wasserbomben handelte. Die Bomben hatten Verzögerungszünder mit Druckzündung. Die Franzosen hatten offenbar mit solchen Bomben nicht gerechnet. Das U-Boot mußte schwer beschädigt auftauchen. Es war die erste Versenkung dieser Art in der Seekriegsgeschichte.

Die deutschen U-Boote verwendeten in zunehmender Zahl die Bucht von Cattaro als ihre Basis. Sie führten im Mittelmeer, auf der lebenswichtigen Route vom Suez-Kanal über Malta nach Gibraltar, einen sehr erfolgreichen Handelskrieg.

Es begann sich daher etwas abzuzeichnen, das auch in den kommenden Kriegsjahren von Wichtigkeit war, nämlich der hin- und herwogende Kampf: Einerseits die Bemühungen der Alliierten, die Straße von Otranto, den Ausgang der Adria, soweit zu sperren, daß die ein- und auslaufenden U-Boote behindert wurden. Anderseits gab es Bemühungen der Mittelmächte, diese Sperre immer wieder durch Flottenvorstöße zu verwirren und zu behindern. Im Dezember 1916 gab es einen derartigen Vorstoß von vier älteren österreichischen Zerstörern, die in der Straße von Otranto einige Unruhe gestiftet hatten. Die Alliierten haben dann, vor allem aus Irland, aus den harten Gewässern des Nordens, Fischdampfer geholt. Trawler (Schleppnetzfischfänger), die ihre Netze hinten nachschleppten. Diese Trawler wurden bewaffnet. Statt der Fischnetze wurden Stahlnetze angehängt. Diese Trawler fuhren die Straße von Otranto auf und ab und fingen feindliche U-Boote ab. Im Hintergrund waren diese Fischdampfer von Zerstörern geschützt. Diese Strategie behinderte die U-Boote im großen und ganzen jedoch nicht. Die U-Boote konnten nach wie vor die Sperrzone durchbrechen. Die Verluste der U-Boote in der Straße von Otranto hielten sich in Grenzen.

Rückblick auf das Jahr 1916

Das Jahr 1916 war für die Mittelmächte ein gutes Jahr. Die Serben waren besiegt, das Land erobert, die Mittelmächte standen in Mittel-Albanien. Die Zeitgenossen haben das damals auch als durchaus positiv empfunden. Jedoch standen die Menetekel an der Wand.

Diese Menetekel waren:

1.) Die neue Waffe im Seekrieg, das schnellaufende Torpedoboot (M.A.S.).

2.) Die Front stand in Albanien, mußte aber über den Seeweg mit relativ mühsamem Geleitzugverkehr versorgt werden.

3.) Es gab die nicht beantwortbare Frage: Was wird das, in Korfu erholte und neu ausgerüstete, serbische Heer vollbringen?

Zur Einschaltung ein spezieller Punkt:

Die Frage der Italiener im Staatsgebiet Österreich-Ungarns und ihr Verhalten im Ersten Weltkrieg.

Beide Seiten, das Positive wie auch aus unserer Sicht das Negative, sollen kurz beleuchtet werden. In Österreich-Ungarn gab es genug Menschen, deren Muttersprache italienisch war, etwa 2 Millionen. Einige von ihnen arbeiteten hervorragend als Agenten in Italien. Diese bauten ein Spionagenetz auf. In zwei Fällen wurden als Kohlestücke getarnte Bomben mit Zeitzünder in die Bunker italienischer Schlachtschiffe geschmuggelt und beide Schlachtschiffe wurden gesprengt und sanken. Es waren dies das Schlachtschiff LEONARDO DA VINCI, ein modernes Großkampfschiff und das ältere Schlachtschiff BENEDETTO BRIN. Diese Agentengruppe führte auch zahlreiche ähnliche Sabotageakte gegen Landanlagen durch. Etwa Elektrizitätswerke, Stahlfabriken und Munitionsfabriken. Die andere Seite sind jene Menschen, die bei Ausbruch des Krieges mit Italien die Grenze überschritten hatten, die also Österreich-Ungarn illegal verlassen hatten. Von diesen Menschen waren einige auch bereit, mit der Waffe in der Hand gegen ihr bisheriges Vaterland zu kämpfen. Etwa 2000 Männer taten auch diesen Schritt. Einige von ihnen wurden das, was man in Italien die „Blutzeugen des Risorgimento" nennt. Gerieten diese Männer in österreichische Gefangenschaft und wurden erkannt, so drohte ihnen ein Prozeß wegen Hochverrats. Für die Männer, die in den Reihen der italienischen Armee kämpften, darf ich drei Namen von Trentinern nennen: Cesare Battisti, Fabio Filzi und Damiano Chiesa. Diese, nachdem sie in Gefangenschaft geraten und erkannt waren, wurden hingerichtet. Im Bereich der Marine ist der prominenteste Name der des Kapitäns Nazario Sauro aus Capo d'Istria (Koper). Sauro hatte sich der italienischen Kriegsmarine als Lotse für die ihm vertrauten Gewässer zur Verfügung gestellt. Er war als Lotsenoffizier auf dem U-Boot GIACINTO PULLINO eingeschifft. Ohne seine Schuld lief dieses U-Boot in einer regnerischen Nacht im Quarnero auf die einzige Klippe weit und breit auf. Es war die Klippe Galiola. Auf der Klippe stand ein Leuchtturm mit Telegrafenverbindung zum Festland. Es wurde der österreichische Zerstörer MAGNET alarmiert, dieser lief aus und nahm die Besatzung gefangen. Kapitän Sauro wurde erkannt und hingerichtet. Sein Denkmal steht in Triest am Hafen. In jeder italienischen Großstadt findet man eine Via Nazario Sauro. Das U-Boot GIACINTO PULLINO wurde von den Österreichern zunächst erbeutet, ist aber auf der Schleppfahrt in den Hafen neuerlich gesunken und wurde erst nach dem Krieg von den Italienern gehoben.

Zu der erwähnten Agentengruppe, die die Sprengstoffanschläge durchführte, wäre noch zu vermelden, daß bei einem spektakulären Einbruch im österreichischen Konsulat in Zürich ein Panzerschrank mit der Liste von Agenten dieser Gruppe geknackt wurde, sodaß mehrere Mitglieder dieser Gruppe von den Italienern verhaftet und hingerichtet wurden. Sogar nach dem Krieg wurde einer dieser Agenten in Innsbruck erkannt und verhaftet.

Das Kriegsjahr 1917

Am 8. Februar 1917 starb an Bord seines Flaggenschiffes VIRIBUS UNITIS Großadmiral Anton Haus. Haus war Zeit seines Lebens umstritten, wobei ich mir kein Urteil anmaßen will. Haus galt als Zauderer, der sich zu großen Aktionen nicht durchringen konnte - zu wirklich greifenden Aktionen. Andererseits war er ein weitblickender, intelligenter Mann. Vielleicht hat er die hoffnungslose Situation der Mittelmächte früher gesehen als andere.

Sein Nachfolger wurde der aus der Lika, der ehemaligen Militärgrenze, stammende Maximilian Njegovan. Admiral Njegovan hat an der eher zaudernden Kriegsführung der k. u. k. Kriegsmarine in der Adria nichts geändert. Im März 1918, als Kaiser Karl ein großes personelles Revirement durchführte, wurde er durch den relativ jungen energischen Kontreadmiral Nikolaus Horthy von Nagybanya ersetzt, der später Reichsverweser von Ungarn wurde.

Das Jahr 1917 brachte aber auch den Kriegseintritt der USA, letztlich provoziert durch den uneingeschränkten Unterseebootkrieg. Die USA mit ihrer wirtschaftlichen und industriellen Kraft traten in diesen Krieg ein. Die wirtschaftliche Überlegenheit der Alliierten war es auch, die den unausweichlichen Niedergang der Mittelmächte besiegelte. 1917 wurde nach langem Debattieren von den Alliierten das im Atlantik so erfolgreiche Geleitzugsystem auch im Mittelmeer eingeführt. Die Erfolge der deutschen und österreichischen U-Boote gingen schlagartig zurück.

Am 15. Mai 1917 kam es zum größten Gefecht, das die österreichische Marine im Ersten Weltkrieg zu bestehen hatte. Es war das Gefecht in der Straße von Otranto. Wie vorher schon angedeutet, war die Sperre bzw. das Durchbrechen dieser Sperre zum entscheidenden Agens des Seekrieges in der Adria geworden. Man sandte nun die besten Schiffe, die man hatte: Die drei schnellen Kreuzer HELGOLAND, NOVARA und SAIDA in Begleitung von modernen Zerstörern, in die Straße von Otranto, um die dort hin- und herfahrenden, die Stahlnetze schleppenden Fischdampfer zu vernichten und ihre Zerstörersicherung wenn möglich aufzurollen. Das Kommando führte der damalige Linienschiffskapitän Nikolaus Horthy. Horthy durchstieß in der Nacht die Sperre von Otranto und griff im Morgengrauen, von Süden kommend, die Fischdampfer dieser Sperre an. Es wurden 14 Fischdampfer versenkt. Danach kam es aber zu einem erbitterten Verfolgungsgefecht mit einer aus Brindisi auslaufenden italienisch-britischen Kampfgruppe von Kreuzern und Zerstörern. In der Adria führten bekanntlich die Italiener den Oberbefehl. Ich bin der Meinung, daß, wenn Briten den Oberbefehl geführt hätten, die Sache für uns Österreicher durchaus negativ ausgegangen wäre.

Kommandant der Kampfgruppe war der italienische Kontreadmiral Acton. Er trug einen britischen Namen, weil er Nachkomme eines britischen Seeoffiziers war, der während des Königreichs von Neapel in italienische Dienste getreten war. Admiral Acton erwies sich als übervorsichtiger Führer im Gefecht und es sei vorausgeschickt, daß seine Behauptung, die er als Grund für sein Abdrehen angegeben hat, war, im Norden Rauchwolken schwerer österreichischer Einheiten gesichtet zu haben, die den Kreuzern zu Hilfe kommen wollten, nicht stimmen kann. Die Widerlegung erfolgte nicht etwa durch österreichische Quellen, sondern durch italienische. Der Panzerkreuzer ST. GEORG kam zwar den drei Rapidkreuzern zu Hilfe, aber er befand sich zu diesem Zeitpunkt noch so weit nördlich, daß ein Sichten seiner Rauchwolken gänzlich ausgeschlossen war. In dem Verfolgungsgefecht nach Norden Richtung Cattaro wurde der schnelle Kreuzer NOVARA lahm geschossen und mußte von der SAIDA in einem mühsamen Manöver in Schlepp genommen werden, während der dritte Kreuzer, die HELGOLAND, dieses Schleppmanöver nach Süden deckte. Bei einem energischen Vorgehen des Gegners wäre zumindest die NOVARA mit Sicherheit verloren gewesen. So aber gelang das bravouröse Schleppmanöver und die drei Kreuzer erreichten die Bucht von Cattaro.

An dieser Stelle soll wieder eine historiographische Bemerkung fallen: Die italienische Marine-Kriegsgeschichte des Ersten Weltkrieges besteht zunächst aus drei wichtigen Büchern. Das erste erschien 1923 und stammt von Camillo Manfroni. Es ist die gröbste Schwarz-Weiß-Malerei. Die Italiener haben immer gute, die Österreicher immer schlechte Eigenschaften. Im Jahr 1930 erscheint ein zweites zweibändiges Werk von Ettore Bravetta. Das Werk ist besser und geht mit dem Kriegsgegner fairer um. Es wiederholt aber, ungeachtet dessen, zahlreiche Ungereimtheiten, die bereits Manfroni festhielt. 1935 hat ein Team italienischer Seeoffiziere ein mehrbändiges Werk erarbeitet. In diesem Werk wird zwar die italienische Seite nicht kritisiert, was man von einem Buch, das in der Zeit Mussolinis erschienen ist, nicht verlangen kann, aber etwaiges Fehlverhalten auf italienischer Seite wird unmißverständlich dargelegt und neutral beschrieben, u. a. auch die Otrantoaktion. Die Bewachung der Straße von Otranto wurde durch Horthys Aktion jedenfalls für einige Wochen unterbrochen und die Passage der U-Boote erleichtert. 1988 erschien das bisher letzte Buch von italienischer Seite zum Seekrieg auf der Adria 1915 bis 1918. Es erschien anläßlich des 70. Jahrestages des Sieges von Vittorio Veneto. Dieses Buch ist sichtlich bemüht, die übertriebene Darstellung früherer Jahrzehnte zu unterlassen. Der Autor macht sich etwa über die Art, wie Gabriele d'Annunzio seine Kriegserinnerungen beschreibt, geradezu lustig. Der Autor ist ein junger Stabsoffizier namens Ezio Ferrante.

Man hätte nun erwarten sollen, daß in diesem Buch auch neuerliche Recherchen durchgeführt werden und die Fehler früherer Publikationen vermieden werden. Dies ist jedoch nicht der Fall. Es führt ganz allgemein zu der auch von anderen Historikern erhärteten Tatsache, daß zumindest in sehr vielen Fällen nicht versucht wird, die Primärquelle neuerlich zu sichten, sondern daß mehr oder weniger die Schilderungen früherer Publikationen unkritisch übernommen werden.

Am 3. August 1917 erlebte Pola seinen ersten Massenluftangriff. Über hundert gegnerische Flugzeuge griffen an und warfen Bomben auf den Kriegshafen. Der Schaden, den diese kleinen Bomben anrichteten, war relativ gering, doch immerhin war es ein Zeichen der bedrückenden materiellen Überlegenheit der Alliierten.

Am 24. Oktober 1917 begann die berühmte Offensive von Flitsch und Tolmein, mit der Österreich-Ungarn, unterstützt von deutschen Truppen, die Isonzo-Front, die 11 Schlachten gesehen hatte, durchbrechen konnte und nun die oberitalienische Tiefebene erreichte. Der Vormarsch der k. u. k. Armee und der deutschen Truppen kam erst am Fluß Piave zum Stillstand. Venedig wurde nicht erreicht. Im Zusammenhang mit dieser Offensive und mit dem Fluß Isonzo selbst muß sich die k. u. k. Kriegsmarine vor der Geschichte zwei Fragen gefallen lassen.

1.) Die Mündung des Isonzo-Flusses in den Golf von Triest heißt Sdobba. An der Sdobba standen italienische Marinegeschütze und schossen noch und noch gnadenlos hinauf auf den Karsthügel, der Hermada heißt. Die österreichischen Infanteristen saßen dort in halbmeter tiefen Gräben. Tiefer konnte man am Karst nicht graben. Hinter diesen Steinwällen, in den Karstgräben, mußten sie jahrelang den Geschoßhagel der Sdobba-Batterien über sich ergehen lassen. Es stellt sich die Frage, ob es nicht möglich gewesen wäre, die Sdobba-Batterien von der See her zu beschießen und in ihrer Tätigkeit zu stören. Es hat solche Beschießungen durch die alten Schlachtschiffe WIEN und BUDAPEST gegeben, aber etwas wirklich Entscheidendes hat man nicht unternommen.

2.) Der Durchbruch in der 12. Isonzo-Schlacht hatte auf das italienische Heer eine enorme psychologische Wirkung (siehe das Buch von Ernest Hemingway „In einem anderen Land"). Der Verfasser vertritt die Meinung, daß es in dieser Situation nützlich gewesen wäre, eine amphibische Landung etwa im Süden der Po-Mündung zu machen. Wenn die tatsächliche militärische Wirkung vor Ort auch nicht groß gewesen wäre, und der Brückenkopf auf Dauer nicht gehalten hätte werden können, so wäre die Rückwirkung auf das im Rückzug befindliche italienische Heer wahrscheinlich sehr groß gewesen. Gewiß gibt es im Krieg nichts ohne Risiko. Der Gegner wäre nicht untätig gewesen, vielleicht hätte es Schiffsverluste auf österreichischer Seite gegeben, aber ich meine, daß hier eine der wenigen Situationen war, wo die k. u. k. Kriegsmarine wirklich strategisch und weitreichend tätig hätte werden können. Die Front kam also an der Piave zum Stillstand und es entstand ein Kleinkrieg in den Lagunen von Venedig. Aus kleinen Fahrzeugen wurde die sogenannte Lagunen-Flottille gebildet. Die Italiener ihrerseits hatten zahlreiche schwere Marinegeschütze in den Lagunen in Position gebracht (auf Pontons). Es kam zu einer Art Stellungskrieg in den Lagunen.

Am 10. Dezember 1917 lagen die beiden sogenannten Küstenverteidiger WIEN und BUDAPEST, die die Beschießung der Sdobba-Batterien durchgeführt hatten, im Hafen von Triest, in der Bucht von Muggia. In einer regnerischen Nacht gelang es zwei italienischen M.A.S.-Booten (Torpedoschnellbooten), in die Bucht von Muggia einzudringen und das Schlachtschiff WIEN zu torpedieren. Die auf die BUDAPEST abgefeuerten Torpedos gingen daneben. Die WIEN sank mit einem Verlust von 45 Toten. Der Kommandant der Schnellbootgruppe war Kapitän Luigi Rizzo, der größte Seeheld Italiens im Ersten Weltkrieg. Die Bewachung der Wellenbrecher und der Wachdienst seitens der Österreicher war nachlässig und ineffizient gewesen.

Rückblick auf das Kriegsjahr 1917

Der U-Boot-Krieg gegen den gegnerischen Handel hatte seinen Höhepunkt erreicht, was man damals noch nicht wußte, war, daß der Höhepunkt bereits überschritten war. Das Geleitsystem setzte sich durch. Die Vereinigten Staaten von Nordamerika waren in den Krieg eingetreten. Sie brachten ihre gigantische Wirtschaftsmacht nun auf Seite der

Entente ein. Die Folgen sollten sich bald zeigen. Die Otrantostraße, der einzige Ausgang der Adria nach Süden, blieb weiterhin gesperrt, trotz des energischen Versuches der drei schnellen österreichischen Kreuzer im Mai 1917. Zu Land hatte man nach dem Durchbruch am Isonzo den Fluß Piave erreicht und den Frontverlauf entscheidend verändert. Das schnellaufende Motorboot hatte seine Kriegstauglichkeit endgültig bewiesen.

Das Kriegsjahr 1918

Ende Jänner, Anfang Februar kam es in der Bucht von Cattaro zum Matrosenaufstand von Cattaro. Von der Parteien Haß und Gunst verwirrt, ist es einem heutigen Betrachter schwierig, sich ein neutrales, unvoreingenommenes Urteil zu bilden. Matrosenaufstände hatte es im Ersten Weltkrieg auch in anderen Flotten gegeben und es sollten nach dem Februar 1918 noch einige solcher Aufstände bei anderen Marinen folgen. Welche Gründe sind es, die man für den Ausbruch dieser Meuterei auf den in der Bucht von Cattaro liegenden Kriegsschiffen verantwortlich machen kann:
1.) Es war eine gewisse Kriegsmüdigkeit eingetreten.
2.) Die Verpflegung der Mannschaften war nicht in Ordnung, vor allem war der Unterschied in der Güte der Verpflegung zwischen Offizieren und der Mannschaft zu groß.
3.) Es gab das Vorbild Rußlands. Die sogenannte Oktober-Revolution.
4.) Man muß parteipolitische Einflüsse annehmen. Bei der Entlegenheit der Bucht von Cattaro sollen diese Einflüsse bewußt an letzter Stelle gereiht werden.

Nicht unerwähnt soll auch sein, daß die Bucht von Cattaro trotz ihrer landschaftlichen Schönheit während der Wintermonate einen sehr auf die Psyche drückenden Eindruck machen kann. Das Marinekommando sandte eine Division Schlachtschiffe in die Bucht von Cattaro. Das Erscheinen dieser Schiffe sowie das entschlossene Vorgehen einzelner Offiziere hat dann nach drei Tagen zum Zusammenbruch der Meuterei und zum Ende der Aufstandsbewegung geführt. Im Rahmen eines kriegsgerichtlichen Verfahrens wurden vier angebliche Rädelsführer hingerichtet. Gegen zahlreiche weitere Teilnehmer waren kriegsgerichtliche Verfahren im laufen, die aber im Oktober 1918 eingestellt wurden. Weitere Verurteilungen gab es nicht. In den seither verflossenen Jahrzehnten hat die Meuterei der Matrosen in der Bucht von Cattaro die Literaten angeregt. Es gibt mehrere Theaterstücke und Romane zu diesem Thema.

Am 11. Februar 1918 ereignete sich etwas, das zum Anlaß genommen werden soll, die Marinegeschichtsschreibung im allgemeinen ein wenig genauer zu betrachten. Am 11. Februar kam es zur sogenannten „Ohrfeige von Buccari (oder Bakar)". Die italienische Geschichtsschreibung nennt diese stolz „la Beffa di Buccari".

Die Bucht von Buccari ist eine langgestreckte Bucht. Am Eingang liegt der Ort Porto Rè oder kroatisch Kraljevica. Am Ende liegt der kleine Hafen Buccari. In diese kleine Bucht sind mehrere italienische Schnellboote eingelaufen und haben versucht, die dort liegenden Handelsschiffe zu torpedieren. Da diese Handelsschiffe aber durch Torpedonetze geschützt waren, passierte nichts. Auf österreichischer Seite blieb der gesamte Angriff unbemerkt. An Bord eines der Schnellboote befand sich Gabriele d'Annunzio, der italienische Dichter, Offizier und Kriegspropagandist. Am nächsten Morgen fand man die abgefeuerten Torpedos am Strand. Ein einsamer Infanterist, der den Molenkopf von Kraljevica (Porto Rè) bewachte, verwechselte die einlaufenden Schnellboote mit Fischerbooten. Es ist unbestritten, daß der Vorstoß der Schnellboote in eine Bucht der feindlichen Küste eine kühne Tat war. Ebenso unbestritten ist es aber, daß es dort entgegen italienischer Behauptungen überhaupt keine Küstenbatterien gab, weil die Bucht von Buccari und der angrenzende Küstenabschnitt für die Fischerei auch im Kriege freigegeben war. Die Küstenbevölkerung war in ihrer Eiweißversorgung zum Teil auf den Fischfang angewiesen. Verfolgt man die Beschreibung dieses Ereignisses in der italienischen Literatur über die Jahre, so muß man feststellen, daß sich in der prinzipiellen Beschreibung nichts ändert. Die heutige Literatur unterläßt zwar die Beschimpfungen des damaligen Gegners, der Österreicher, aber der sachliche Inhalt bleibt gleich - gleich falsch. Diese Beobachtung deckt sich mit den Ergebnissen eines Symposiums, das im Heeresgeschichtlichen Museum stattfand. Dort stellte sich ebenfalls heraus, daß sich die inhaltliche Darstellung militärischer Ereignisse durch die Jahrzehnte hindurch nicht ändert. Einfacher ausgedrückt, es wird auch weiterhin abgeschrieben. Wir müssen damit rechnen, daß sich auch in hundert Jahren an diesem grundsätzlichen Verhalten nichts ändert und militärische Ereignisse auch dann noch genauso fehlerhaft dargestellt werden wie jetzt.

Der Sommer 1918 brachte für die Monarchie zwei bittere Ereignisse.
1.) Die sogenannte Piave-Offensive. Die letzte Offensive der k. u. k. Armee. Der Versuch, über den Fluß Piave vorzustoßen und durchzubrechen. Den Italienern, unterstützt durch die Briten und Franzosen, gelang es, mit Kriegsmaterial von ihren Verbündeten reichlich versorgt, diese Offensive aufzuhalten und zurückzuschlagen.
2.) Gleichzeitig mit dieser Offensive, diesmal richtig terminisiert, hatte der neue energische Flottenkommandant, Nikolaus von Horthy, einen Vorstoß mit den gesamten schweren Einheiten der k. u. k. Marine in der Straße von Otranto geplant. Horthy wollte den im Hafen von Pola liegenden schweren Einheiten endlich Gelegenheit geben, an den Feind zu kommen. Aus Gründen, die sich heute nicht mehr hundertprozentig aufklären lassen, kam es nicht zur absoluten Zeitgleichheit im Vorstoß der Armee und der Flotte. Beim Marsch der in zwei Gruppen nach Süden vorstoßenden Schlachtschiffe der TEGETTHOFF-Klasse wurde durch eine Verkettung unglücklicher Zufälle das Schlachtschiff SZENT ISTVÁN im Morgengrauen des 10. Juni 1918 etwa auf der Höhe der kleinen Insel Premuda von zwei Torpedos eines italienischen Schnellbootes getroffen und sank einige Stunden später. Kommandant der Schnellbootgruppe war wiederum Kapitän Luigi Rizzo. Wie schon vorher erwähnt, war die SZENT ISTVÁN ein Schiff, das in der Danubius-Werft gebaut worden war. Schon in der Bauausführung des Schiffes hatte es bedingt durch die Unerfahrenheit der Werft einige Mängel gegeben, dazu kamen die grundsätzlichen Mängel - konstruktive Mängel der TEGETTHOFF-Klasse. Es ist ein Gebot der Gerechtigkeit, festzustellen, daß ein deutsches Schlachtschiff gleichen Baujahres diese Beschädigungen mit Sicherheit überstanden hätte. Die Lage des Wracks der SZENT ISTVÁN auf 65 Meter Tiefe ist wohl bekannt und es existieren Videofilme davon. Horthy hat die geplante große Otranto-Aktion nach dem Untergang der SZENT ISTVÁN abgebrochen, da der Überraschungsmoment nicht mehr gewährleistet schien. Damit begann auch eine gewisse Agonie der österreichischen Marine. Man hat keine großen Aktionen mehr unternommen.
    Die Verluste der eigenen und der deutschen U-Boote in der Straße von Otranto und im Mittelmeer nahmen zu. Auch die Luftangriffe, vor allem auf Pola, nahmen zu. Bezüglich der Sperre der Straße von Otranto sei folgendes erwähnt: In Detroit, in der Automobilfabrik Ford, war man im Herbst 1918 so weit, Schiffsdieselmotoren am Fließband zu erzeugen und gestützt auf ein entsprechendes Netz von Zulieferbetrieben pro Tag (!) einen mittelgroßen U-Boot-Jäger fertigzustellen. Wie aus offiziellen Meldungen hervorgeht, hätte die Produktion allerdings erst ab dem Frühjahr 1919, nach Aufbrechen des Eises auf den inneramerikanischen Flüssen, anlaufen können. Was solche Produktionszahlen für die Otranto-Straße bedeutet hätten, kann man sich unschwer vorstellen.
    Besser als langwierige Debatten über die Chancen im Ersten Weltkrieg beweist dieser Vorfall, was wirtschaftliche Kraft wirklich bedeutet.

Ende Oktober 1918 kam der Tag, an dem Kaiser Karl die österreichische Kriegsflotte dem Nationalrat der Südslaven in Agram (Zagreb) aushändigte. Zunächst noch unter Eigentumsvorbehalt der übrigen Nationen der Monarchie. Am 31. Oktober 1918, nachmittags, verließ Admiral Horthy sein Flaggenschiff VIRIBUS UNITIS. Linienschiffskapitän Janko Vukovic de Podkapelski übernahm das Kommando. Auf den Schiffen wurden die ersten rot-weiß-blauen Trikoloren gehißt. Am Morgen des nächsten Tages, am 1. November 1918, sank die VIRIBUS UNITIS durch eine Mine, die zwei italienische Froschmänner unter dem Schiff angebracht hatten.

Rückblick auf das Kriegsjahr 1918

Versucht man, einen Rückblick auf das Kriegsjahr 1918 zu tun, muß man den Bogen weit spannen. Von komplexen Ereignissen wie dem Matrosenaufstand im Flottenstützpunkt Cattaro bis hin zu dem letztlich doch unternommenen Versuch im Rahmen der Piave-Offensive mit der Flotte eine Diversions-Operation im Süden zu unternehmen. Ein Versuch, dem eine Tragik nicht abzusprechen ist, als endlich das geschah, was man schon früher hätte versuchen sollen, kam es zur Torpedierung und zum Verlust eines Schlachtschiffes. Der Herbst brachte das Ende der Monarchie, die wirtschaftlich am Ende war, und der voll laufenden Kriegsproduktion der Entente und der USA nichts Entscheidendes entgegenzusetzen hatte. Es soll aber auch erwähnt werden, daß dieses Ende der Monarchie nicht so sehr von der hochgelobten Schlacht von Vittorio Veneto eingeleitet wurde, sondern vom Durchbruch der französisch-serbischen Orient-Armee im Vardartal bei Saloniki. Es sei an dieser Stelle nochmals erinnert, daß die serbische Armee aus Albanien entkommen konnte, - nach Korfu transportiert wurde - und letztlich mit neuer französischer Ausrüstung in Saloniki erschien. Der Vormarsch dieser Armee hätte sie bis ins Herz der Monarchie nach Ungarn geführt, und diese Armee hätte von Süden kommend die Donau erreicht und das Ende des Krieges herbeigeführt. Dies soll zum Abschluß nochmals überleiten auf die theoretischen Möglichkeiten, die die Marine der Monarchie gehabt hätte, in diesem Krieg vielleicht Entscheidendes zu erreichen:

1.) Am Anfang des Krieges, als es um die Frage der Dardanellen und einer Expedition ins Schwarze Meer ging.
2.) Als die serbische Armee von albanischen Häfen abtransportiert wurde.
3.) Im Herbst 1917, als der Durchbruch bei Flitsch/Tolmein stattfand und eine flankierende Landung zumindest hätte versucht werden können.
4.) Es gab die Möglichkeit während der Piave-Offensive. Nur wurde die Gelegenheit nicht genützt, weil das Schlachtschiff SZENT ISTVÁN versenkt wurde.

Noch unter Kaiser Franz Joseph I. wurde am 11. Oktober 1915 das neue Symbol der k.u.k. Kriegsmarine mit dem Wahlspruch „unteilbar und untrennbar" eingeführt. Wegen der Papierknappheit wurden aber die alten Drucksorten mit dem alten Symbol weiterverwendet.

Kleiner Kreuzer ZENTA, 1897 im Seearsenal Pola von Stapel.
Das elegant wirkende Schiff wurde 1899 Stationsschiff in Ostasien und entsandte eine Schutzwache für die k. u. k. Gesandtschaft in Peking, als die Wirren des Boxeraufstandes begannen. Der Schiffskommandant fand während der Belagerung den Tod. - Am 16. 8. 1914 hatte die ZENTA mit dem Zerstörer ULAN den Blockadedienst vor der Küste Montenegros. Von Norden her durch französische Schlachtschiffe und von Süden durch britische Panzerkreuzer in die Zange genommen, sank die ZENTA nach tapferem Kampf. ULAN konnte entkommen. Andrew Browne Cunningham, im Zweiten Weltkrieg Befehlshaber der britischen Mittelmeerflotte und Sieger von Kap Matapan, der das Gefecht als junger Leutnant miterlebt, bemerkt dazu in seinen Memoiren nur trocken: „It was not a glorious victory."

Minenleger CHAMÄLEON, 1913 in Pola gebaut.
Die dalmatinische Küste mit ihren tausenden Inseln und engen Passagen war für den Minenkrieg gut geeignet. Die k.u.k. Kriegsmarine kam mit dem Bau des modernen und gut konstruierten Minenschiffs CHAMÄLEON dieser Tatsache entgegen. In der rechten Hecköffnung (steuerbords) ist eine österreichische Mine mit ihrer typischen zylindrischen Form auf den Schienen zu sehen. An der rechten Seite des Minengefäßes sind die mechanischen Stoßarme zu erkennen. Die österreichischen Seeminen arbeiteten mit mechanischer Zündung.

Panzerkreuzer KAISER KARL VI, 1898 in Triest gebaut.
Da die k.u.k. Kriegsmarine keine Schlachtkreuzer nach britischem und deutschem Vorbild besaß, waren SANKT GEORG und KAISER KARL VI. als einzige einsatzbereite Panzerkreuzer der Rückhalt für die schnellen Kreuzer.

Torpedoboot SPERBER, 1889 in Elbing (Ostdeutschland, heute polnisch Elblag) auf der Schichauwerft gebaut. Ab etwa 1880 entwickelten sich im technologisch aufwendigen Torpedobootsbau wenige englische und deutsche Werften zu weltweit führenden Spezialisten. Heute würde man sagen, sie hatten das Know how! Auch die k.u.k. Kriegsmarine griff auf Typbauten der Werften Schichau und Yarrow zurück.

Torpedoboot 98 M, 1915 von der Werft Monfalcone fertiggestellt, daher der Buchstabe „M". Die Torpedoboote 74 T bis 100 M hatten sämtlich Ölfeuerung und Turbinenantrieb. Sie waren das Rückgrat und die wahren Arbeitstiere der k.u.k. Torpedoflottille. Der Geleitdienst nach Albanien, der Aufklärungs- und Vorpostendienst 1914 - 1918 ist ohne diese Boote nicht vorstellbar. Sie waren 28 Knoten schnell.

Zerstörer PANDUR, 1908 in Fiume gebaut. PANDUR gehörte zur HUSZÁR-Klasse, das Typschiff entstand auf der Yarrow Werft in London. Wie die Turbinen-Torpedoboote muß man auch diese schnellen und wendigen Zerstörer zu den Arbeitspferden der Flotte zählen. Stets waren sie draußen, öfters am Feind als alle anderen Einheiten. Sie fuhren ihre Einsätze bis zum Verschleiß der Maschinenanlagen. Foto 1916.

Zerstörer TRIGLAV (II), 1917 in Fiume gebaut. Von diesen modernen Zerstörern, die allen Anforderungen gewachsen waren, besaß die k.u.k. Kriegsmarine bei Kriegsausbruch nur sechs. Zwei gingen vor Albanien verloren, darunter auch die erste TRIGLAV. Vier wurden nachgebaut, dazu gehört die TRIGLAV II. Das Bild ist im November 1917 aufgenommen.

15 cm L/40 Marinegeschütz auf der Spitze Grossa. Die berühmt gewordene Isonzofront hatte auch einen Abschnitt am Meer. Er reichte von Monfalcone bis Triest. Heute noch kann man im karstigen Gestein die Geschützbettungen erkennen.

Monitor BODROG der Donauflottilie 1918 in Odessa. Sowohl vom Schiffbaulichen her als auch von der Führung erwies sich die k.u.k. Donauflottille als hervorragender Truppenkörper. In den Feldzügen gegen Serbien deckte sie stets die Donau-Übergänge. Im Feldzug gegen Rumänien verhinderte sie einen rumänischen Vorstoß an das Südufer der Donau. Es kam der große Tag, an dem die Schiffe das Schwarze Meer erreichten und nach den Häfen der Ukraine übersetzten. Dann fuhren die Monitore und Patrouillenboote die großen Flüsse Südrußlands aufwärts, um die Kornkammer für die Mittelmächte zu sichern.

Unterseeboot U 17. Es gehörte zum deutschen Typ UB I, wurde in Bremen gebaut und in zerlegter Form per Eisenbahn nach Pola transportiert. Ab September 1915 einsatzfähig, bewährte sich U 17 den ganzen Krieg über.

Unterseeboot U 31. Dabei handelte es sich um einen österreichischen Nachbau des deutschen Typs UB II. U 31 wurde 1917 in Fiume gebaut. Das Boot kam erfolgreich gegen alliierte Geleitzüge im Mittelmeer zum Einsatz, am bekanntesten ist aber die Torpedierung des britischen Kreuzers WEYMOUTH aus einer Kampfgruppe heraus, die im Oktober 1918 Durazzo (Durres) beschoß. Der Kommandant des Bootes, Linienschiffsleutnant Rigele, erhielt dafür den Militär-Maria-Theresien-Orden.(siehe auch Seite 169)

Unterseeboot U 4 entstand nach Plänen der Germaniawerft, und wurde 1909 in Kiel fertiggestellt. Es bewährte sich den ganzen Krieg hindurch. Mit diesem Boot versenkte Linienschiffsleutnant Singule den italienischen Panzerkreuzer GIUSEPPE GARIBALDI vor Ragusa vecchia (Cavtat). Dafür erhielt er den Militär-Maria-Theresien-Orden.(siehe auch Seite 169)

Rapidkreuzer SAIDA nach dem Gefecht in der Straße von Otranto (15. Mai 1917). Die Meerenge von Otranto bildet den Südausgang der Adria. Um die österreichischen und deutschen U-Boote am Erreichen des Ionischen Meeres und der Geleitzugrouten Gibraltar-Malta-Alexandria-Indien zu behindern, versuchte die Entente mit immer massiveren Seekriegsmitteln die Straße zu sperren. Umgekehrt mußte es das ständige Bemühen der leitenden Männer der k.u.k. Kriegsmarine sein, diese Sperrversuche zumindest zu behindern. Den entschlossensten Versuch unternahm Schiffskapitän Nikolaus Horthy (später Flottenkommandant und Reichsverweser von Ungarn) am 15. Mai 1917 mit den drei schnellen Kreuzern NOVARA, HELGOLAND und SAIDA. Von einer italienisch-britischen Kreuzergruppe aus Brindisi verfolgt, erreichten die Österreicher mit viel Glück wieder die Bucht von Cattaro/ Kotor. Die SAIDA erhielt dabei im Vorschiff diesen arg aussehenden 15 cm Treffer, der in Wahrheit aber keine essentiellen Beschädigungen anrichtete und von der Besatzung spöttisch „unser Renommiertreffer" genannt wurde.

Kletterboot GRILLO nach der Hebung in Pola. Die königlich italienische Marine erwies sich als erfinderisch. Sie entwickelte das schnelle, flache Torpedo-Motorboot, dem die österreich-ungarischen Schlachtschiffe WIEN und SZENT ISTVÁN zum Opfer fielen. Neben diesen sogenannten M.A.S. Booten baute man aber auch Kletterboote, also schwimmende Kettenfahrzeuge, mit denen man Hafensperren überwinden und dann die vor Anker liegenden Gegner torpedieren wollte. Ein solcher Versuch mißlang im Mai 1918 nur knapp, das Kletterboot GRILLO hatte schon zwei Sperren überwunden, als es durch Geschützfeuer versenkt wurde.

Flugboot L 91 startend im Hafen von Pola.
Die k.u.k. Kriegsmarine besaß eine eigene Luftwaffe. Verwendet wurden fast ausschließlich Flugboote, also Flugzeuge mit Bootsrumpf und hinten liegenden Propellern (Druckpropeller). Als Konstrukteur und Erbauer zeichnete sich die Firma Lohner aus! Man war technologisch auf der Höhe der Zeit. Im Aufklärungsdienst und als Bombenträger waren die Flugboote unentbehrlich.

Der Anfang vom Ende: Eines der seltenen Original-Fotos vom Matrosenaufstand in den Buchten von Cattaro/Kotor. Das meuternde alte Schlachtschiff KRONPRINZ RUDOLF wird von loyalen Küstenbatterien unter Feuer genommen. Ein Granateneinschlag ist im Wasser sichtbar, ein zweites Geschoß trifft die Brücke des Schiffes. Der Aufstand wurde niedergeschlagen, vier Matrosen erschossen. Die vier Hingerichteten und ein Gefallener an Bord der KRONPRINZ RUDOLF wurden zu Helden des neuen Nationalstaats. Angesichts der Ereignisse der Jahre 1992/94 kommen allerdings Gedanken über die Tragik und die verschlungenen Wege der Geschichte auf.

DIE K. U. K. KRIEGSMARINE IN CHINA
DIE UNBEKANNTE SEITE DER K.U.K. KRIEGSMARINE IM ERSTEN WELTKRIEG
DER GEHEIMDIENST

Erste ostasiatische Eskadre der k.u.k. Kriegsmarine unter Kontreadmiral Rudolf Graf Montecuccoli, Taku Reede, China 1900
Bildbeschreibung - von links nach rechts
SMS ZENTA - kleiner Kreuzer (Bestimmungsstand 307 Mann) Stationsschiff Ostasien, SMS ASPERN - Kreuzer (Indienststellung 1899), SMS DONAU - Schraubenkorvette, SMS PANTHER- kleiner Kreuzer, SMS KAISERIN ELISABETH - Kreuzer (welcher später im Jahre 1914 bei der Verteidigung von Tsingtau gegen die Japaner teilgenommen hat), SMS SHUN YUEN - Flottentender (Baujahr 1900) von Interesse, da es die einzige Einheit in der langen Schiffsnamensliste der k.u.k. Kriegsmarine ist mit chinesischem Namen!, SMS KAISERIN MARIA THERESIA - grosser Kreuzer und Flaggenschiff des kommandierenden Admirals, SMS LEOPARD - kleiner Kreuzer (und Schwesterschiff von SMS PANTHER)
(Ölbild, Privatbesitz Dr. Hammer, Wien)

Wachposten an der Mauer der österreichisch-ungarischen Gesandschaft in Peking unter der Flagge der Kriegsmarine (k. u. k. Kriegsflagge).

Gerd Kaminski

DIE K.U.K. KRIEGSMARINE IN CHINA
AOGUO BING TING HAO

Dem Verfasser dieses Beitrags geht es um den Nachweis folgender These: das Verhalten der Marine der Donaumonarchie in China wich von den anderen seefahrenden Nationen deutlich ab. In diesem Zusammenhang gilt es die Gültigkeit folgender Unterscheidungskriterien nachzuweisen:
1. Die österreichische Marine verfolgte bei ihren Fahrten ins Gelbe Meer friedliche Ziele.
2. Sie diente der Förderung der zwischenstaatlichen Beziehungen.
   a) durch Mitwirkung an der Entwicklung der Handelskontakte und der offiziellen zwischenstaatlichen Beziehungen
   b) durch Übernahme vielfältiger wissenschaftlicher Forschungsaufgaben
   c) durch die Publikationstätigkeit einer beachtlichen Zahl von Marineangehörigen, die eine gute Feder führten
   d) durch die Propagierung eines Chinabildes, welches wesentlich positiver war, als das anderer Nationen
3. Abschließend wird noch den Ursachen nachzugehen sein, welche zu diesen abweichenden Verhaltensmustern geführt haben mögen.

Ad. 1.
Das erste österreichische Kriegsschiff, welches Kurs auf China nahm, war 1820 die Korvette Carolina. Bereits am Beispiel dieser Expedition läßt sich ein Großteil dessen demonstrieren, was später für die Vorgangsweise der österreichischen Marine typisch bleiben sollte. Man wollte in China keinen territorialen Besitz anstreben und war besorgt, die Chinesen könnten die österreichischen Intentionen mißverstehen. Die Carolina fuhr als „flutta", das heißt als für Handelszwecke eingesetztes Kriegsschiff, von dem zwecks Erleichterung dieser zivilen Mission ein Teil der Kanonen entfernt worden war. Am 1. Juni 1820 langte beim Hofkriegsrat in Venedig ein Brief eines alten Chinafahrers ein, welcher noch in den Diensten der österreichischen „Ostindischen Companie" gestanden war. Der alte Seebär schilderte darin einen Zwischenfall, welchen er an Bord des österreichischen Handelsschiffes KAUNITZ 1779 in Kanton mitverfolgt hatte. Damals wollte sich der Kapitän der englischen Fregatte SEAHORSE den Zugang zum Perlfluß erzwingen, worauf der Vizekönig von Kanton allen europäischen Nationen mit einem Handelsboykott gedroht habe. Auch in neueren Zeiten hätten sich solche Vorfälle ereignet. Es sei daher unbedingt Vorkehrung zu treffen, daß die Chinesen die Expedition der Carolina nicht als militärisch mißdeuten könnten:

Es ist allerdings richtig, daß die Carolina nicht gleich neuen Kriegsfahrzeugen ausgerüstet wird, doch tragen die Offiziere der k.k. Marine militärische Uniformen, mithin ist für die Chinesen Stoff genug vorhanden, ihre Eifersucht rege zu machen...

Ein solches Mißverständnis wollte der Hofkriegsrat um jeden Preis vermeiden und so wurde den Offizieren der Carolina in Punkt 26 der Instruktionen aufgetragen, in China in Zivil an Land zu gehen, um bei den Chinesen Verdacht oder Aufregungen zu vermeiden.

Bei der Durchführung dieser Mission konnten sich dann Österreicher und Chinesen zum ersten Mal ihre ähnliche Mentalität beim Anstreben von Kompromissen unter

Beweis stellen. Als die Flutte nach einer langen Fahrt, die unter keinem guten Stern gestanden war, endlich in Macao anlangte, weigerten sich die chinesischen Mandarine, die Weiterfahrt nach Kanton zu gestatten, wo die an Bord befindliche Ladung Quecksilber losgeschlagen werden sollte. Sie hatten bis dahin bloß österreichische Schiffe kennengelernt, welche die Maria Theresianische Flagge des Doppeladlers auf gelbem Grunde führten. Die von der CAROLINA gesetzte und seit Josef II. gebräuchliche rot-weiß-rote Kriegsflagge wollten sie nicht als österreichisch anerkennen. Kapitän Pöltl wußte sich aber zu helfen, ließ auf eine Signalflagge einen Doppeladler aufnähen, hißte sie unter Verstoß gegen die Regeln und zeigte den inspizierenden chinesischen Beamten, was sonst noch an Bord mit Doppeladlern geschmückt war. Auch die Chinesen zeigten sich nunmehr entgegenkommend, erachteten Pöltls Legitimationsanstrengungen für ausreichend und gestatteten ihm die Weiterfahrt. Österreichische und chinesische Wesensart hatten sich zum ersten Mal gefunden.

Auch der Hofkriegsrat erwies sich als einsichtig genug, den auf der Heimfahrt an der Cholera verstorbenen Kapitän Seraphin von Pöltl für seine Flexibilität zu loben:

Das Benehmen dieses Schiffskommandanten ist in jeder Beziehung lobenswert; seine zweckmäßigen Verfügungen bei dem vielfältigen Unglück und Elend welches sein Schiff heimsuchte, in dem Verfolg seines Zieles nicht gehemmt zu werden, bewiesen den erfahrenen, unerschrockenen Soldaten und Seemann.

Sein Verfahren mit den chinesischen Mandarinen zeigt auch, daß er mit ebenso großer Fassung als Vorsicht das größte Hindernis zu beheben wußte, welches ihm durch die bei jenem Volk unverletzbare Heiligkeit und fest eingewurzelte Verehrung der Sitten und Gebräuche ihrer Voreltern in den Weg gelegt wurde und ihn der Gefahr aussetzte, den Zweck des für den Staat so kostspieligen Unternehmens und aller überstandenen Leiden und Mühseligkeiten durch eine scheinbare Kleinigkeit vereitelt zu sehen.

37 Jahre später langte wiederum ein österreichisches Kriegsschiff in chinesischen Gewässern an und auch aus ihm war ein guter Teil der Kanonen entfernt worden, um den ausschließlich friedlichen Intentionen der Reise mehr Entfaltungsraum zu bieten. Es war die Novara, deren Entsendung zu langer Fahrt auf den damaligen Marinekommandanten Erzherzog Maximilian zurückging. Im Herbst 1856 besprach er mit dem Mitglied des Admiralitätsrates Linienschiffskapitän Wüllerstorf-Urbair das Projekt einer See-Expedition nach Indien und China. Gemäß Wüllerstorfs Vorschlag wurde das Projekt auf eine Weltumseglung erweitert und Übereinstimmung darin erzielt, daß „diese Fahrt nicht nur der Ausbildung von Stab und Mannschaft dienen würde, sondern vor allem führenden Männern der österreichischen Wissenschaft für eine vielseitige und umfangreiche Tätigkeit als Forscher zu Gebote stehen müßte und zugleich Pionierarbeit für den österreichischen Handel zu leisten hätte."

Im Rahmen dieser Reise, welche bar jeder kolonialistischen Seitenblicke, ausschließlich friedlichen Zwecken diente, lief die Novara am 10. Juli 1858 Kanton und am 29. Juli Shanghai an. Das zahlreiche wissenschaftliche und kommerzielle Sonderpersonal sammelte Materialien, welche von der klassischen chinesischen Literatur bis zu den Schriften der Taiping-Rebellen, vom aromatisierten chinesischen Tee bis zu der bei Hartleibigkeit wohltätigen chinesischen Rhabarberwurzel reichten. Die wissenschaftlichen Ergebnisse der Reise wurden von der Hof- und Staatsdruckerei in 21 Bänden herausgegeben, von denen ein beachtlicher Teil China gewidmet war. Charles Darwin urteilte, es sei darin *eine erstaunliche Menge von belehrenden Mitteilungen angehäuft.*

Die spätere Präsenz der österreichischen Marine verblieb auf den vorgezeichneten friedlichen Bahnen sieht man von der Erkundungsmission 1899 der KAISERIN ELISABETH und SAIDA zwecks Recherchen über eine allfällige Ressourcen-Station und der zahlenmäßig geringen aber verlustreichen Präsenz der österreichisch-ungarischen Marine bei der Unterdrückung der Boxerwirren im Jahre 1900 ab. In Sache Besetzung eines

Das k.u.k. Marine Detachement Peking ist angetreten

chinesichen Hafens nach dem Muster des deutschen Reiches behielt sehr bald die Vernunft die Oberhand und im Boxeraufstand ließen sich die Angehörigen unserer Kriegsmarine nicht zu inhumanen Handlungen hinreißen, hatte es doch auch ihr allerhöchster Kriegsherr zum Unterschied vom deutschen Kaiser Wilhelm unterlassen, ihnen zu empfehlen, sie mögen sich in China so betragen, wie weiland die Hunnen in Europa. Die Bekämpfung des Räuberunwesens im Dienst der chinesischen Bevölkerung wurde von dieser anerkannt und mit der Überreichung großer Ehrenbaldachine honoriert.

Die Marinedetachementskommandanten sorgten nach dem Boxeraufstand dafür, daß bei den Kontakten zur einheimischen Bevölkerung Respekt und Menschenachtung nicht fehlten. So zum Beispiel läßt der Kommandant der Gesandtschaftswache in Peking 1903-1905 und spätere Admiral Bogumil Nowotny in seinen Aufzeichnungen keinen Zweifel darüber, wie sehr er die von anderen Nationen den Chinesen gegenüber geübte Rassendiskriminierung mißbilligte. Deutliche Sympathien brachte er seinem Kollegen Linienschiffsleutnant Accurti gegenüber, der als Kommandant des Marinedetachements in Tientsin aus seiner kriegerischen Mission ein Exempel österreichischer Akkomodationsfähigkeit gemacht hatte. Accurtis salomonische und dazu noch kostenlose Richtersprüche im österreichischen Settlement Tietsins waren so gefragt, daß auch aus anderen Bezirken Streitparteien zu ihm kamen, um ihre Streitigkeiten im Schoß der k.u.k. Kriegsmarine erledigen zu lassen.

Das Verhältnis unserer Marine zu den Chinesen war also ein entspanntes und friedliches, welches vom für beide Nationen typischen „Leben und leben lassen" gekennzeichnet war.

Ad. 2 a

Schon bei der Fahrt der CAROLINA war die Marine maßgeblich dabei beteiligt, daß Österreich in China als Handelspartner Gesicht wahren konnte. Nachdem sich Kapitän

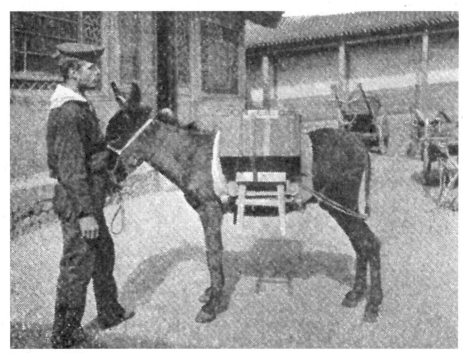
Tragtier mit Gewehrmunition

Österreichische und deutsche Marinesoldaten stürmen die Nord-West-Befestigung bei Taku, 17. Juni 1900 (Illustrated London News)

Das k.u.k. Detachement auf dem Durchmarsche durch die verbotene Kaiserstadt nach dem Fall von Peking am 28.8.1900.

Seraphin von Pöltl durch seine Umsicht und Geduld den Zugang seines Schiffes zum Kantoner Hafen gesichert hatte, sah er sich schon mit dem nächsten Problem konfrontiert. Es stellte sich nämlich heraus, daß der österreichische Honorar-Generalkonsul für China und Ostindien, der Engländer de Watts und sein Associe Goddard, auf deren Rechnung und Risiko die CAROLINA das Quecksilber transportierte, einem einheimischen Kaufmann 120.000 spanische Taler schuldete und somit die wertvolle Ladung in Gefahr war, zum Schaden und zur Schande Österreichs konfisziert zu werden. Es bedurfte großer Anstrengungen Kapitän Pöltls, die beiden Engländer dazu zu bringen, die Angelegenheit, dem an Bord befindlichen k.k. Handelskommissär Ignaz Wickerhauser zu übergeben, der dann die Angelegenheit bereinigen konnte.

Dazu Wickerhausers Bericht:

Um also jede Beschämung diesen Herren zu ersparen, und hauptsächlich um die Ehre der österreichischen Nation, deren Repräsentanten sie unglücklicherweise hier sind, nicht noch mehr, als es schon wirklich ist, bloß zu stellen, wenn es zu Zwangsmitteln kommen sollte, so haben sich Watts und Goddard durch Vermittlung des Capitän Pöltl, der sich viele Mühe gab und viele Schwierigkeiten dabei zu bekämpfen hatte, doch endlich entschlossen, die Sache mir zu übergeben.

Der Novara war für ihre Expedition vom Marineoberkommando aufgetragen, auf würdige Weise Flagge zu zeigen, gleichzeitig aber auch handelspolitische Interessen ins Auge zu fassen „und in richtiger Abschätzung der Umstände mir in jener Weise getreu darzustellen, daß dieselben zum Nutzen Sr.Majestät gereichen können." Dieser Aufgabe wurde der in der Expedition mit Handelsangelegenheiten betraute Dr. Karl Scherzer gerecht, welcher der Reise nicht nur ein zweibändiges Werk widmete, sondern die kommerziellen Daten in einem separaten dicken Band festhielt: „Statistisch-

Verluste während der Belagerung in Peking.

	Kopfstärke		Gefallen u. an Wunden gestorben		Verwundet		Verluste in Percenten			An Krankheiten gestorben		Freiwillige Civilpersonen		Gesammt-Verlust		Bemerkungen
	Offi-ciere	Mann	Offi-ciere	Mann	Offi-ciere	Mann	ge-fallen	ver-wundet	Zu-sammen	Offi-ciere	Mann	ge-fallen	ver-wundet	ge-fallen	ver-wundet	

A. Gesandtschaften.

Amerikaner	3	53	—	7	2	8	12·5	17·8	30·3	—	—	—	1	7	11	
Deutsche	1	50	—	12	—	15	23·5	31·4	54·9	—	—	1*	1**	13	16	* Freih. v. Ketteler. ** Hr. Cordes.
Engländer	3	79	1	2	2	18	3·7	24·4	28·1	—	—	3	6	6	26	
Franzosen	3	45	2	9	—	37	22·9	77·1	100·0	—	—	2	6	13	42	
Japaner	1	24	—	5	—	21	20·0	84·0	104·0	—	—	5*	8	10	29	* Darunter Cpt. Ando.
Italiener	1	28	—	7	1	11	24·1	41·4	65·5	—	—	—	—	7	12	
Oesterreicher-Ungarn	5	30	1	3	3	8	11·4	31·4	42·8	—	—	—	—	4	11	
Russen	2	79*	—	4	1	18	4·9	23·4	28·3	—	2	1	1	7	20	* Einschl. 7 Kosaken der Gesandtschaft
Summe	19	388	4	49	9	136	13·1	35·6	48·7	—	2	12	23	67	167	

B. Peitang.

Franzosen	1	30	1	4	—	8	16·1	25·8	41·9	—	—	—	—	5	8	
Italiener	1	11	—	6	1	3	50·0	33·3	83·3	—	—	—	—	6	4	
Summe	2	41	1	10	1	11	25·6	27·9	58·5	—	—	—	—	11	12	

C. Totalsumme.

	21	429	5	59	10	147	14·2	34·9	49·1	—	2*	12	23	78	179	* Ausserdem sind 4 Kinder an Krankheiten gestorben.

Aus dem Buch „Kämpfe in China 1900-1901" von Th.Ritter v.Winterhalder (Wien 1902).

Als Ergebnis der Boxerwirren befanden sich bis 1918 Erinnerungsstücke aus China im Marinemuseum in Pola

Gegenstand	Anzahl	Herkunft
Chinesische Kriegsflaggen aus Nordwest- und Südfort	1 Stück	Erstürmung der Taku-Forts, 17. Juni 1900.
dtto. von einem Torpedoboot	1 Stück	
42 mm Schnellfeuerkanone	1 Stück	
11 mm Gatling-Mitrailleuse	1 Stück	
12 cm Krupp'sches Festungsgeschütz	1 Stück	Vom 1. Tientsiner Det. während der Belagerung, 17. Juni bis 14. Juli 1900
8 mm Maxim-Mitrailleuse	1 Stück	
Wallbüchsen, Vorderlader	2 Stück	
Wallbüchsen, Hinterlader	1 Stück	
Gewehre verschiedenen Calibers und Systems	62 Stk.	
Säbel, europäischer Provenienz	6 Stück	
Doppelpistole	1 Stück	
Bajonnette	3 Stück	
Boxersäbel	1 Stück	
Chinesische Truppen-Abtheilungs-Banner	4 Stück	
Gewehrmunition verschiedener System	10 Kisten	
Verschiedene Ausrüstungsstücke, als: Patron- und Satteltaschen, Patronengürtel, Liderungs- und Reservebestandtheile für Geschütze, Geschosse.		
Truppen-Abtheilungs-Banner	2 Stück	Vom 1. Pekinger Det. bei der Wegnahme eines Stadtthores, 16. August 1900.
57 mm Krupp'sche Schnellfeuerkanone	1 Stück	
Alter bronzener Vorderlader auf Rädern, mit Protze	1 Stück	
Boxerfahnen	2 Stück	Gefecht des 2. Tientsiner Det. südwestl.v.Tientsin, 19. August 1900
7,5 cm Krupp'sche Feldgeschütze	2 Stück	Einnahme der Peitang-Forts, 20. September 1900.
Zugehörige Geschosse	338 Stk.	
7 cm eiserne gezog. Vorderlader	2 Stück	
8 cm Krupp'sches Feldgeschütz	1 Stück	
Chinesische Truppen-Abtheilungs-Banner	13 Stk.	
Geschosszünder und Brander	2 Kisten	
Complete Minenzündstations-Einrichtung, 24 Leclanché-Batterien, 3 Rollen Seekabel, je ein Zünder für Tret- und mechanische Minen.		
Chinesische Kriegsflaggen (zwei von Forts, zwei von Fahrzeugen)	4 Stück	Besetzung der Forts von Shanhaikuan, 2. October 1900
7,5 cm Krupp'sche Feldgeschütze	2 Stück	
10 cm Krupp'sche Feldgeschütze	1 Stück	
8 cm Krupp'sche Feldgeschütze	1 Stück	
12 cm Schnellade-Geschütz auf Mittelpivotlafette, mit Schutzschild	1 Stück	
Geschosse hiezu	630 Stk.	
12 cm Einheitspatronen, Zünder-Granaten	9 Stück	
21 cm Krupp'sches Postions-Geschütz	1 Stück ⇒	Selbes wurde wegen der Transportschwierigkeiten gegen fünf von den Deutschen in Taku erbeutete Feldgeschütze eingetauscht.
Gewehre verschiedener Systeme	5 Stück	Boxerbestrafung in Tsau-lin-tsun, 5. November 1900.
Haubajonnette	6 Stück	
Alte Lanzen mit geflammten Blatt	2 Stück	
Boxersäbel	8 Stück	
Dolchmesser	1 Stück	

Aus dem Buch "Kämpfe in China 1900-1901" von Th.Ritter v.Winterhalder (Wien 1902)

commerzielle Ergebnisse einer Reise um die Erde, unternommen an Bord der österreichischen Fregatte Novara in den Jahren 1857-1859".

Was lag näher, als dem bewährten Fachmann auch bei der bald darauf folgenden zweiten Mission der österreichischen Marine in Ostasien die handelspolitische Leitung anzuvertrauen. Wiederum fanden die Feststellungen und Erkenntnisse Scherzers, angereichert mit zusätzlichen Fachbeiträgen, in einer umfangreichen Publikation ihren Niederschlag: „Fachmännische Berichte über die österreichisch-ungarische Expedition nach Siam, China und Japan 1868-1871 - im Auftrag des k.k. Handelsministeriums redigiert und herausgegeben."

Die Weiterentwicklung der Handelsbeziehungen zu China erforderte die Aufnahme offizieller zwischenstaatlicher Beziehungen. Wie der Fall der Carolina bewiesen hatte, war die Donaumonarchie durch ihre britischen Honorarkonsuln nicht immer optimal vertreten. So wurde dem Kommandanten der aus der DONAU und der ERZHERZOG FRIEDRICH bestehenden Escadre die heikle diplomatische Aufgabe zuteil, in China einen Vertrag zu verhandeln, welcher zur Aufnahme diplomatischer Beziehungen führen sollte. Dabei sollte sich die Titelfrage als größte Schwierigkeit erweisen. Daß ein Land, welches bloß zwei Schiffe entsendete, für seinen Herrscher einen dem chinesischen Kaiser gleichwertigen Rang beanspruchte, war unerhört. Petz hatte größte Mühe, den Vertrag unter Dach und Fach zu bringen.

Am 6. Dezember 1869 wurde vor dem Amtsgebäude des österreichischen Generalkonsuls und provisorischen Ministerresidenten Heinrich Cale die österreichische Flagge gehißt und von der ERZHERZOG FRIEDRICH mit 21 Salutschüssen begrüßt. Danach kreuzte die ERZHERZOG FRIEDRICH in chinesischen Gewässern und setzte damit den Anfang einer österreichischen Marinepräsenz in China, welche bis zum 1. Weltkrieg nicht mehr abreißen sollte.

Die Ratifikationsurkunde des österreichisch-ungarischen Vertrages wurde 1871 von der Korvette FASANA nach Shanghai gebracht. An Bord befanden sich außerdem Warenmuster, welche das Schiff gratis nach Hongkong, Shanghai und Yokohama zu bringen hatte.

1874 nahm die Korvette ERZHERZOG FRIEDRICH zum Schutz der nationalen und der Handelsinteressen der österreichisch-ungarischen Staatsangehörigen in ostasiatischen Gewässern Station. 1884 führte Kapitän Josef Wostry, Kommandant des Kanonenbootes ALBATROS, in Shanghai Gespräche, um die Möglichkeiten der Verlängerung des Linienverkehrs des österreichischen Lloyd zu explorieren und kümmerte sich außerdem um die Erforschung der Aufnahmefähigkeit des chinesischen Marktes für österreichische Güter.

Die Chancen des Lloyd und die österreichisch-ungarischen Handelsinteressen wurden auch dem Fregattenkapitän Wladimir Khittel besonders ans Herz gelegt, als die Korvette ZRINYI unter seinem Kommando in den fernen Osten fuhr. Dazu kam, daß er zwecks besserer Erkundung des Landes als erster österreichischer Schiffskommandant den Auftrag erhielt, den Yangtse möglichst weit hinaufzufahren. Im Zuge dieser Reise kam einmal mehr die österreichische Flexibilität zum Tragen, welche das Dienstreglement den lokalen Bedingungen anzupassen suchte. So schrieb Kapitän Khittel am Schluß seines der Yangtse-Fahrt gewidmeten Berichtes:

Ich glaube mit wahrer Freude und patriotischem Stolze sagen zu können, daß das Erscheinen der k.u.k. Flagge auf diesen bis tief in das Innere des großen chinesischen Kaiserreiches reichenden Gewässern, deren Wichtigkeit für den Welthandel von Jahrzehnt zu Jahrzehnt in geradezu sich potenzierender Weise zunimmt, von allen hier lebenden Europäern, ohne Unterschied der Nationalität, mit Freude und Jubel begrüßt wurde, und daß die kaiserlich chinesischen Autoritäten nicht minder an Freundschaftsversicherungen, Aufmerksamkeiten und Ehrenbezeugungen wetteiferten, und daß, sowie ich von jedem Orte die besten Eindrücke über die vielen spontanen Aufmerksamkeiten mitnahm, auch in gleicher Weise alle Fremden, welche mit S.M.Schiff ZRINYI in Berührung kamen, die besten und freundlichsten Erinnerungen an das Schiff und seine Equipage bewahren werden ....Gegenüber den Chinesen, diesem von ceremoniösester Feierlichkeit erfüllten Volke, welches, im Gegensatze zu den Japanern, wahrscheinlich niemals von seinen altererbten Sitten und Gebräuchen weichen wird, war es von nicht zu unterschätzendem Vortheile, daß ich für die Dauer des Aufenthaltes in Ostasien die Ermächtigung erhalten hatte, in ausgedehnterer Weise, als das Dienstreglement es vorschreibt, über Geschützsalut frei zu verfügen. Ich kam dadurch in die Lage, die chinesische Flagge öfters zu begrüßen, und für mehrere, in der ausgesprochenen Absicht, die Anwesenheit eines k.u.k. Kriegsschiffes zu ehren, dargebrachte Salute in der gleichen Weise danken zu können.

Das kluge Auftreten Khittels verschaffte ihm und seinem Stab die Möglichkeit, chinesische Arsenale zu besuchen, obwohl der Zugang zu solchen Stätten damaliger chinesischer Hochtechnologie ausländischen Marineangehörigen untersagt war. Mit einem für seine Zeit bemerkenswerten Weitblick warnte Khittel davor, China in Zukunft als primitiven willfährigen Empfänger europäischer Technik zu behandeln - eine Maxime, die sich nicht einmal im heutigen Chinahandel voll durchgesetzt hat:

Das Material für die in China zu erbauenden Eisenbahnen dürfte aber - entgegen den Hoffnungen mancher europäischer Speculanten - durchaus im eigenen Land erzeugt werden. China besitzt genügende Eisen- und Kohlengruben, und ein Land, in welchem die Fabrication von Geschützen, Handwaffen und Schiffsmaschinen auf so hoher Stufe steht, wie dies in den kaiserlichen Arsenalen zu Tientsin, Nanking, Kiangssan bei Shanghai beobachtet werden kann, hat es wahrhaftig nicht nothwendig, Eisenbahnschienen, Constructionstheile oder rollendes Eisenbahnmaterial aus Europa zu importieren.

Ad 2 b

Auch in der Förderung der Beziehungen zu China im Bereiche der Wissenschaft erbrachte die k.u.k. Kriegsmarine Pionierleistungen. Das Tor zum ersten Mal weit aufgestoßen hat natürlich die NOVARA, welche 1858 im Zuge ihrer Weltreise nach Hongkong und nach Shanghai kam. Ja man kann sogar sagen, daß jene Reise ermöglicht hat, fast alle vom österreichischen Sinologen August Pfizmeier herangetragenen Informationswünsche zu erfüllen. Auch die zweite Expedition (1868-1871) brachte eine erstaunliche Fülle von wissenschaftlich relevanten Erkenntnissen in die Donaumonarchie. Unter den Stichwörtern aus Scherzers Expeditionsbericht seien aufgezählt: Landbau, Seidenzucht, Wildtiere, Religion und Sitten der Chinesen, Bewässerungssystem, Familienwesen, Geldsystem, Kunstgärten, Schauspielkunst, chinesische Sprache, Unterrichtswesen, Emailzellenschmelzverfahren, chinesische Pflüge und vieles andere mehr. Genaue Beschreibungen der damals in China in Gebrauch stehenden Werkzeuge sind heute noch für Völkerkunde und China-Wissenschaft von besonderer Bedeutung - so wie etwa die ebenfalls im Expeditionsbericht enthaltene Abhandlung von Dr. W. F. Exner, Professor an der k.k. Forstakademie in Mariabrunn, über die Gegenstände, welche seinem Museum durch die Marineexpedition zugekommen waren: „Die Werkzeuge des Schreiners in China und Japan."

Im Expeditionsbericht finden sich aber auch frühe Vorboten von Sinica, welche gerade in letzter Zeit in Österreich wissenschaftliche Anerkennung und Popularität erlangt haben. So wird nicht nur über den kräftigenden Ginseng berichtet, sondern in erstaunlich exakter Weise über die Zubereitung von Doufu, dem Sojabohnenkäse (in dem Bericht „Erbsenkäs" genannt), welcher heute in keiner modernen Ernährungsfibel fehlt:

Ein Nahrungsmittel, welches namentlich im Norden China's von den Arbeiterklassen allgemein genossen wird, ist der sogenannte Erbsenkäs oder Tao-fu; derselbe ist von grauweißer Farbe und sieht unserem Quark oder Topfen sehr ähnlich. Um ihn zu bereiten, läßt man die Erbsen 24 Stunden im Wasser kochen und dann abtrocknen, worauf sie in einer Mühle zermalmt und mit dem mittlerweile bei Seite gestellten Weichwasser wieder vermengt werden. Diese Suppe wird durch ein Tuch geseiht, das Filtrat in einem hölzernen Kübel aufgefangen, mit der Hand umgerührt, dann in einem Kessel erst langsam erwärmt und später bis zur Siedehitze und zum Schäumen gebracht. Nachdem die Flüssigkeit 10 Minuten lang einer Hitze von 100° C ausgesetzt gewesen, gelangt sie in einen zweiten Kessel, wo sie unter dem Siedepunkte, aber immer noch warm gehalten, stark umgerührt und mit einem Löffel vom Schaume befreit wird. Nach wenigen Minuten bildet sich eine Haut, welche mit Stäbchen sorgfältig abgehoben und an die Mauer befestigt wird, wo sie eintrocknet. Bald nachher bildet sich eine zweite Haut, mit welcher auf gleiche Weise verfahren wird. Diese verhärtete Erbsenmasse dient theils frisch, theils getrocknet als Nahrungsmittel und schmeckt nicht unangenehm. Der nasse Rückstand aber wird zur Bildung des Erbsenkäses (Tao-fu) verwendet, indem man ein wenig Gypswasser hinzufügt, welches vorher gesotten worden ist, und offenbar dazu dient, um das Casein der Erbsen zum Gerinnen zu bringen. Der Erbsenkäse wird noch warm in viereckige Rahmen gegossen, welche 0.40 Meter auf jeder Seite lang und am Boden mit Zeug überspannt sind, damit die noch vorhandene Feuchtigkeit abzulaufen vermag. Über die Oberfläche wird ein Deckel gelegt und dieser mit Gewichten beschwert, um die Masse fester zusammenzudrücken. Bei warmen Wetter hält sich der Erbsenkäse nur einen einzigen Tag, weshalb man ihm mit Salz oder mit anderen Zusätzen vermengt, wenn ihm größere Haltbarkeit gegeben werden soll. Ein faustgroßes Stück Erbsenkäse kostet gewöhnlich 2 Käsch oder 1/2 Kreuzer ö. W.

An dem Brauch, die Präsenz Seiner Majestät Schiffe in Ostasien mit der Erteilung wissenschaftlicher Aufträge zu verknüpfen, änderte sich auch später nichts. Als das Kanonenboot ALBATROS 1884 ostasiatische Gewässer befuhr, hatte Kommandant Wostry die Instruktion, mittels eines Schleppnetzes naturwissenschaftliche Forschungen über die Meeresfauna anzustellen. Als die Korvette AURORA 1887 unter Linienschiffskapitän Müller eine Reihe chinesischer Häfen anlief, war auf Wunsch des k.k. Hofmeisteramtes darauf Bedacht zu nehmen, die naturhistorischen Sammlungen der k.k. Museen mit interessanten Gegenständen zu bereichern. Den gleichen Auftrag bekam Fregattenkapitän Khittel, als er 1890-91 mit der Korvette ZRINYI in ostasiatischen Gewässern kreuzte. Noch weiter gesteckt und detaillierter waren die Aufträge, welche Fregattenkapitän Lucian von Ziegler, Kommandant der FRUNDSBERG mit auf den Weg bekam: hydrographische und erdmagnetische Untersuchungen, sowie Bestimmungen der relativen Schwere, sowie für die prähistorische Sammlung des Naturhistorischen Museums die „Aufsammlung von Haarproben, Schädeln und Skeletten der nordchinesischen und japanischen Bevölkerung."

Ad 2 c

Die Angehörigen der k.u.k. Kriegsmarine waren allerdings nicht bloß Gehilfen bei der Erfüllung handelspolitischer oder wissenschaftlicher Aufträge, sondern eine ganze Reihe von ihnen verfaßte nach ihren China-Expeditionen Bücher, welche eigenständige Positionen vertreten und durch die lebendige Wiedergabe präziser Beobachtungen über die dienstlichen Berichte hinaus das allgemeine Wissen in Österreich über China entscheidend mehrten.

Vielleicht war es eine willkommene Abwechslung zur trockenen Amtssprache, in welcher sie ihre offiziellen Berichte abfassen mußten, welche die Marineoffiziere in ihren Büchern lyrisch werden und mit sichtbarer Freude exotisch-bunte Bilder schaffen ließ, die den Lesern das fremde Land in reizvoller Weise näher bringen sollten. Im Vorwort zu seinem Werk „Um die Erde", das die Fahrt der Korvette ERZHERZOG FRIEDRICH

1874-1876 beschreibt, teilt Linienschiffsleutnant Josef Lehnert seinen Lesern mit, sein Bestreben sei es, vor allem zu unterhalten und dabei geographische und völkerkundliche Informationen zu übermitteln. Seine erste Begegnung mit einem Teestrauch schildert Lehnert so:

Im Parke sah ich zum erstenmale einen blühenden Theestrauch; es war eine noch junge, aber blätterreiche Pflanze von ungefähr einem Meter Höhe. Ich begrüßte sie, wie man es mit einer guten und lieben Freundin nach langer Abwesenheit thun würde. In ihrem bescheidenen, von weißen Sternchen besäeten Kleide sieht diese kostbare Pflanze so unschuldig und gewöhnlich aus, daß man sie kaum beachtet. Und doch welch' großes Gebiet beherrscht sie, welchen Einfluß hat sie seit langen Jahren auf die Lebensweise der Völker genommen. Kaiser und Könige hatten sie besungen, und wenn Kien-Long sagt: die süße Ruhe, welche man einem gut zubereiteten Thee verdankt, könne wohl gefühlt, aber nicht beschrieben werden, so wird gewiß jeder Theeliebhaber diesem chinesischen Herrscher im Stillen beistimmen.

Ein wahres Prachtstück legte der Linienschiffsleutnant und spätere Kontreadmiral von Jedina im Jahre 1891 dem interessierten Leser vor, in dem er auf 732 reich bebilderten Seiten unter dem Titel „An Asiens Künsten und Fürstenhöfen" die Reise der FASANA während der Jahre 1887-1889 beschreibt. Jedina hatte schon vorher mit seinem Werk „Um Afrika" Beifall errungen und schrieb im November 1890 an Bord der FRUNDSBERG warum er als Seeoffizier in seinen „nicht zu reichlich bemessenen Mußestunden" ..." in enger Kabine, bei schwankender Unterlage und in tropischer Hitze" zur Feder greife und welches Publikum er wie ansprechen wollte:

Bei der Beschreibung des Gesehenen beschränkte ich mich darauf, einfach die Eindrücke wiederzugeben, welche jeder Tourist empfängt, der mit einiger Aufmerksamkeit fremde Länder besucht. Ich hoffe dadurch den Anforderungen jener Leser zu entsprechen, denen es versagt ist selbst zu reisen, und die in der Lektüre von Reisewerken einen Ersatz hiefür suchen. Diesem Bestreben wird es wohl keinen Abbruch thun, daß ich hie und da einige rein geographische, statistische oder geschichtliche Daten anführe, theils um dem Leser die Mühe des Nachschlagens in anderen Werken zu ersparen, theils um die Verhältnisse in diesem oder jenem Orte besser zu kennzeichnen.

Das, was sein geschultes flinkes Auge in China erspähte hielt Jedina mit flüssiger Feder fest, sodaß er dem Leser fast das Gefühl vermittelt, dabei gewesen zu sein. Ein Beispiel dafür ist seine lebendige Schilderung der südlich von Shanghai gelegenen Hafenstadt Ningbo:

In der europäischen Niederlassung herrscht, obwohl dort auch Chinesen und nahmentlich viele Holzschnitzer wohnen - letztere in ganz China berühmt -, eine wohlthuende Ordnung. In dem Maße, als wir uns der Schiffsbrücke nähern, wird es bunter und schmutziger, doch auch wieder interessanter. Fast nackte Kulis schleppen keuchend und unter taktmäßigem Rufe auf Bambusstäben mächtige Warenballen, Eßwarenverkäufer preisen ihre, den westländischen Gaumen wenig reizenden Leckerbissen an, und ambulante Schuhflicker, Wechsler, Barbiere und Schmiede, von Kunden umringt, betreiben ihr Gewerbe, unbeirrt von dem Gedränge und Gestoße. Den Wohlstand sieht man durch tadellos weiß gekleidete Kaufleute vertreten, die mit klugblinzelnden Augen den Europäer betrachten, oder durch irgend einen Mandarin im Seidenrock mit goldgesticktem Drachen, welcher in einer Sänfte zurückgelehnt, ein hartes und hochmüthiges Gesicht hinter dem Fächer verbirgt. Armuth und Elend machen sich leider auch nur zu bemerkbar und Bettler mit Gebrechen aller Art belästigen vor allen den Fremden, dem sie mehr Mildtätigkeit zumuthen als den eigenen Landsleuten. Mehr geschoben als durch eigene Anstrengung durchschreiten wir das alterthümliche Stadtthor, bei welchem eine buntuniformierte Stadtwache mit mittelalterlichen Waffen strenge Wacht hält. Doch scheint die Schildwache, welche ihr heugabelartiges Wehrinstrument ruhig an die Wand gelehnt hat, auch menschlichen Gefühlen zugänglich zu sein, denn sie herzt den Sprößling, der in Begleitung seiner Mama dem rauhen Krieger den Mittagsreis brachte.

Nun könnte man bei Lektüre solcher Texte sagen, bloß die Offiziere als gebildete Elite seien zu einer solchen literarischen Umsetzung ihrer Beobachtungen fähig gewesen. Dagegen spricht das Schiffstagebuch des k.u.k. Maschinenquartiermeisters Josef Baudisch, das er auf dem Kreuzer KAISER FRANZ JOSEPH I. während dessen Fahrten als Stationsschiff im Fernen Osten in den Jahren 1905-1907 verfaßt hat. Unter dem Pseudonym Hans Bachgarten gab er es einem Verlag in Pola zur Veröffentlichung und mußte sich seiner Versuche, die Eindrücke seiner Landaufenthalte mit der Feder einzufangen gewiß nicht schämen. Hier eine seiner Shanghaier Skizzen über die belebteste Straße von Shanghai, die Nanking Road:

Ich ging durch die Nanking Road.

Die ungünstige Witterung hatte dem Verkehr dieser schönsten und belebtesten Straße Shanghais nichts anhaben können. Dicht aneinander gedrängt, die ganze Breite der Straße einnehmend, jagten die Rikschakulis, mit nackten Füßen laufend, vorüber. Rechts hinunter, links hinauf, wohl gegen tausend in der halben Stunde. Aus den aufgeschlagenen Kutschen streckten die Insassen die gespannten Regenschirme schützend nach vorne. Ein Bild, das an Einsiedlerkrebsen erinnerte, wenn sie die Scheren aus den Schneckenhäuschen strecken. Zwischen den Rikschas galoppierten Mietskutscher, fuhren Equipagen und Automobile in buntem Durcheinander. Volk und Tier und Licht und Luft, alles schien um Geld und Zeit zu ringen, so groß ist der Verkehr in dieser Straße. An den Kreuzungen, im wildesten Treiben, stehen, Ruhe und Ordnung haltend, baumlange indische Polizeisoldaten. Diese schönen Leute mit den riesigen Turbanen, den schwarzen Bärten und großen Kinderaugen, deren herrliche Erscheinung den Indienreisenden ergreift und imponiert zugleich, hier in ihren abgetragenen Uniformen bei Regenwetter bis auf die Haut durchnäßt, machen sie einen armseligen Eindruck. Die Jammergestalten, die sich ferne der Heimat im rauhen Klima zu Tode husten, sollen wohl die Staffage sein zu Englands Weltmacht.

Es ging schon gegen Mittag und die Konfektionsgeschäfte wurden trotz des schlechten Wetters förmlich gestürmt. Was da alles in die Gewölbe drängte. Alt und jung, geschminkte Schönheiten und gesetzte Matronen mit durchdringendem Schwiegermutterblicke. In Sänften getragen oder in Equipagen angefahren kommend, trippelten sie, auf den Fußspitzen balancierend, die Stufen zu den Verkaufstischen empor. In den Gewölben schossen die Boys wie die Pfeile umher. In den Stunden, in denen der Geschäftsgang stockt, hocken die jungen Burschen wie die Schwalbenbrut im Neste, aneinandergedrängt hinter den Ladentischen und gucken, die Vorübergehenden kritisierend, auf die Straße.

Ad 3

Bedenkt man die damals im übrigen Europa vorherrschende Verächtlichkeit mit der man auf China hinuntersah, so zeichnen sich die Einschätzungen und Urteile von Angehörigen unserer Marine durch Unvoreingenommenheit und Aufgeschlossenheit aus. Als Kontrast dazu mögen Auszüge aus einer offensichtlich britischen anonymen Hetzschrift dienen, welche 1911 in China offensichtlich zu dem Zweck herausgebracht worden ist, um gegen einen Verzicht auf die ausländischen Vorrechte in China Stimmung zu machen. Unter dem Titel „The Chinese as seen by themselves" wird versucht, folgendes nachzuweisen:

1. The morality of the average Chinese official, newspaper man, and merchant, and of the Chinaman in general, is far below that of the Briton of corresponding walks of life.

    (Die Moral des durchschnittlichen chinesischen Beamten, Journalisten und Kaufmannes ist weit schlechter als die eines Briten von ähnlichen Lebensumständen.)

2. As a result of this the Government of China is rotten.
 (Als Folge davon ist die chinesische Regierung korrupt.)
3. Vast masses of the population are still sunk in incredible depths of ignorance and superstition.
 (Die breiten Massen des Volkes sind nach wie vor in unglaublichen Tiefen von Unwissen und Aberglauben versunken.)
4. Such reforms as have been effected in China's Government are only skin-deep.
 (Soweit Reformen seitens der chinesischen Regierung unternommen wurden, waren sie nur oberflächlich.)
5. The only hope for a genuine reform of China lies in insistence by the foreign powers on the maintenance of extra-territoriality and in the observance by China of treaties which, through distasteful to her, are essential for the protection of foreigners residing in that country.
 (Die einzige Hoffnung für eine echte Reform Chinas liegt darin, daß die ausländischen Mächte auf ihrer Extraterritorialität bestehen und daß China jene Verträge beachtet, die zwar unangenehm sind, aber für den Schutz der Ausländer, die im Lande wohnen, unabdingbar sind.)

Zu solchen Thesen stehen die Aussagen von Offizieren, Unteroffizieren und Mannschaften der k.u.k. Stationsschiffe in China und der Marinedetachements in deutlichem Gegensatz. So fand es der damalige Linienschiffsleutnant und spätere Vizeadmiral Alfred von Koudelka völlig in Ordnung, daß der als Dienstnehmer eines Chinesen in der Provinz Shandong wirkende Baron Babo trotz dieses für die damalige Zeit ungewöhnlichen Dienstverhältnisses - übrigens auf Vorschlag von der Marine - die Funktion eines k.u.k. Konsuls versah:

In Tschifu lebte ein Österreicher, der äußerst nette Baron Babo, Sohn des berühmten Klosterneuburger Weinkundlers, der für einen reichen Chinesen auf Shantung Weinpflanzungen angelegt hatte. Eines der k.u.k. Stationsschiffe in Ostasien hatte daraufhin beantragt, Babo zum österreichischen Generalkonsul in Tschifu zu ernennen, was dann auch ohne Protest der Gesandtschaft in Peking erfolgte. Dabei wußte jedermann in China, daß der europäische Angestellte eines Chinesen bei den Eingeborenen keinerlei Ansehen hatte und infolgedessen auch von den anderen Europäern abgelehnt wurde.

Koudelka mokierte sich über Europäer, welche in China mehr der „Wiener Chronique Scandaleuse" als den örtlichen Verhältnissen ihr Augenmerk schenkten und bewies seine Aufgeschlossenheit, indem er sich in Shanghai einige Tage Urlaub erbat „um Land und Leute kennen und verstehen zu lernen."

Verstärkt findet sich eine solche Geisteshaltung in den Memoiren des späteren Admirals Bogumil Nowotny, welcher zwischen 1903 und 1905 die Gesandtschaftswache in Peking kommandierte. Er fand es ganz natürlich, mit der einheimischen Bevölkerung in engerem Kontakt zu stehen, und sorgte dafür, daß der Mannschaft Gelegenheit geboten wurde, „unter Führung der bei uns angestellten Chinesen die Sehenswürdigkeiten von Peking kennenzulernen." Nowotny fand nichts dabei, wenn sich die Beziehungen seiner Landsleute sogar bis in den persönlichen Bereich erstreckten, schrieb lobend über die reizende chinesische Lebensgefährtin seines Amtskollegen Linienschiffsleutnant Accurti in Tientsin und pries die Schönheit der beiden Mandschugefährtinnen des Österreichers Wilfahrt, mit dem er öfters am Morgen ausritt. Accurti, der sich im österreichischen Settlement durch die Einführung des kleinen Lotto bei der einheimischen Bevölkerung sehr beliebt gemacht hatte, war nach Nowotnys Ansicht den lokalen Verhältnissen bestens angepaßt. Accurti, der bereits seit fast zwei Jahren diesen Posten bekleidete, habe es ausgezeichnet verstanden, sich in die Rolle eines Bürgermeisters, eines obersten Richters des Settlements einzuleben und „in seinem chinesisch eingerichteten Yamen (chinesisches Amtsgebäude) wie ein echter Mandarin" gelebt.

Chronologische Gesamtübersicht jener Auslandsreisen österreichischer Kriegsschiffe, die chinesische Häfen angelaufen haben.

Zusammengestellt nach Unterlagen des österreichischen Staats- / Kriegsarchives in einer früheren Bearbeitung von Kpt. Bayer v. Bayersburg. Schiffsskizzen von: F.F.Bilzer, K.K.Körner, G.Pawlik, E.Sieche.

SCHIFF	JAHRE	SILHOUETTE	BEMERKUNG
CAROLINA	1820 - 1822		
NOVARA	1857 - 1859		Weltumseglung
DONAU und ERZHERZOG FRIEDRICH	1868 - 1871		Abschluß eines Handelsvertrages mit Siam, China und Japan / ERZHERZOG FRIEDRICH blieb bis 1871 in Ostasien und wurde das erste "Stationsschiff"
FASANA	1871 - 1873		Löste ERZHERZOG FRIEDRICH in der Rolle als Stationsschiff ab
ERZHERZOG FRIEDRICH	1874 - 1876		Stationsschiff und handelspolitische Aktivitäten
ALBATROS	1883 - 1885		Stationsschiff
NAUTILUS	1884 - 1887	wie ALBATROS	Stationsschiff
AURORA	1886 - 1888		Stationsschiff, befuhr erstmals den Jangtsekiang
FASANA	1887 - 1889		Stationsschiff
ZRINYI	1890 - 1891	wie AURORA	Stationsschiff
FASANA	1891 - 1893		Weltumseglung
SAIDA	1892 - 1894		
KAISERIN ELISABETH	1892 - 1893		Reise mit dem Thronfolger
AURORA	1895		Stationsschiff

SCHIFF	JAHRE	SILHOUETTE	BEMERKUNG
PANTHER	1896 - 1898	wie 1909	Stationsschiff
KAISER FRANZ JOSEPH I.	1897		Stationsschiff
FRUNDSBERG	1898 - 1899		Stationsschiff
KAISERIN ELISABETH	1899 - 1900		Stationsschiff
ZENTA	1899 - 1901		Befand sich beim Ausbruch des Boxeraufstandes als Stationsschiff in Ostasien
KAISERIN ELISABETH und KAISERIN MARIA THERESIA und ASPERN	1900		Wurden 1900 wegen des Boxeraufstandes und der Belagerung des Gesandtschaftsviertels in Peking nach Ostasien entsandt.
DONAU	1900 - 1901		Letzte Weltumseglung eines k.u.k. Kriegsschiffes
LEOPARD	1900 - 1901	ähnlich PANTHER	
KAISER KARL VI.	1902 - 1903		Stationsschiff
ASPERN	1903 - 1904	ähnlich ZENTA	Stationsschiff
KAISERIN ELISABETH	1904 - 1905		Stationsschiff
KAISER FRANZ JOSEPH I.	1905 - 1908		Stationsschiff
LEOPARD	1907 - 1909	ähnlich PANTHER	Stationsschiff
KAISERIN ELISABETH	1908 - 1910		Stationsschiff
PANTHER	1909 - 1910		Stationsschiff
KAISER FRANZ JOSEPH I.	1910 - 1912		Stationsschiff
SZIGETVAR	1912	ähnlich ZENTA	Stationsschiff
KAISERIN ELISABETH	1913 - 1914	Letztes Stationsschiff, kam wegen des Kriegsausbruchs nicht mehr zurück	Das Schiff wurde im November 1914 im Hafenbecken von Tsingtau selbstversenkt.

Vor der Jahrhundertwende gibt es fallweise Lücken, während der kein Stationsschiff für Ostasien bestellt war. Dies ist nach dem Boxeraufstand 1900 nicht mehr denkbar. Bemerkenswert ist auch, daß ein ausführliches Buch mit dem Titel: "Die Schiffs-Station der k.k. Kriegsmarine in Ostasien, Reisen S.M. Schiffe NAUTILUS und AURORA 1884 - 1888" existiert (erschienen in Wien 1892). Die genaueste Quelle bleibt jedoch das Werk: "Von Österreichern und Chinesen" (Gerd Kaminiski und Else Unterrieder, Europa Verlag, Wien 1980).

Ein Stabsunteroffizier und zwei Matrosen der k.u.k. Kriegsmarine mit zwei chinesischen Beamten.

Man suchte Kontakt zur Bevölkerung und ...

... dazu gehörten schon damals Erinnerungsfotos

Österreichische Matrosen auf „Sightseeing"-Tour.

Dies zeugt von der Absenz von Berührungsängsten im dienstlichen wie im privaten Bereich. Mit Verwunderung registrierte Nowotny, daß er im Astor-Hotel Shanghais eine chinesische Prinzenfamilie im „Chambre separee" treffen mußte, weil „den Chinesen und seien sie auch von einem noch so hohen Range das Betreten des großen von Europäern frequentierten Speisesaales damals verboten war." Über das Schicksal der französischen Schwiegertochter des chinesischen Prinzen vermerkte Nowotny mit Befremden:

Die Heirat eines Chinesen (es handelte sich um den Gesandten in Paris - Anm. d. Autors) *mit einer Französin machte damals in Paris ein ziemliches Aufsehen und es wurde über das junge Ehepaar viel in den Pariser Zeitungen geschrieben* (wohl eine der Vorlagen für das Textbuch von „Land des Lächelns" - Anm. d. Autors) *doch schon in Shanghai erlebte die junge Frau viele unliebsame Enttäuschungen und Kränkungen, über welche sie sich beim Herrn de Marteau bitter beklagte. Unter anderem mußte die ganze Familie mit einem Chinesenhotel vorlieb nehmen, da die europäischen Hotels keine chinesischen Gäste beherbergen durften, auch am Rennplatz, welchen sie tags darauf besuchten, mußte das junge Ehepaar den nur für Chinesen reservierten Raum betreten und so erging es ihnen während ihres kurzen Aufenthalts in Shanghai tagtäglich.*

Rassendünkel war den österreichischen Marineangehörigen in China fremd. Im Gegenteil: als der aus Schlesien stammende Schlosser der Gesandtschaft einen Rikschafahrer, der ihm nicht sofort ausgewichen war, mit der Reitpeitsche blutig schlug, ließ in Nowotny kurzerhand bei Wasser und Brot in den Dunkelarrest sperren. Ein solches Verhalten verschaffte Nowotny die Zuneigung und Achtung der einheimischen Bevölkerung. Sie kam ihm anders entgegen, als despotischen Ausländern, was er spürte und zu schätzen wußte. So schließen seine Pekinger Memoiren mit den Sätzen:

Da ich mit den chinesischen Behörden, mit welchen ich in Berührung kam, immer gut ausgekommen bin, mich über das Verhalten meiner chinesischen männlichen und weiblichen Untergebenen nie beklagen konnte und während der ganzen Zeit meines Pekinger Aufenthaltes nur die schönen Seiten des chinesischen Volkes kennen und schätzen gelernt habe, so ist es kein Wunder, daß ich diese große Nation lieb gewonnen und von ihr mit aufrichtigem Bedauern für immer Abschied nahm.

Weniger Zeit, sich in China umzusehen, hatte Linienschiffsleutnant Ritter von Purschka, als er mit dem Stationsschiff KAISERIN ELISABETH in den Jahren 1904 und 1905 chinesische Gewässer befuhr. Die Nöte der Chinesen registrierte er mit klarem Blick:

Ein eigentliches Beförderungsmittel sind hier in Shanghai noch eigentümlich gebaute Schubkarren - allerdings nur für die ärmste Klasse. - Das Rad ist in der Mitte des Karrens und rechts und links vom Rade sitzen meistens chinesische Mädchen, oft auf jeder Seite drei. Und so befördert ein armer Kuli im Schweiße seines Angesichts sechs Personen. Nimmt man den lächerlich billigen Preis, der für die Rikschas gezahlt wird, so kann man sich denken, was so ein armer Teufel von Schubkarrenführer bekommt.

Zu den von ausländischen Truppen begangenen Zerstörungen und Plünderungen:

Der gelbe Tempel wurde leider von Japanern, Engländern und Franzosen im Zuge der permanenten Unruhen arg zerstört. Das Schönste war ein Grabdenkmal aus Marmor prachtvoll gearbeitet - die Tempelhallen sind ausgeplündert, kein einziger Buddha grinst dem Beschauer entgegen. An dem Marmordenkmal sind fast alle kleinen Köpfe weggemeißelt.

Außerdem findet sich in Purschkas Tagebuch eine Stelle, welche nebst der schon früher zitierten über den Pariser Gesandten und seine europäische Frau eine Wurzel für die Handlung von „Land des Lächelns" darstellen dürfte. Zwischen Purschkas Zeilen sind Verwunderung und Empörung herauszulesen. Über das Angebot des Küstendampferkapitäns, den chinesischen Ehemann der Österreicherin einfach zu beseitigen, schreibt Purschka :

Schon in Hongkong hatten wir von einer Österreicherin gehört, die in Foochow leben soll. Erkundigungen ergaben, daß sie hier in Pagoda Anchorage ist. - Materna in Amoy erzählte uns dann, daß bei der Überfahrt von ihr mit ihrem Mann von Hongkong nach Foochow, der Kapitän des Dampfers ihr den Antrag gemacht habe, ihren Mann verschwinden zu lassen. - Nun war sowohl Dr. Pelikan als auch der Kommandant draußen, um diese merkwürdige Landsmännin aufzusuchen. - Speziell dem Kommandanten hat sie ihr Herz ausgeschüttet und dabei das Folgende erzählt:

Ihr jetziger Mann (in welch rechtlichem Verhältnis sie zu ihm nach chinesischen Begriffen steht, weiß sie nicht) war Legationssekretär bei der chinesischen Gesandtschaft in Wien. Diesen Posten hatte er durch den Einfluß eines Bruders, eines Mandarins, der einen hohen Posten in Peking bekleidete. - In Wien lernte diese Unglückliche den Chinesen, der Cheng heißt, kennen, und heiratete ihn. Ob eine standesamtliche Trauung auch wirklich vorgenommen wurde, erzählte sie nicht. Kurz darauf fiel der Mandarin in Peking in Ungnade und mit ihm natürlich sein ganzer Anhang, seine ganze Verwandtschaft. - Cheng wurde von seinem Wiener Posten abgelöst und trat mit seiner Frau, die sich noch dazu in anderen Umständen befand, die Reise nach China an. - In Hongkong ließ er die Arme, mit einem mittlerweile zur Welt gekommenen Kinde zurück, mit dem Versprechen, in seine Heimat vorauszueilen, alles für sie herzurichten und sie dann abzuholen. - Als ihr das Wartegeld ausging, kam er endlich, um sie abzuholen. Auf dem Dampfer, der sie von Hongkong nach Foochow brachte, und sie die Frau 1. Klasse, ihr Mann als Zwischendeckpassagier reiste, war es, daß ihr der Kapitän den guten Rat gab, schleunigst umzukehren, und er sich außerdem erbötig machte, ihren Mann verschwinden zu lassen. Darauf ging denn die Arme doch nicht ein und so landete sie hier. - Ihr Mann hat keine Anstellung, ist krank, eine Menge von Verwandten steht zwischen ihr und ihm, und die Arme fristet mit ihm und dem acht Monate alten Kinde gerade das Leben. Er behandelt sie aber gut, hat sie auch gerne, und so haltet sie halt aus.

Einen ähnlichen Geist atmen die Aufzeichnungen der rangniedrigeren Mitglieder der Schiffsbesatzungen. Eingangs ein Zitat aus den Veröffentlichungen des Maschinenquartiermeisters Baudisch. Er setzte sich in Kanton über die vehementen Warnungen seines Hoteldirektors hinweg und bestieg zur Nachtstunde einen Sampan. Später suchte er nach Gründen für dieses blinde Vertrauen:

In keinem Lande der Welt würde ich mich wahrscheinlich dazu verstanden haben, ohne Begleitung und ohne eine andere Waffe zu besitzen als die eigenen Fäuste, mit Fährleuten, von denen ich voraussetzen mußte, daß sie wußten, es mit einem unbeholfenen Fremden zu tun zu haben, bei undurchdringlicher Finsternis den größten Teil der Nacht auf der einsamen Wasserfläche eines großen Stromes herumzurudern. In diesem Orte, wo konstant von Flußpiraten und deren Überfällen auf Reisende zu hören ist, tat ich es blindlings. Ich hätte es selbst in Japan nicht getan, wo mir die Schönheit des Landes und seine guten Sitten doch so ungemein zu Herzen gesprochen haben. Warum ich mich so ganz ohne Bedenken der Führung dieser Leute überlassen, vermöchte ich selbst nicht anzugeben. Vielleicht tat ich es, weil sich mir auf meinen Reisen nie ein Chinese in böswilliger Absicht genähert hatte. Vielleicht, weil ich oft und oft Gelegenheit hatte, gerade die Fährleute zu beobachten, die in den Booten aufwachsen und darinnen alt werden, wenn sie nicht vorher verunglücken. Weil ich sah, mit welch rührender Hingabe sie an der Familie hängen, wie sparsam und häuslich sie leben und wie aufopfernd Männer und Frauen für ihre Kinder sorgen. Dann haben sie noch etwas, was sie mit keinem anderen Volke teilen. Es steckt im Blute selbst des niedersten Chinesen ein winziges Stäubchen jener viertausend Jahre alten Kultur, auf die dieses Volk zurückblicken kann, und dies nimmt den Augen des Kuli die Gier und seiner geplagten Seele die Unrast. Darum wohl habe ich stets solches Vertrauen zu diesen Menschen.

Einen besonders dicken Band Aufzeichnungen hat der ehemalige Waffenmeister des Kreuzers KAISERIN ELISABETH Alexander Franke hinterlassen. Ausführungen über chinesische Geschichte, Philosophie, Feste und vieles andere mehr bezeugen, wie sehr sich der Unteroffizier in autodidaktischer Weise mit der chinesischen Kultur auseinandergesetzt hat. Seine Familie weiß zu erzählen, daß den Vater bis zu seinem Tode die Erinnerungen an China nicht losgelassen haben, Erinnerungen, welche auch ganz persönlicher Natur sind. Franke kehrte nach der Kriegsgefangenschaft in Peking nicht sofort nach Österreich zurück, sondern nahm das Angebot an, seine waffentechnischen Kenntnisse der chinesischen Nordwestarmee zur Verfügung zu stellen. Fast gleichzeitig ehelichte er eine Chinesin, wobei chinesische Freunde als Heiratsvermittler fungierten. In sein Photoalbum aus Peking schreibt er später unter ihre Bilder: „Ehre ihrem Gedenken!" In seinen Aufzeichnungen schildert er, warum er auch daheim immer wieder von ihr sprechen mußte:

So auch ich ihre Zukunft ins Auge faßte und manches erwog, sie zu sichern und nach Möglichkeit vorzubereiten, jedoch sie selbst hatte oder besser gesagt zeigte mir äußerlich kein Verständnis dafür, sie berührte nie selbst diesen Punkt und war scheinbar mit der Gegenwart zu glücklich mit ihren jungen Jahren, als daß sie jemals an eine wirkliche Trennung oder an schlechtere Seiten des Lebens dachte; sie war glücklich und zufrieden mit ihrem Los und lebte dabei gänzlich in ihrer treuen, nie erschlaffenden Anhänglichkeit für uns auf. Sie nahm an allen Sorgen, Freuden und Leiden fürsorgende Stellung und verstand es in bewunderungswürdiger Weise sich in mein Innenleben, meinen Schwermut und Aussenleben Mitanteilnahme zu verschaffen.

Oft mußte ich mich wirklich fragen, welcher Geist hat ihr, einer Chinesin, solch Empfinden, Verstand und Herzensneigung eingegeben, wo wir uns doch in Rasse, Kultur, Geschichte, Erziehung, Denken und Handeln gänzlich verschieden gegenüberstanden.

Glasklar erinnerte sich an seine China-Erlebnisse im bereits fortgeschrittenen Alter von 102 Jahren Herr Regierungsrat Fritz Mitura, als ihn der Verfasser am 1. April und am 1. Juni 1984 interviewte. Wie war er nach China gekommen? Nun in Teschen, wo er daheim war, spazierte ein gewisser Löwy in Schiffsjungenuniform herum, was dem kleinen Mitura imponierte. Mit sechzehn Jahren meldete er sich zur Kriegsmarine, kam 1900 auf das Schulschiff SCHWARZENBERG, um den zweijährigen Unteroffizierslehrgang zu absolvieren. 1902 wurde er als Marsgast ausgemustert und erhielt seine zwei Sterne. Danach versah er Dienst auf dem Stationsschiff vor Triest und auf dem Bewachungsschiff für das Stabilimento Tecnico, wo die Kriegsschiffe der k.u.k. Marine auf Kiel lagen. 1907 meldete er sich freiwillig für die Gesandtschaftswache in Peking, trat seinen Posten als Artillerieinstruktor für die vier Kanonen an, die sich auf der Mauer der ö.-u. Gesandtschaft befanden. Sein Aufenthalt gestaltete sich allerdings viel weniger martialisch, als die Voraussetzungen hätten vermuten lassen. Lächelnd lehnte sich der schlanke alte Herr in seinem Lehnstuhl zurück und sinnierte: *Als Kommandanten hatte ich Korvettenkapitän Meyern-Hohenberg sowie Linienschiffsleutnant Helmreichen. Alle waren gerne in Peking, begeisterten sich an den Schönheiten der Stadt und ritten am Sonntag aus, um sich die Sehenswürdigkeiten anzuschauen. In Tientsin stand Linienschiffsleutnant Accurti bei den Chinesen in besonderem Ansehen. Liebevoll nannten sie ihn den „sanften Österreicher". Manchmal bei offiziellen Anlässen durfte ich die Gesandteneskorte befehligen. Dann wurde seine Sänfte von sechs Matrosen zu Pferd mit gezogenem Säbel begleitet. Mein Freund Kristinus war damals auch bei der Gesandtschaftswache, es hat ihm aber so gefallen, daß er eine Stelle in der Gesandtschaft als Kanzleigehilfe annahm. Ich verließ Peking im Herbst 1908. Im Dezember 1908 nach der Inspizierung durch den Admiral habe ich dann abgemustert. Ich ging an die Artillerieschule in Triest. 1909 hat mir dann Kristinus ein Telegramm geschickt und mir mitgeteilt, daß es an der Gesandtschaft einen Posten gibt. Ich wollte sehr gerne wieder nach China,*

俘 虜 証 券
LEGITIMATION DER
INTERNIERTEN.

第 肆拾貳 號 Nummer. 42.		
姓名 Name.	夫郎凱 Franke	
年歲 Alter.	二十三 23.	階級 Dienstgrad. 軍 Unt. Vorarb. f. Kl.
籍貫 Heimatsort.	凱而吞 Kärnten	
Truppennummer.	奧國海軍衛隊 K.u.K. Unter Ing. Marinedetachement	
	年月日 Datum.	地址 Ort.
Gefangen.		
Interniert.	六年九月十四日 14/9 16.	Pei Ging b. Peking
Umgezogen.		附記 Bemerkung.
Gesundheits- zustand.		
Sonstige Fälle. 外形		

Unter dem Druck der Entente hatte die chinesische Regierung am 14. März 1917 Deutschland den Krieg erklärt. Nach fünf Monaten Zögerns, nicht zuletzt durch die hervorragende Persönlichkeit des k.u.k. Gesandten Dr. Rosthorn bedingt, folgte am 14. August 1917 die Kriegserklärung an Österreich-Ungarn. Das seltene historische Dokument ist der chinesische „Internierungs-Ausweis" für den Unteroffizier Alexander Franke vom Marinedetachement Peking.

ging zum Rapport und musterte ab. Über Sibirien fuhr ich mit der Bahn nach Peking. Das ganze Leben dort hat mir gefallen. Zuerst war ich am Konsulat in Tientsin und dann in Shanghai Konsulatssekretär. 1917 mußten wir wegen des Kriegsausbruchs China verlassen. Alle Österreicher sind sehr ungern weggegangen - die Beamten und auch Baron Babo, ein älterer, großer, dicker Herr, der in Shandong Wein angebaut hat. Auch ich liebte das Land und muß auch heute noch sagen: es zieht einen immer wieder dorthin.

Ad 4

Die Überprüfung von Aussagen der Angehörigen der k.u.k. Kriegsmarine ergibt also nicht das damals international durchgesetzte Bild von tückischen und kulturlosen Chinesen, sondern vermittelt positive bis sehr positive Wertungen. Stand man in der Marine mit solchen Ansichten allein oder sind ihre Positionen im Kontext mit den militärischen und politischen Verhältnissen in der Donaumonarchie zu sehen?

Tatsache ist, daß auch bei den anderen Waffengattungen Verständnis und chinafreundliche Kommentare festzustellen sind. Schon der österreichische Oberleutnant Gustav Kreitner, Mitglied der China-Expedition des Grafen Bela Széchenyi hat in seinem Buch „Im Fernen Osten - Reisen des Grafen Bela Széchenyi in Indien, Japan, China, Tibet und Burma in den Jahren 1877-1880" den Chinesen sein Wohlwollen nicht versagt. Nun hätte man meinen können, die Belagerung des Pekinger Gesandtschaftsviertels während des Boxeraufstandes, welche bei den Österreichern pro Kopf gerechnet den höchsten Blutzoll an Toten und Verwundeten forderte, hätte in der österreichischen Armee einen Meinungsumschwung herbeigeführt. Fast könnte man dies glauben, wenn man sich damalige Kompositionen ansieht, welche bezeichnende Titel tragen: den „Chinesenmarsch" - der Chinabatterie 3/8 „Hauptmann Krenmayr" gewidmet oder „Auf nach China" - Kriegslieder, Marsch der Verbündeten von Franz Lehár, Kapellmeister im k.k. Infanterieregiment Michael Großfürst von Rußland Nr. 26.

Dieser Eindruck hält nicht stand, wenn man zu den publizierten Texten des Vortrages greift, welchen der k.u.k. Hauptmann des Generalstabs-Corps Carl Wujcik, Augenzeuge mancher der Kämpfe, am 3. und 10. Jänner 1902 im Militärwissenschaftlichen Verein in Wien gehalten hat. Unter dem Titel „Ursachen und Verlauf der chinesischen Wirren" analysiert er mit bemerkenswerter Objektivität:

Handelsverkehr ist von der chinesischen Regierung erst seit dem Jahre 1660 den Franzosen und seit 1670 den Engländern unter beschränkten Bedingungen nur über Canton gestattet worden. Diese Zugeständnisse wurden insbesondere von den Engländern reichlichst ausgenützt. Die englischen Kaufleute führten unter anderen auch große Mengen von Opium ein....

....Der starre Haß, den die Chinesen gegen die europäische Cultur haben ist eigentlich nicht gegen die Cultur an und für sich, sondern gegen das Ausbeutungssystem der sogenannten Culturträger gerichtet....

....Ein großer Teil der Fremden, welche man Christen nennt, benimmt sich gegen die Chinesen überhebend, oft sogar roh und herausfordernd, und selbst die bekehrten Chinesen erlauben sich zuweilen ähnliche Übergriffe....

....Alle diese Mißbräuche haben, im Vereine mit den politischen Actionen der europäischen Mächte, schließlich die Erregung des Volkes auf jenen Grad gebracht, daß es zur Gewaltanwendung schritt.

Ähnlich äußerten sich später der k.u.k. Hauptmann Jaromir Holy und der Generalintendant Heinrich Rabl-Werner. Dazu einige bezeichnende Sätze aus Holys Buch „Rund um die Erde - Weltreise zweier österreichischer Offiziere":

Aber eines muß in das richtige Licht gerückt werden: daß der Europäer, dieser „Volksbeglücker", dem Chinesen nie zum besonderen Segen geworden ist. Wir brauchen

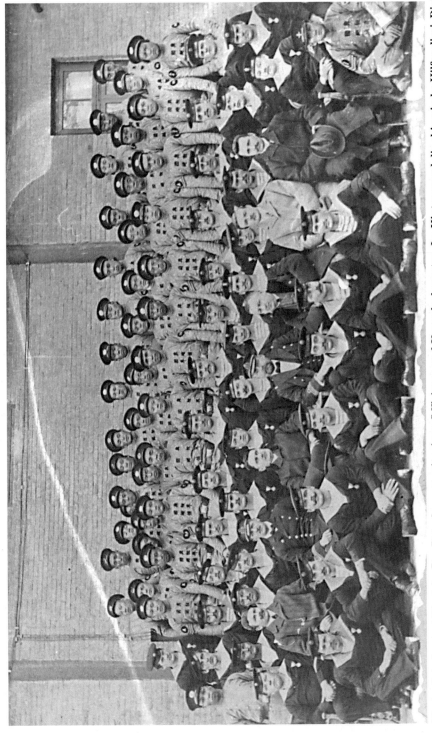

Marinedetachement Tientsin: Das Detachement mit seinen Offizieren und Konsularbeamten. Im Hintergrund die chinesische Hilfspolizei. Die chinesischen Beamten trugen am linken Ärmel den Doppeladler und in chinesischen Buchstaben die Aufschrift: „Österreich-Ungarn".

nur nachzublättern im Buche der Geschichte und wie einen roten Faden werden wir die unheilvollen Beziehungen Europas zum Reich der Mitte gewahr werden....

....Wir lernten in diesen Tagen, sowie während unseres weiteren Aufenthaltes in China - ich stelle mich damit zu den Berichten der meisten sänftegetragenen Abendländer bewußt und getrost in Gegensatz - den Chinesen aus nächster Anschauung im Verkehr mit dem unbefangenen Europäer als harmlos und durchaus nicht unsympathisch kennen. Vielleicht daß er, getreten, sich nicht krümmt wie ein Wurm, sondern wie ein Drache - das scheint schon seine drachengezierte Flagge zu künden. Wer ihm jedoch in gleicher Augenhöhe gegenübertritt, wird beim chinesischen Mittelstand nicht weniger Interesse und Gefühlsleben antreffen als beim europäischen. Wir wenigstens sind nicht einer gehässigen Miene begegnet und auch nicht die geringste Unbill ist uns widerfahren. Nehmen wir nur einmal den reziproken Fall. Solch ein armer Chinese versuche es nur, sich in den Straßen von Wien zu ergehen, - nach ein paar hundert Schritten hat der arme Fremdling die liebe Gassenjugend eines ganzen Bezirkes hinter seinem Zopfe. Und warum sollten wir Europäer dem Chinesen weniger drollig erscheinen als dieser uns? Ist vielleicht die Schnürbrust unserer Frauen, wie mir gegenüber ein Chinese ganz richtig betonte, oder ihre dem Kopfe mittels eigener Gerüste aufgesetzten Vogelnester und Gartenanlagen ernster zu nehmen als die Entensteißfrisuren und unförmlichen Hufe der chinesischen Damen? Man hält dem Chinesen weiters vor: „Er ist egoistisch, nur auf den eigenen Vorteil bedacht". Wie ist denn der Europäer? Man zeige mir unter einem Hundert zwei, die selbstlos zu nennen sind! „Die höheren chinesischen Klassen sind überhebend" - und die unseren? „Der Chinese ist unrein" - nun, wer das generalisierend behauptet, hat die wunderbar netten chinesischen Wohnräume, die sauberen, ja prächtigen Verkaufsläden nicht gesehen. Daß die Straßen schmutzig sind und vielleicht noch einiges in China nicht blank ist, wie es sich gehört, sei zugegeben. Man spottet des Chinesen, daß er Ratten verspeise, - nun, er soll seinen hungrigen Magen damit füllen, was ihm bekömmlich ist und was er sich leisten kann. Gebratene Tauben fliegen dem armen Chinesen nicht in die Backentaschen wie dem europäischen Geldprotzen. Er muß arbeiten und hat nicht Zeit, mit geöffnetem Schnabel dazustehen .... Und wie er arbeitet!

Generalintendant Rabl-Werner, der 1910 China bereiste, schrieb später in seinen Memoiren über die Fratze des kolonialen Vordringens in China:

Die Stadt birgt Kunstschätze von größtem Wert .... Nicht umsonst ist allerdings der ehrenvoll in den Kämpfen bei Tientsin von Admiral Seymour erteilte Befehl: „The Germans to the front" zum geflügelten Wort geworden, wenn die chinesischen Führer auf verschwundene Kunstschätze hinweisen wollten. War es ein Wunder, wenn der deutsche Kaiser Wilhelm II. bei der Verabschiedung einer Gruppe des Expeditionskorps Waldersee in Cuxhaven im Jahre 1900 den unglaublichen Befehl erteilte: „Ihr müßt Euch gefürchtet machen wie die Hunnen!" Der Befehl wurde leider befolgt .....

.....In Kiautschau-Tsingtau, der deutschen Kolonie, war ich mir über deren Zukunft längst im Klaren. Wenn man die Ruinen von Port Arthur, die verhungernden Millionen China's gesehen hat und dann die protzigen Bauten der deutschen Regierung, Kasernen der „berittenen Marine Gebirgs Artillerie" - bei uns wäre dies ja ein Witz gewesen -, die Denkmäler Wilhelm des Großen, Bismarck's, Wilhelm des II., Biergarten, da mußte man sich im Klaren sein, wie das einmal enden mußte. Darüber konnten auch die massenhaft herumbummelnden deutschen Soldaten und Matrosen nicht hinwegtäuschen.

....Protzige Handelshäuser, riesige, Fremdenrecht unterstehende Settlements, Renn-, Polo-, Golf- und Krikettplätze, 800 Bordelle, unzählige Nachtklubs und unübersehbare Elendsquartiere, Opiumhöhlen, verhungerte Chinesen auf den von grölenden, betrunkenen Matrosen aller Staaten der freien Welt durchzogenen Straßen, zahlreiche Tote auf den Gehsteigen, an denen Prunkkarossen vorbeifahren. Wenn ich je ein Bild der Verhältnisse des Fernen Ostens überblickt habe, so war es damals. Größter Luxus der Fremden und

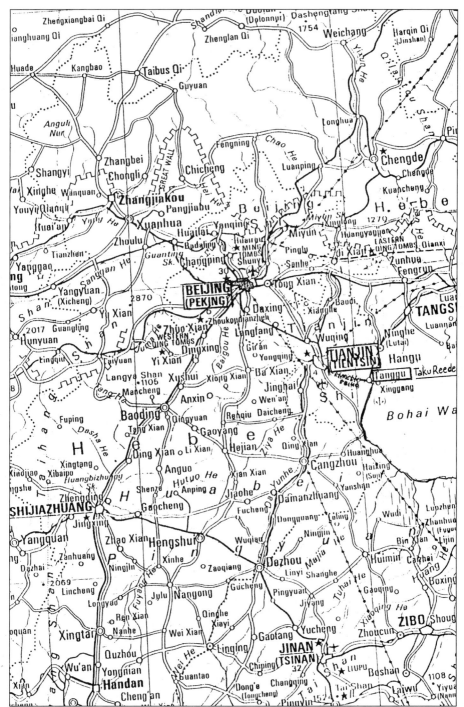

Orientierungskarte von Peking und dem Unterlauf des Peiho-Flusses mit der Stadt Tientsin.
Vor der Stadt Tanggu (= früher Taku) lagen die internationalen Kriegsschiffe auf Reede.

größtes Elend der Einheimischen, schauerliche Gegenwart und unausbleibliche Zukunft. „You want girls, ten years old?" „Esques vous voulez des garcons un ou pulsieurs?" So wurde man in Shanghai, der Stadt über den Meeren, bei Tag und Nacht angesprochen in der Nanking-Road, der Foochow-Road, den Hauptstraßen der Stadt. Europäische, amerikanische Moral - Christentum! Shanghai 1910!

Erfreulicherweise hat in der Donaumonarchie - sieht man von dem vorübergehenden Interesse an der Pacht eines chinesischen Hafens und der kurzlebigen Konzession in Tientsin ab - kein Wunsch nach dem Erwerb von Kolonialbesitz in China bestanden. Die k.u.k. Kriegsmarine war von solchen Abenteuern bei Wirtschaft und Diplomaten gut abgeschirmt. Anders war die Situation etwa in England, wo sich Handelstreibende den Kolonialbesitz zum persönlichen Anliegen machten. Der österreichische China-Reisende Alexander Freiherr von Huebner, dem man als engen Mitarbeiter Metternichs derlei Bemerkungen eigentlich gar nicht zugetraut hätte, mokierte sich über einen jungen englischen Kaufmann:

Mir gegenüber sitzt ein junger Mann. Eine elegante Erscheinung. Die Toilette gewählt. Dazu das Benehmen der großen Welt. Er ist einer der Kaufherrn der englischen Faktorei in Schanghai. Mit merkwürdiger Klarheit, kurz und bündig, entwirft er mir ein Bild des britischen Handels und der britischen Interessen in China. Er denkt wie die meisten seiner Standesgenossen im äußersten Orient. Das Reich der Mitte sei mit Kanonenschüssen der Civilisation zu eröffnen; viele, sehr viele Chinesen, darunter sämtliche Mandarine und Literaten, vom Leben zum Tode zu befördern; dann von der chinesischen Regierung eine tüchtige Entschädigung zu erzwingen.

In seiner Schrift „Die Entwicklung zur Weltwirtschaft und der österreichisch-ungarische Ausgleich", Wien 1899 entwirft Franz Graf von Kuefstein für Österreich-Ungarn ein anderes Modell:

Für Österreich-Ungarn, dem, wie schon erwähnt, die Vorbedingungen für eine solche Colonialpolitik fehlen, kommt dieselbe nicht in Betracht.

Diese Colonialpolitik, welche auf Erwerbung wirklicher ausgedehnter Colonien und deren Heranziehen für wirtschaftliche Zwecke gerichtet ist, wird eigentlich nur von Britanien, Frankreich und Deutschland und einigen kleineren Seestaaten mit geringer Machtentfaltung verfolgt. Auf ihren Wegen werden sie allerdings noch Rußland, den Vereinigten Staaten Nordamerikas und auch Japan als Concurrenten und sehr berücksichtungswerten Machtfactoren begegnen. Es gibt aber noch andere Möglichkeiten, eigene überseeische Verbindungen anzuknüpfen und zum eigenen Vortheile auszunützen. Eine solche selbständige Verbindung ist geradezu eine Grundbedingung für das Gedeihen eines Großstaates. Seitdem die Seewege benützt werden, konnte nicht ein einziger Großstaat ohne Ausnützung derselben Bestand finden.

Dort, wo die Vorbedingungen für Erwerbung großer Colonien fehlen, können dennoch, in freundschaftlicher Übereinstimmung mit den großen Seemächten, private Handelsverbindungen angeknüpft werden, welche, von staatlicher Seite auch direct unterstützt, heute umsomehr den eigenen Bedürfnissen werden genügen können, als eine allgemeine Richtung nach Freigebung des Handels wenigstens in den überseeischen Häfen hinzielt, die noch nicht dem geschlossenen Colonialbesitze eines bestimmten Reiches einverleibt worden sind. (China)

Solche handelspolitische Erwägungen, welche dem Erwerb chinesischer Kolonien durch die Doppelmonarchie ablehnend gegenüberstanden, wurden von hervorragenden Diplomaten wie Arthur von Rosthorn außenpolitisch abgesichert. Er befand sich damit in krassem Gegensatz zu dem deutschen Gesandten von Heyking, der bei den deutschen Bestrebungen, sich in Shandong festzusetzen, seine chinesischen Amtskollegen folgendermaßen unter Druck setzte:

Ich bin gekommen, Euch in wahrer Freundschaft für China zu sagen, welchen Kurs Ihr steuern müßt. Erlauchte Prinzen und meine Herren Minister! Ich erkläre Euch auf das Bestimmteste, namens meiner hohen Regierung, daß Kiautschou ein deutscher Hafen ist und bleiben wird. Deutschland hätte gar nicht nötig, über diese Tatsache weitere Verhandlungen zu führen, denn da ist nicht eine Macht in der Welt, die einen Finger rühren würde, um China zum Wiederbesitz von Kiautschou zu verhelfen, und China selbst ist ohnmächtig; es hat weder eine Armee noch eine Flotte. Aber aus alter Freundschaft für China haben wir den Weg der Verhandlungen gewählt und Euch einen Vertrag proponiert, durch welchen die Ehre und das Ansehen Chinas gewahrt und die Ansprüche Deutschlands auf das bescheidenste Maß heruntergedrückt sind. Wir beanspruchen keine Gebietsabtretung, sondern wir erkennen an, daß das Gebiet fortdauernd dem Kaiser von China gehört, und verlangen bloß, daß ein kleines Stück Land uns pachtweise überlassen werden möge. In Europa ist allgemein die Ansicht verbreitet, daß wir die ganze Provinz Shantung in Anspruch nehmen würden, und ich erkläre Euch offen, daß unsere Militärs ein weit größeres Gebiet, als ich es beansprucht habe, zu behalten wünschen. Unsere Truppen haben bereits dreimal soviel Gebiet besetzt, als ich fordere, und wenn binnen kurzem unsere Verstärkungen hier eingetroffen sein werden, können wir noch weit mehr besetzen. Aber die Regierung meines erhabenen Herrn und Kaisers hat aus alter Freundschaft für China lediglich einen schmalen Streifen Uferland an der Kiatschoubucht zu pachten verlangt. Und Ihr zögert noch und macht Schwierigkeiten?

Im April 1899 vor eine ähnliche Frage gestellt, zögerte Arthur von Rosthorn nicht, seinen Einfluß geltend zu machen, um das Projekt der Pachtung eines Hafens durch Österreich-Ungarn zu Fall zu bringen. Die von ihm reichlich angebotenen Vernunftsgründe setzten sich rasch durch.

So kann abschließend festgestellt werden, daß der Vielvölkerstaat der Donaumonarchie in den mit verschiedenen Nationalitäten besetzten Waffengattungen, aber nicht nur dort, sondern auch im wissenschaftlichen, wirtschaftlichen und außenpolitischen Bereich Geisteshaltungen hervorgebracht hat, welche von Aufgeschlossenheit und Toleranz gekennzeichnet gewesen sind. Dies hat für die Präsenz der k.u.k. Kriegsmarine in China ein Klima geschaffen, dessen Kenntnis erleichtert, den Satz für bare Münze zu nehmen, den das während des Ersten Weltkriegs in Peking interniert gewesene ehemalige Mitglied der Gesandtschaftswache Bürger, im Jahre 1981 Hugo Portisch und dem Autor gegenüber in einem Fernsehinterview gebrauchte. Danach befragt, was er sich an chinesischen Sätzen gemerkt habe, meinte der bereits hoch in den achtzigern stehende Mann, *„Aoguo bing"* hätten die Chinesen gesagt *„tinghao":*

Der österreichische Soldat sei ziemlich gut.

ANHANG 1900 – 1918

Vom Ende des Boxeraufstandes bis zur Kriegserklärung Chinas an Österreich-Ungarn 1917 existierten in Peking (in der Gesandtschaft) und in Tientsin (auf einem kleinen Stück extraterritorialen Geländes), sogenannte „Marine-Detachements". Wie man in den Zentralstellen in Pola und Wien darüber dachte, sei dahin gestellt. Doch um ihr Gesicht als europäische Großmacht zu wahren, mußte die Monarchie solche Wachabteilungen unterhalten.

Das Leben in Peking und Tientsin war ungewöhnlich abwechslungsreich, interessant und mit dem „Matrosenleben" in der Heimat nicht vergleichbar. Die folgenden Fotos und Faksimiles sollen dies dokumentieren.

Mein besonderer Dank gilt meinem langjährigen Ratgeber in österreichischer Marinegeschichte Dr. Lothar Baumgartner für die Betreuung dieses Manuskripts. Überdies habe ich ihm und Herrn Erwin Sieche für die Benützung von Manuskripten aus der Sammlung der ehemaligen Gesellschaft für Österreichische Marinegeschichte zu danken.

Die zerstörte österreichisch-ungarische Gesandtschaft nach dem Boxeraufstand 1901. Nur wenige Jahre später wurde sie wesentlich größer wieder aufgebaut

Österreichische Marineabteilung auf der Straße die zur öst.-ung. Gesandtschaft führt. Sommer 1901

Kurz nach Ende des Boxeraufstandes 1901 marschiert eine österreichische Marineabteilung mit Feldgeschütz durch Peking. Zu diesem Zeitpunkt hatten beide Seiten ungeheuerlichen Respekt und auch Angst voreinander. Psychologisch ist es ein wichtiges Bild!

Die Putz- und Stallbrigade vor den Stallungen der k.u.k. Gesandtschaft. In China trugen sogar die Tränkeimer den rot-weiß-roten Bindenschild

Wachtposten fern der Heimat

K. u. K. Marine ~~K. T. A. 157 25 / 18~~

MILITÄR-FAHRSCHEIN.
MILITARY WARRANT.

Buch Nr. / Book No.: **33** Fahrschein Nr. / Warrant No.: **50**

Von / From: *Tientsin*   Nach / To: *Peking* 141

	Anzahl / No.	
Pferde und Rindvieh		Horses and Cattle
Ponies und Maultiere		Ponies and Mules
Schweine, Schafe, Ziegen		Pigs, Sheep, Goats
30 Tonnen Wagen		30 ton wagons
20 ,, ,,		20 ,, ,, 19
10 ,, ,,		10 ,, ,, 100
4 rädrige Wagen		4 Wheeled Carriages
2 ,, ,,		2
Frachtgut mit Gewichtsangabe		L.C.L. (Certified) tons
Frachtgut ohne Gewichtsangabe	3	L.C.L. (Uncertified) tons
Sonderwagen		Reserved Carriages

Datum / Date: 10/15/16   Unterschrift / Signed: *[signature]*

Für diesen Fahrschein mit daranhängendem Kontrollzettel muss vor Abfahrt des Zuges bei der Güterabfertigung ein Frachtschein gelöst werden, andernfalls wird volle Fracht berechnet.

Urlaubsfahrscheine müssen sofort beim Lösen des Frachtscheines bezahlt werden. (*Militärfrachtpreis*)

This warrant, with duplicate attached, must be exchanged for an invoice at the Goods office before commencing the journey, otherwise the full rate will be charged.

If endorsed "On Leave" the charges at Military rate must be paid at the time of exchanging the warrant for an invoice.

Ein Militär-Fahrschein des österreichischen Marinedetachements in Tientsin aus dem Jahr 1916.

Schon in Friedenszeiten war das Warenhaus Ching ein wichtiger Lieferant des Marinedetachements in Peking gewesen. Historisch interessant an dieser Rechnung ist aber das Datum 31.3.1918 und der Zusatz „Holländer" im Titel. China war längst mit der Monarchie im Krieg, die niederländische Gesandtschaft vertrat die österreichischen Interessen und das Detachement war im Tempel von Wanschousze interniert.

Marinedetachement Peking: Bei offiziellen Anlässen wurden der Kommandant (wie hier auf dem Bild) und der Botschafter von Matrosen „hoch zu Roß" mit gezogenem Säbel begleitet. Eine Vorgangsweise, die in der Heimat undenkbar gewesen wäre!

```
K.u.k.Marinedetachement in Peking.

                                          K.J.A.Nro. 221/5℃

                        Detachementkommandobefehl Nro.43
Ankauf.                 Peking,am 8.August 1914.

             Bei der Firma Otto Reitzig sind zwei paar Messer für
        Pferdescheren anzukaufen.


                                    Der Detachementkommandant:
                                    Hermann  T O P I L  m.p.
                                    K.u.k.Linienschiffsleutnant.

                   Für die richtige Abschrift:
```

Die Offiziere des k.u.k. Marinedetachements in Peking waren bei offziellen Ausrückungen stets „hoch zu Pferd", daher waren auch Artikel zur Pferdepflege erforderlich.

Marinedetachement Peking: Zur Weihnachtsfeier am 25.12.1913 fern der Heimat versammelten sich Unteroffziere und Matrosen unter dem Bild des Kaisers zum Festessen.

Noch herrschte Frieden, als sich am 24.5.1914 an Bord der KAISERIN ELISABETH vor Schanghai der junge Fregattenleutnant Ivo Baierle mit der Mannschaft seines „Quartiers" fotografieren ließ. Nachdem der Kreuzer zwei seiner 15 cm Geschütze für die Landverteidigung Tsingtaus zur Verfügung gestellt hatte, bediente Baierle mit seinen Leuten diese Geschütze als Batterie Nr 15 oder einfach „Elisabeth-Batterie". Im Kampf gegen die japanisch-englischen Belagerer fielen fünf Mann dieser Batterie, vermutlich sind sie hier abgebildet, doch ist eine genaue Identifikation heute nicht mehr möglich.

K.u.k. Marinedetachement in Peking.   K.J.A.300/32.

ERLÄUTERUNG

zur Eisenbahnrechnung der Chinesischen Regierung Eisenbahn Peking-Mukden linie, für den Monat OKTOBER 1915.

Buch №	F.Sch.№			Beschreibung
44	74			Ein Unteroffizier zurück nach Peking.
„ 44	„ 75			{K.u.k.Marinekommissär Skušek von der Gebührenzahlung zurück nach Peking.
„ 44	„ 76			Ein Unteroffizier dienstlich nach Tientsin.
„ 44	„ 77			Lschlt.v.Mariašević zurück nach Tientsin.
„ 90	„ 1			Detach.Komdt.Lschlt.Topil zurück nach Peking.
„ 44	„ 78			Derselbe dienstlich nach Tientsin.
„ 89	„ 17			Lschlt.Gayer dienstlich nach Peking.
„ 44	„ 79			Zwei Mann dienstlich nach Tientsin.
„ 89	„ 18			Fünf Mann dienstlich nach Peking.
„ 89	„ 19			Vier Mann dienstlich nach Peking.
„ 44	„ 80			Lschlt.Gayer zurück nach Tientsin.
„ 89	„ 21			Drei Mann dienstlich nach Peking.
„ 44	„ 81			Zwei Mann mit Monturen dienstlich nach Tientsin.
„ 44	„ 82			Dieselben zurück.
„ 44	„ 83			Marinekommissär Skušek dienstlich nach Tientsin.
„ 44	„ 84			Derselbe zurück nach Peking.
„ 44	„ 85			Ein Kuli zurück nach Tientsin(Materialtransport)
„ 90	„ 4			Lschlt.v.Mariašević und ein Unt.Off.nach Peking.
„ 44	„ 86			Ein Unteroffizier mit Material nach Tientsin.
„ 44	„ 87			Ein Unteroffizier dienstlich nach Tientsin.
„ 44	„ 88			Derselbe zurück nach Peking.
„ 44	„ 89			Lschlt.v.Mariašević zurück nach Tientsin.
„ 44	„ 90			{Marinekommissär Skušek mit Unteroffizier zur Gebührenauszahlung nach Tientsin.
„ 81	„ 1			Vier Mann dienstlich nach Peking.
„ 33	„ 27			{Materialtransport (Privateffekten) von Tientsin nach Peking. (*der Tsingtauer Kriegsgefangenen*)

Form T. A. No. 34

K.J.A.300/32

CHINESE GOVERNMENT RAILWAYS, (Peking-Mukden Line.)

Austrian Marine

ABSTRACT OF BILL FOR CARRIAGE OF MILITARY TRAFFIC

October 1915

Class of Traffic	Unit Kilometres	Rate Cents	Amount Dollars	Cts.	REMARKS.
1. Passengers 1st Class	1551	2	31	02	
2. " 2nd "	4089	1	40	89	
3. " 3rd "	141	05		72	
4. Horses and Cows		5			
5. Ponies and Mules		3			
6. Pigs, Sheep and Goats		2			
7. Wagons, 30 Tons		36			
8. " 20 "		24			
9. " 15 "		18			
10. " 12 "	141	14½	20	45	
11. " 10 "		12			
12. Carriages 4 Wheeled		10			
13. " 2 "		5			
14. Certified tons		5			
15. Uncertified tons		10			
16. Luggage pieces	29	5	1	45	
17. Special Carriages		30			
Gross Total			94	53	
Deductions					*Deduction reduced*
Free allowance on items 4, 5 and 6		05			*to amount actually*
" " 7 to 10 inclusive		1			*payable for III class*
Total deductions				72	*passenger*
Net total			$93	81	

Tientsin, November 23rd 5 191 .

COPIED

W. Henderson
Chief Accountant.

Eine Eisenbahnrechnung vom November 1915. Auch im Krieg konnten die Truppenabteilungen der verschiedenen Mächte die neutralen chinesischen Bahnlinien weiter benützen. Der Vordruck sieht nicht nur drei Passagierklassen vor, sondern auch den Transport von Pferden, Kühen, Ponys, Maultieren, Schweinen, Schafen und Ziegen.

Im japanischen Gefangenenlager Aonogahara: Von links nach rechts: Ein Dolmetscher (in Zivil), der japanische Lagerkommandant, Kapitän zur See Meyer-Waldeck der Gouverneur von Tsingtau (mit Stock) und Lschkpt. Makovic (ebenfalls mit Stock).

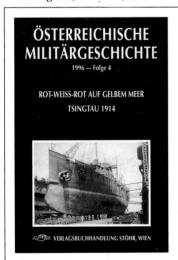

Österreichische Militärgeschichte 1996 Folge 4:

Rot-weiß-rot auf gelbem Meer

Seine Majestät Kreuzer Kaiserin Elisabeth – Tsingtau 1914

Hrsg. Erwin Sieche

Österreich-Ungarns letzter Einsatz im „Fernen Osten". Im Anhang das Thema Gefangenschaft in Japan 1914 - 1918

72 Seiten, zahlr. Abb., Faks. Karten, Anhang, Quellen. Br. öS 270,– / DM 39,–

VERLAGSBUCHHANDLUNG STÖHR

A-1080 Wien, Lerchenfelderstraße 78-80 · ☎ 01/406 13 49 · Fax: 01/403 04 10

Benützte Quellen in chronologischer Reihenfolge ihrer Verwendung in diesem Beitrag, soweit nicht im Text angegeben

Bericht über die Fahrt der Carolina, Marinearchiv 1820/M/C 22
Anthony E. Sokol - Lothar Baumgartner, Welches österreichische Schiff war das erste, das China anlief?, in: Marine-Gestern-Heute, Jg.6, Heft 3, S. 91ff
Gerd Kaminski - Else Unterrieder, Von Österreichern und Chinesen, Wien 1980.
Gerd Kaminski - Else Unterrieder, Wäre ich Chinese - wäre ich Boxer. Wien/Zürich 1989
Karl von Scherzer, Reise der österreichischen Fregatte Novara um die Erde in den Jahren 1857, 1858, 1859. Wien 1864.
Karl von Scherzer, Statistisch-commercielle Ergebnisse einer Reise um die Erde, unternommen an Bord der österreichischen Fregatte Novara in den Jahren 1857-1859. Leipzig - Wien 1867.
Karl von Scherzer, Fachmännische Berichte über die österreichisch-ungarische Expedition nach Siam, China und Japan 1868-1871 im Auftrag des k.k. Handelsministeriums redigiert und herausgegeben. Stuttgart 1872.
Die Reise S.M. Kanonenboot Albatros im Rothen Meere, in den Ostindischen und Chinesischen Gewässern in den Jahren 1884-1885. Beilage zu Heft VIII der Mittheilungen aus dem Gebiet des Seewesens, Pola 1885.
Jerolim Freiherr von Benko, Die Schiffsstation der k.k. Kriegsmarine in Ostasien. Wien 1892.
Jerolim Freiherr von Benko, Die Reise S.M. Schiffes Zrinyi nach Ostasien 1890-1891.
Josef Lehnert, Um die Erde. Wien 1878.
Leopold von Jedina, An Asiens Küsten und Fürstenhöfen - die Reise der Fasana während der Jahre 1887-1889. Wien - Olmütz 1891.
Hans Bachgarten, Aus einem Schiffstagebuch - zwei Jahre in China und Japan. Pola 1911.
The Chinese as seen by themselves - Translation of some documents which throw lieght on the present state of the Chinese people. 1911 ohne Angabe von Ort und Autor.
Lothar Baumgartner, Denn Österreich lag einst am Meer - Das Leben des Admirals Alfred von Koudelka. Graz 1987.
Bogumil Nowotny, Ein Admiral erzählt seinem Enkel. 1. Januar 1943, Maschingeschriebenes Manuskript.
Ferdinand Ritter von Purschka, Mein Tagebuch von der Ostasienreise mit S.M. Kreuzer Kaiserin Elisabeth. maschingeschriebenes Manuskript.
Alexander Franke, Memoiren, maschingeschriebenes Manuskript.
Robert Kofler, Meine Reise mit der Kaiserin Elisabeth - 24.7.1900 - 1.10.1901. maschingeschriebenes Manuskript.
Gustav Kreitner, Im fernen Osten - Reisen des Grafen Bela Széchenyi in Indien, Japan, China, Tibet und Burma in den Jahren 1877-1880. Wien 1881
Carl Wojcik, Charakter und Verlauf der chinesischen Wirren. Wien 1902.
Jaromir Holy, Rund um die Erde - Weltreise zweier österreichischer Offiziere. 2.Aufl. Wien 1912.
Generalintendant Heinrich Rabl-Werner, Memoiren, maschingeschriebenes Manuskript.
Franz Graf von Kuefstein, Die Entwicklung zur Weltwirtschaft und der österreichisch-ungarische Ausgleich. Wien 1899.
Elisabeth von Heyking, Tagebücher aus vier Weltteilen. Leipzig 1926.

Peter Jung

DIE UNBEKANNTE SEITE DER K.U.K. KRIEGSMARINE IM ERSTEN WELTKRIEG

DER GEHEIMDIENST

Vorbemerkung

Dieser Beitrag soll dazu dienen, diejenigen Bereiche der Geschichte der k.(u.)k. Kriegsmarine, die durch die bisherige Forschung und Geschichtsschreibung vergessen oder auch nur vernachlässigt wurden, anzusprechen, um einerseits eine Standortbeschreibung der derzeitigen Marinegeschichtsschreibung in Österreich zu geben und andererseits mögliche Anregungen für weitere Forschungen zu bieten.

Als Darstellungszeitraum wurde der Einsatz der k.u.k. Kriegsmarine im letzten Konflikt, den sie zu bestehen hatte, gewählt. Die bisher vernachlässigten Bereiche werden dabei in kurzen Einzelbeispielen dargestellt.

Die Genese der österreichischen Marinegeschichtsschreibung über den Ersten Weltkrieg bis zum heutigen Tage

Mit dem Ende des Ersten Weltkriegs hörte Österreich auf, eine Seemacht zu sein. Abgesehen von politischen, sozialen und wirtschaftlichen Komponenten, bedingte der vorerwähnte Satz für die uns interessierende Geschichtsschreibung immens wichtige Kleinigkeiten, deren Tragweite uns erst im Laufe der Zeit klar wurden. Der in die Heimat zurückflutende Strom an ehemaligen Marineoffizieren, Beamten, Unteroffizieren und Mannschaften war im November 1918 von einem Moment auf den anderen jedweder Basis beraubt. Für die berufsmäßigen Marineure bedeutete die Auflösung der Seemacht, soferne sie ihre Zukunft nicht durch die Tatsache der Einwohnerschaft im südslawischen Nachfolgestaat der Doppelmonarchie finden sollten, die Trennung von Beruf, teilweise auch von Hab und Gut, erlerntem Wissen und überhaupt, der sozialen Lebensgrundlage - für manche für immer. Die meisten Heimkehrer mußten sich, teils schon im fortgeschrittenen Alter, eine neue Lebensgrundlage suchen oder erwirtschaften, was bei vielen Jahre und Jahrzehnte dauerte.

Es erscheint somit sehr logisch, daß die damals aussagekräftigen Personen andere Sorgen hatten, als über Schiffsartillerie, Maschinenkunde, Telegraphie oder sonstiges mehr Detailpublikationen zu veröffentlichen. Abgesehen davon, wäre das Interesse und somit der Markt als sehr klein zu beschreiben gewesen. Auch eine Institution wie der ehemalige Österreichische Flottenverein, nach 1918 Österreichischer Marineverband, mußte nach dem Kriegsende sehr rasch den ehemaligen Status als Förderungsinstanz maritimen Gedankengutes mit der des sozialen Auffangs- und Unterstützungsvereines für „mittellose" ex-Marineure vertauschen und fiel somit für Jahre aus der Rolle. (1)

Und dennoch entstanden schon in den zwanziger Jahren erste Darstellungen maritimer Ereignisse zwischen 1914 und 1918, die allerdings über beschriebene Tatsachen, meist aus persönlicher Erfahrung der Autoren, nicht hinaus gingen. (2)

Anders als in den meisten übrigen Ländern kam es in Österreich mit Unterstützung des Marineverbandes und des Marinearchivs im Kriegsarchiv erst 1933 zur Veröffentlichung eines Seekriegswerkes, zusammengestellt vom ehemaligen Linienschiffsleutnant Hans Hugo Sokol (3). Das Werk selbst sollte als Ergänzung zum monumentalen Generalstabswerk „Österreich Ungarns Letzter Krieg" verstanden sein und schaffte es auch, durch den „Österreichischen Ton" einen gewissen objektiveren Darstellungsgrad gegenüber den bis dahin erschienenen Darstellungen anderer, am Ersten Weltkrieg beteiligter Nationen, zu erreichen. Und trotzdem blieb das Werk, ganz im Geist der Zeit, auf nationale Dokumente beschränkt und somit bei einer rein darstellenden Ablauf- und Ereignisgeschichte des Krieges

Die Zeit zwischen 1938 und 1945 brachte einerseits eine personelle Aufstockung im „Kriegsmarinearchiv Wien", welches unter diesem Titel, von Kriegsarchiv organisatorisch getrennt, eine eigene Dienststelle innerhalb der Marineorganisation der Deutschen Wehrmacht wurde, andererseits beschränkte man sich in der Geschichtsschreibung fast nur auf Neubearbeitungen der Marinegeschichte bis 1866. (4)

Die Zeit nach dem Zweiten Weltkrieg ermöglichte anfänglich langsam den wissenschaftlichen Zugang zur Materie. In den 50er und 60er Jahren entstanden erste Dissertationen zu maritimen Bereichen (5). Besonders die Gründung der Arbeitsgemeinschaft für Österreiche Marinegeschichte in den 70er Jahren, die bis 1989 existierte, schaffte es, viele aus den verschiedensten Gründen an der Marine interessierte Personen, vom Modellbauer, über Techniker bis hin zu Historikern unter einem „Dach" zu vereinen, was 15 Jahre lang die weltweit beachtete Zeitschrift „MARINE - Gestern, Heute" erscheinen ließ (6). In diesem Forum war nach Jahrzehnten schließlich auch wieder Platz für die eingangs schon kurz erwähnten vernachlässigten Detailbereiche und deren Darstellung. Heute erscheint es überaus bedauerlich, daß die Arbeitsgemeinschaft 1989 aufgelöst wurde (7).

Erfreulich ist, daß sich seit den 70er Jahren auch wiederum die Wissenschaft vermehrt der Geschichte der Marine widmet, und das nicht nur im historischen Bereich! Univ.Prof. Dr. Metzeltin vom Institut für Romanistik an der Universität Wien befaßt sich seit Jahren mit der Rekonstruktion der praktisch verlorengegangenen Bordsprache der alten Marine und hat diese Thematik sogar zum Titel seiner Antrittsvorlesung an der Wiener Universität gewählt (8). Weitere Forschungen erstreckten sich auf den wirtschaftlich-historischen Bereich, etwa durch die Kooperation zwischen dem Institut für „Wirtschafts- und Sozialgeschichte" mit einer Arbeitsgruppe an der Universität Triest, die eine Darstellung der Firma Whitehead und deren Bedeutung für die Torpedoentwicklung entstehen ließ (9). Derzeit sind wiederum etliche Dissertationen in Ausarbeitung, wobei nicht nur der strenge historische Aspekt, sondern auch andere Bereiche, wie etwa die Technikgeschichte, eine bedeutende Rolle spielen.

Ähnlich verhält es sich am publizistischen Sektor. Der große Aufschwung der Print-Medien in den siebziger Jahren hat auch auf dem Gebiet der Geschichte der k.u.k. Kriegsmarine zu vermehrter Publikationstätigkeit geführt, wobei leider nicht immer Quantität und Qualität eine ausgewogene Balance finden. Gesamt gesehen muß aber die reiche Palette als sehr erfrischend bewertet werden, da diese ja generell der Förderung der Erinnerung an das maritime Gedankengut dient und auf ihre Weise praktisch alle Schichten errreicht. Genauso ist das auf die Art und Weise der Erscheinungsform der Publikationen umzulegen. Die moderne Zeit forciert mehr die Betrachtung als das geschriebene Wort, wodurch Bildbände heute weit größere Abnehmerkreise finden als oft jahrelang wohlrecherchierte Bücher zu Spezialthemen. Wenngleich auch hier dem maritimen Gedankengut gefrönt wird, sollte doch gerade in diesem Bereich eine Bewegung weg von der Geschäftemacherei hin zur Seriosität einsetzen.

Grundlagen für Forschungen über die maritime Geschichte des Ersten Weltkriegs in Österreich

Als Grundlage für die Erstellung von Publikationen soll und muß das bis in die Gegenwart verwahrte Archivgut der k.u.k. Kriegsmarine dienen.

Schwerpunkt für die Forschungen bilden die Bestände im Kriegsarchiv in Wien (10). Von der seinerzeitigen Organisation der k.u.k. Kriegsmarine haben sich praktisch vollständig, gemäß der seinerzeitigen zentralistischen Verwaltungsstruktur, die Bestände der Marinesektion des k.u.k. Kriegsministeriums erhalten, und stehen mit den Schwerpunkten Präsidialkanzlei, Operationskanzlei und Geschäftsgruppen (I.Personal und Wirtschaft, II.Waffen und Technik, III.Fliegerei) zur Verfügung. Sehr bedauerlich ist aber die Tatsache, daß die Aktenbestände derjenigen Dienststellen, die sich bei Kriegsende 1918 im Küstenbereich befanden, für die Forschungen praktisch überhaupt nicht, oder nur mehr in kleinsten Bruchstücken zur Verfügung stehen.

Überaus fühlbar ist bei den Forschungen die Unmöglichkeit der Einsichtnahme in die Akten des k.u.k. Flottenkommandos, welches, als Pendant zum Armee-Oberkommando, in Pola etabliert war. Einzig das Personalreferat dieses Kommandos war, aus Vereinfachungsgründen permanent in Wien, beim Kriegsministerium etabliert, was wenigstens einen Miniaturbestand an Akten erhalten ließ. Daraus selbst konnte für die Marineforschung ein überaus wichtiger Aktenfund getätigt werden, nämlich die Tatsache, daß seitens des k.u.k. Flottenkommandos im Zusammenhang mit dem Durchbruch von Flitsch-Tolmein die Eröffnung einer Front bei Venedig, bzw. die Eroberung oder Besetzung der Stadt vorgesehen war. Aus den erhaltenen Bruchstücken ließ sich über die Rubrik „Dienstbestimmungen" ein Einstieg in die Materie dieser Planung durchführen. Auf Seite 96 wird die markanteste Seite faksimiliert veröffentlicht (11).

Das Beispiel derart verblüffender Ergebnisse ist sicherlich nur eines von vielen möglichen der gleichen Art. Die echten Schwierigkeiten der Marinegeschichtsschreibung lassen sich aber vielleicht durch folgendes Beispiel noch deutlicher aufzeigen:

Der Verfasser hatte im Jänner 1991 die Möglichkeit, im Ufficio Storico della Marina Militare in Rom erstmalig offiziell den dortigen „Bestand" an Österreichisch-Ungarischen Akten einzusehen. Eigentlicher Grund für die Sichtung war die Annahme, daß unter den ca. 60 dort verwahrten „Österreichischen" Faszikeln solche sein könnten, die von den Italienern nach 1918 aus Pola abtransportiert worden waren.

Die Erwartungen wurden teilweise erfüllt, teilweise enttäuscht. Enttäuscht deswegen, da das Ufficio Storico nicht für die Archivlegung, sondern für die Kriegsgeschichtsschreibung zuständig war und deshalb nur einen Bestand zu Dokumentationszwecken anlegen ließ. Mehr als 50 % davon bestehen aus reinen Abschriften, die mit österreichischer Genehmigung nach 1919 in Wien getätigt wurden. Im verbliebenen Rest treten allerdings Repräsentanten an Akten für all diejenigen Bestände auf, die in Wien bis zum heutigen Tage als vermißt gelten. Ein Indiz dafür, daß wahrscheinlich der Hauptbestandteil der Akten einst in Italien lagerte bzw. noch aufbewahrt wird, was aber erst durch intensive Forschungen in der Zukunft bestätigt werden muß.

Besonders interessant ist aber die Tatsache, daß der Bestand im historischen Institut in Rom auch einige wenige Beutefaszikel im echten Sinn beinhaltet. Zwei davon lösten nicht nur beim Verfasser größtes Erstaunen aus:

VENEDIG. VERSCHLUSS

Hafenadmiral und Kommandant des Seeabschnittes Triest und Venedig:
K.Adm. Frh. v. Koudelka ......⎫ .....(führt Kdoflagge auf „Habsburg")
Adjutant : L.Sch.L. Tetzner   ⎭   (in Triest verfügbar)

Stabschef:Freg.K.Masjon (telegr.von Abbazia einberufen)
  (zur gleichen Zeit wird L.Sch.K.Teuschl prov. Seebezirkskommandant in
  Triest;Adjutant:Lt.i.d.R.i.Seeb. Duniewicz Ludwik
  beide verfügbar).

Seeverteidigungskommandant:L.Sch.K.Prica (muss erst abgelöst werden)
Adjutant:E.F.Lumbe (in Triest verfügbar)
Zugeteilt:L.Sch.L.Plašil (beim Aquädukt).
Radio- und Nachrichtendienst:L.Sch.L.Kubin (in Triest verfügbar)
Hafenkapitän: Korv.Kpt.in d.Res.Ernst Seiler („Babenberg")
Seearsenalskommandant:K.Adm.Grassberger („Habsburg");führt Kdoflagge
  auf „Babenberg", *bleibt auch Kmdt der IV Division*)
G.D.O.Seearsenal:(Ein Offizier der 3.Division)
Sanitätsdienst:
Mar.Oberstabsarzt 1.Kl.
L.Sch.Arzt Dr.Guido Fuchs (in Pola verfügbar)
Schiffbauingenieur 1.Kl.
Schiffbauwerkführer
Maschinenbauingenieur 1.Kl.
Maschbauwerkführer
Obermaschbetrltr: Weichherz oder Sore (beide in Pola verfügbar)
Maschbetrltr 1.Kl.Grisillo (in Pola verfügbar)
Maroberkommissär
Marinekommissär 1.Kl.
2 Rechnungsunteroffiziere
1 Arsenalsbootsmann

} *wird in Pola beigestellt*

  Lotsenoffiziere,Fähnriche in d.Res.im Seeb.,E.F. werden nach Bedarf
von Triest mitgenommen.

Faksimile aus dem Kriegsarchiv Wien
Nach der erfolgreichen Durchbruchsschlacht von Flitsch-Tolmein bestand zunächst die Hoffnung Venedig zu erobern. Daher machten sich die leitenden Männer Gedanken über die personelle Ausstattung eines künftigen Hafenadmiralates Venedig.

Diese beiden Stempel hatte die k.u.k. Kriegsmarine bereits für das künftige Hafenadmiralat und das Seeverteidigungskommando Venedig anfertigen lassen. 1918 wurden die Unikate von den Italienern erbeutet und mit entsprechenden ironischen Kommentaren publiziert.

Am 29.12.1915 befanden sich SMS LIKA und SMS TRIGLAV zusammen mit SMS HELGOLAND auf einer Unternehmung gegen Durres.

Beim Versuch den Hafen zu forcieren geriet zuerst SMS LIKA auf Minen und danach SMS TRIGLAV. Beide Fahrzeuge gingen bei der Operation durch die erlittenen Schäden verloren. Ein großer Teil der Bemannung SMS LIKA konnte gerettet werden und der ehemalige Kommandant, Freg.Kp. Alfons Wünschek hielt am 1.1.1916 in seinem Bericht fest:

„......Die in meiner Nähe gefallene Bemerkung des bisher vermißten Quartiermeister Artillerieinstruktor Anton Splivallo „die Munitionskammer werde gleich in die Luft fliegen", welche ich zutreffend fand, da alle unteren Räume in Flammen standen, veranlaßten mich den Befehl zum sofortigen Verlassen des Schiffes zu geben. Kurz nachdem auch ich das Schiff verlassen hatte, erfolgte eine heftige Explosion der Munitionskammer. Im Wasser befindlich bemerkte ich achter am Schiffe den Gesamtdetailoffizier mit einem kleinen Häuflein der Mannschaft und rief ersterem zu „Reservate vernichten und Schiff verlassen". Nach den Aussagen des Gesamtdetailoffiziers holte derselbe mit dem Geschützmeister Bootsmann Anton Michalj und dem vermißten Offiziersdiener Matr.4.Kl. Würtz die bereitliegenden 2 Reservatkassetten und die Reservattasche aus der Offiziersmesse; die eisernen Kassetten wurden über Bord, die Tasche mit einer 10cm Einheitspatrone beschwert ins Wasser geworfen und sodann auch achter das Schiff verlassen.

Wegen der bevorstehenden Jahresskontrierung waren noch sämtliche Reservate an Bord gewesen. Die Signalbücher samt Beilagen (Wortchiffrenkodex, Offterz, Mansekt etc.) sowie der Sperrplan der Bocche die Cattaro, welche zum Dechiffrieren in der Navigationskabine auflagen, sind ganz bestimmt verbrannt, da die Navigationskabine beim Schiff verlassen bereits lichterloh brannte. Ein Teil der Bemannung erreichte gleich mir nach halbstündigem Schwimmen den zunächst gelegenen Zerstörer S.M.S.Triglav der andere Teil wurde durch Boote und Fahrzeuge gerettet....." (12)

Der Bericht erscheint einleuchtend und prägnant, zumal auch das auf Seite 98 abgebildete letzte Photo SMS LIKA die Behauptungen des Kommandanten untermauert. (13)

Es erscheint daher sehr merkwürdig, daß sich im Ufficio Storico in Rom unter den Beutestücken ein eigener Bestand SMS LIKA befindet, der Reservate aufweist, die

Bei der Unternehmung gegen den alliierten Einschiffungshafen Durazzo (Durres) liefen die modernen Zerstörer LIKA und TRIGLAV auf italienische Minen. Dies ist das letzte bekannte Foto der brennenden, sinkenden LIKA vor der Hafeneinfahrt von Durazzo am 29.12.1915. Das Schiff sank auf seichtem Wasser, bald darauf waren italienische Marine-Taucher beim Wrack.

überhaupt keine Beschädigungen durch Feuer oder Seewasser erhielten! Interessant auch, daß in Rom ein Signalbuch erhalten ist, auf dessen Deckel die Italiener stolz mit geschwungenen Buchstaben LIKA aufmalten und von dessen Inhalt etwa 80 Seiten hastig herausgerissen worden waren.

Alles zusammen zeigt sich deutlich, daß man mit den heute geltenden Ansprüchen im Zusammenhang mit einer objektiven Marinegeschichtsschreibung überaus vorsichtig sein muß. Auch in derart klar darliegenden Fällen erscheint es als notwendig, zumindest den Versuch einer Aktensicherstellung beim seinerzeitigen „Gegner" zu machen.

Überhaupt dürfen im ausgehenden 20. Jahrhundert die Grundlagen für die Forschungen zum ersten Weltkrieg nicht mehr national limitiert sein. Vielmehr sollten heute profund recherchierte Dokumentationen erst nach gründlicher Sichtung des Materials sämtlicher beteiligter Seiten zur Drucklegung gelangen.

Ein überaus gutes Beispiel hiefür ist das wichtige Werk von Univ.Prof. Dr. Paul Halpern von der Staatsuniversität Florida in Tallahassee „The Naval War in the Mediterranean 1914-1918" in dem erstmals mit echtem Erfolg versucht wurde, eine distanziert objektive Darstellung der Ereignisse im ersten Weltkrieg mit einer tiefer gehenden Erforschung der Ereignisse zu bringen (14).

Wie wichtig derartige internationale Gegenüberstellungen sind, werden die nächsten Beispiele zeigen.

Bereits dokumentierte Ereignisse- ohne Hintergrundsforschung

Ein gutes Beispiel für diesen Bereich ist die direkte Konfrontation zwischen einem k.u.k. Seeflugzeug und einem britischen Unterseeboot, wie sie sich 1916 ereignete:

Im Morgengrauen des 17.1.1916 startete das k.u.k. Seeflugzeug L 59 mit dem Piloten Seekadett Alexander Ulmansky v.Vracevgay, aus Agram gebürtig, und dem Beobachter/Ingenieur: Mar.Ing. 2.Kl. (Reservist) Karl Kubasek aus Wien zum Flug gegen Ancona mit Bombenladung. Im Bereich der Spitze Porer machte sich eine Motorhavarie bemerkbar, welche den Piloten zum Notwurf der Bomben und zu einer Notwasserung veranlasste. Während der Beobachter versuchte, den Motor des Flugapparates wieder in Gang zu bringen, tauchte plötzlich aus dem Nichts ein britisches Unterseeboot, B.11, unter dem Kommando von Lt. Gravener, welches sich auf dem Rückweg von einer Patrouille im Quarnero nach Venedig befand, auf. Für die Flugzeugbesatzung ergab sich keine Fluchtmöglichkeit mehr und die beiden begannen, mit Bordmitteln, den Apparat leck zu schlagen. Inzwischen näherte sich das Unterseeboot und die beiden Insassen wurden als Kriegsgefangene übernommen. Bevor Gravener die Stätte verließ, wurde auf das Flugzeug noch mit einem an Bord befindlichen Maschinengewehr geschossen. Die Bemannung wurde nach Venedig mitgenommen und dort, sehr zum Mißfallen der Briten, laut Vertrag den Italienern übergeben (15). Die weitere Geschichte der Besatzung wäre wohl hier zu lange, um erzählt zu werden. Kurz dargestellt schaffte es Ulmansky durch Vorspielung einer Darmkrankheit als „invalid" ausgetauscht zu werden und legte kurz darauf in Österreich die Seeoffiziersprüfung ab (16). Weniger Glück hatte Kubasek. Überaus schneidig schrieb er aus der Gefangenschaft Situationsberichte mit Urin zwischen die Zeilen normaler Briefe. Dadurch wurde überhaupt erst das Schicksal der in Österreich als vermißt geltenden Besatzung bekannt (17). Auch schmiedete er Fluchtpläne ohne zu ahnen, daß ein Mitgefangener seines Vertrauens in Wirklichkeit ein eingeschleuster italienischer Spion war. Kubasek kam in strenge Einzelhaft und wurde wirklich krank. Etwa ein Dutzend Mal versuchte sein Vater mit Hilfe des Roten Kreuzes den Austausch des Sohnes zu erreichen. Die Italiener gaben schließlich nach, doch starb Kubasek noch im italienischen Austauschspital an der spanischen Grippe. Die Kunde von seinem Tod wurde erst 1919 durch einen anderen heimkehrenden Seeflieger der liquidierenden Marinesektion mitgeteilt (18).

So weit das Schicksal der Bemannung. Was aber für unser Thema interessant ist, sind die Aufzeichnungen, die über diesen markanten Zwischenfall gemacht wurden. Der britische U-Boot-Kommandant Lt.Gravener vermerkte im Kriegstagebuch „left plane in sinking condition....."(19). Kubasek schrieb mit Urin nach Österreich, daß die von ihm und Ulmansky angebrachten Beschädigungen sicherlich zum Untergang von L 59 führen mußten (20). Tatsächlich wurde dem überfälligen Flieger eine Suchgruppe nachgesandt, die mit großem Aufwand unter der Führung von SMS VELEBIT noch die Torpedoboote 75,76,87,55,66 und 69 umfaßte. Von der Gruppe wurde schließlich das treibende Wrack des Flugbootes gefunden und gleich der Versuch unternommen, es abzuschleppen. Da das Boot durch das Gewicht der Motorgondel mit dem Kiel nach oben lag, wurde es durch eine sogenannte Achtertrosse wieder aufgerichtet. Nach einiger Zeit im Schlepp unterschnitt es plötzlich und ging endgültig in die Tiefe (21).

Der geschilderte Fall ist deswegen so wichtig, da in Publikationen bis in die neueste Zeit für ein derart kurioses Ereignis noch immer die Formulierung „Wahrscheinlich durch englisches U-Boot gefangen" übernommen wurde. Wie die Tatsache der weiteren Forschung zeigt, läßt sich mit etwas Geduld die ganze Wahrheit an den Tag bringen. Besonders wichtig war dabei die Gegenüberstellung der österreichischen und britischen Aufzeichnungen. Zusammen ergibt sich aber erneut ein Bild, das zur vorsichtigen Auslotung sämtlicher Seiten vor Abfassung einer Publikation mahnt.

Ein weiteres gutes Beispiel für diese Problematik liefert Sokol in seinem Seekriegswerk. Im Kapitel der Beteiligung der k.u.k. Kriegsmarine an den Kämpfen an der Südwestfront Mai 1917 - Kriegsende schrieb er:

Um 13 30 Uhr wurden in westlicher Richtung fünf feindliche Einheiten gesichtet. Wien und Budapest sowie die Torpedoboote verkehrten Ihren Kurs und fuhren dem Feinde entgegen. Gleichzeitig kamen unter Land zwischen Porto Piavevecchia und Cortellazzo zwei gegnerische MAS in Sicht und näherten sich mit hoher Fahrt. In diesem Augenblicke meldete K373, daß aus Venedig zwei große Einheiten ausgelaufen seien ...... „ (22)

Ein „klassisches" Beispiel für Dokumentation von einer Seite aus. Sokol ging sogar noch soweit, daß er in einer Fußnote mit Bezug auf italienische Quellen die konkreten Zahlen der ausgelaufenen Gegner festhielt, nicht aber versuchte, gleich WIEN und BUDAPEST auf österr.-ungarischer Seite, deren Namen zu ermitteln.

Derartige Beispiele gäbe es noch viele, aber die beiden dienen sicherlich zur Illustration des Problems

Der Vergessenheit entrissen .....

Völlig im Dunkel der Geschichte ist praktisch die Tätigkeit des k.u.k. Marineevidenzbureaus verschwunden. Während beim gleichartigen Büro des Heeres durch den überaus reichen Nachlaß des seinerzeitigen Chefs, General Ronge, und sonstige erhaltene Quellen wichtige Hinweise erhalten blieben, ist der eigentliche Aktenbestand des k.u.k. Marineevidenzbureaus seit dem November 1918 verschollen. Auch der Kommandant dieser überaus wichtigen Institution, Kontre-Admiral Peter Risbek von Gleichenheim übersiedelte nach dem Ende des Krieges in die CSR, die dann seine Heimat geworden war, und schwieg wie so viele seiner Kameraden bei Heer und Flotte davor (23).

Auch der Wissenstand von 1991 ist bezüglich dieses Bestandes noch nicht viel weiter, es muß aber hier betont werden, daß gerade dieser Bestand Ziel der intensiven Forschungen des Verfassers ist und auch in Zukunft sein wird. Wegen der überaus großen

Kompliziertheit der Materie wird aber erst in Jahren mit konkreten Ergebnissen der Forschung zu rechnen sein.

Bislang muß man sich mit denjenigen Fakten begnügen, die schon bekannt sind, oder wurden. So etwa hat ein seinerzeitiger Mitarbeiter des Evidenzbureaus des k.u.k. Generalstabes (Heer) in dem von ihm geschriebenen Buch, Major Kwaplitschka, in dem in humorvoller Weise auf die Tätigkeit des Evidenzbureaus im ersten Weltkrieg hingewiesen wird, gerade dem Büro der Marine exzellente Kenntnis der Sachlage und beste Information über alle Gegner attestiert. Für Blendspiele gegen England, wie sie im ersten Weltkrieg üblich waren, wurden deshalb oft echte Informationen, die bekannt waren, vom Gegner aber nicht veröffentlicht wurden, herangezogen, meist auf maritimen Sektor, weil sie so profund und gut waren ..... (24)

Ein gutes Beispiel für die Weitsicht und die effiziente Planung des k.u.k. Marineevidenzbureaus läßt sich aber an einer anderen Sache gut dokumentieren.

Im Jahre 1895 wurde Linienschiffsfähnrich Gustav Ritter v. Korwin von der Marine als invalid entlassen. Vorher war er jedoch vom damaligen Küstenbeschreibungsbureau (später Marine-Evidenzbureau) angesprochen worden, ob er wohl in dessen Dienste treten wolle, was er bejahte. Korwin wechselte von der Marine zum Österreichischen Lloyd mit Wohnsitz in Triest, wo er eine steile Karriere in der Abteilung für die Innenrevision machte. Der Grund dafür war einfach. Korwin war von den Experten des Evidenzbureaus als Kundschaftsoffizier für neutrales Gebiet vorbereitet worden, worunter die Marine einen Einsatz in der Levante verstand. Als Abteilungsleiter in der Innenrevisionsabteilung des Lloyd konnte er, unauffällig, zur „PRÜFUNG" einer der zahlreichen Agenturen der Schiffahrtslinie in die Levante reisen und konnte so, zivil eingeschleust, rechtzeitig in Krisengebiete ohne großes Aufsehen gebracht werden.

Korwin mußte sehr lange auf einen echten Einsatz warten. Als im August 1914 der erste Weltkrieg ausbrach, war man sich in Österreich-Ungarn nicht sicher, welche Haltung das Osmanische Reich einnehmen würde. Eine eventuelle Neutralität galt als wahrscheinlich. Korwin befand sich im August 1914 nach den im Kriegsarchiv vorhandenen Unterlagen schon in Konstantinopel. Ob er schon längere Zeit am Ort weilte oder erst speziell für den Einsatz im drohenden Großkonflikt dorthin gesandt wurde, ließ sich durch die Akten leider nicht mehr feststellen. Was allerdings erhalten blieb, ist das große Vertrauen, daß die Marine in Korwin setzte. Durch diplomatische Kuriere wurde er in Partien mit großen Mengen an Goldmünzen in französischer Währung ausgestattet, die er für Bestechungen und zur Aufrechterhaltung guter Beziehungen zu Griechen und Türken am Ort zu verwenden hatte. Korwin versah bis zum bitteren Ende 1918 seinen Dienst im Stabe des in Konstantinopel befindlichen k.u.k. Militärbevollmächtigten GM, später FML Pomiankovski und wurde wegen seiner exzellenten Qualitäten von diesem oftmals belobigt und auch sogar von den Osmanen mit Orden belohnt. Korwins Nachrichten waren derart konkret und korrekt, daß die k.u.k. Kriegsmarine praktisch ehebaldigst über alle Bewegungen der Ententeflotten vor den Dardanellen und im östlichen Mittelmeer überhaupt, sofern durch Konfidenten ermittelbar, informiert war. Korwins Meisterwerk geschah aber sichtlich gegen Ende des Krieges, als es ihm gelang, seine Tätigkeit auch vor der Entente zu verbergen und er von den Italienern auf Kosten des Lloyd eine Altersdienstwohnung in Triest zugesprochen bekam (25).

Ein „Held" der k.u.k. Kriegsmarine, der durch die bisherige Struktur der Literatur über die k.u.k. Kriegsmarine noch keine Gelegenheit hatte, vor einem weiteren Publikum gewürdigt zu werden.

Ein weiteres sehr interessantes Beispiel stammt ebenfalls aus diesem Raum, wenngleich es eigentlich mehr für die Gegensätze zwischen Heer und Marine einzusetzen ist, als für den Zweck, dem es hätte dienen sollen:

Um die Zeit des Kriegsausbruches im August 1914 plante der k.u.k. Militärbevoll-

Auf der Heimfahrt von Konstantinopel nach dem Kriegsende auf der Brücke des türkischen Schiffes RESHID PASCHA. LSchl.Korwin im Kreise von türkischen, einem italienischen und einem britischen Offizier. Ganz hinten in feldgrauer Uniform ein weiterer Linienschiffsleutnant (wahrscheinlich LSchl Wurdak). Photo: Kriegsarchiv

mächtigte in Konstantinopel GM Pomiankovski, ob mit Wissen von Korwin oder nicht, läßt sich heute nicht mehr feststellen, ein tollkühnes Unternehmen gegen den Suez-Kanal. In Konstantinopel befanden sich zu diesem Zeitpunkt 6 österreichische Handelsschiffe, von denen das Größte, die ARIMATHEA von der Premuda Reederei mit über 100 Metern Länge ideal zur Sperrung des Suez-Kanals erschien. Geplant war die Versenkung durch Querstellung des Schiffes im Kanal, wobei das Schiff bis unter die Luken mit Zement gefüllt sein sollte. Pomiankovski wollte das Unternehmen natürlich nicht von Handelsschiffern durchführen lassen und erwog deshalb die Entsendung eines geeigneten Kapitäns und von Maschinenpersonal durch die k.u.k. Kriegsmarine. Als Heeresperson war für Pomiankovski in Wien das Evidenzbureau des k.u.k. Generalstabes zuständig, das seinerseits die Marine von den Planungen nicht informierte! Auch das Marine-Evidenzbureau dürfte nicht informiert gewesen sein. Erst als ein aus Konstantinopel einlangendes Telegramm ob des maritimen Inhaltes irrtümlich in Wien der Marinesektion zugestellt wurde, bekam man dort die ersten Informationen. Ein pro domo Vermerk am Telegramm drückt die Ratlosigkeit aus „...wird dem Präs.Büro des KM rückgestellt mit dem Bemerken, daß ha. über die Angelegenheit nichts bekannt ist....". Das Unternehmen scheiterte

Dampfer ARIMATHEA im Dock. Die ARIMATHEA war in den ersten Wochen des Weltkrieges ausersehen, mit einer Ladung Zement im Suez-Kanal versenkt zu werden; ein Unternehmen, das an der Bürokratie scheiterte. Photo: Soc. Aldebaran, Triest

schließlich an der Tatsache, daß niemand die „Verantwortung" für den Kauf der Zementladung übernehmen wollte..........(26) (Siehe Bild Seite 103)

Dieses Beispiel sollte nur als Illustration dafür dienen, wie Gegensätze sich oft fatal zur Erreichung des Gesamtzieles auswirken können.

Anders verlief es mit einer überaus geheimen Planung gegenüber Griechenland im Jahre 1918. Geplant war, auf dem Strandgrundstück eines mit den Mittelmächten sympathisierenden griechischen Parlamentsabgeordneten einen „Briefkasten" einzurichten, der von in die Adria einlaufenden oder aus der Adria auslaufenden U-Booten kontaktiert werden sollte. Bei dieser Unternehmung sollten österr.-ungarische Boote und

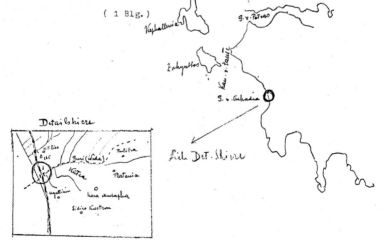

Original Faksimile zur 1918 geplanten Briefkasten-Aktion für österr. und deutsche U-Boote an der Westküste des Peloppones.

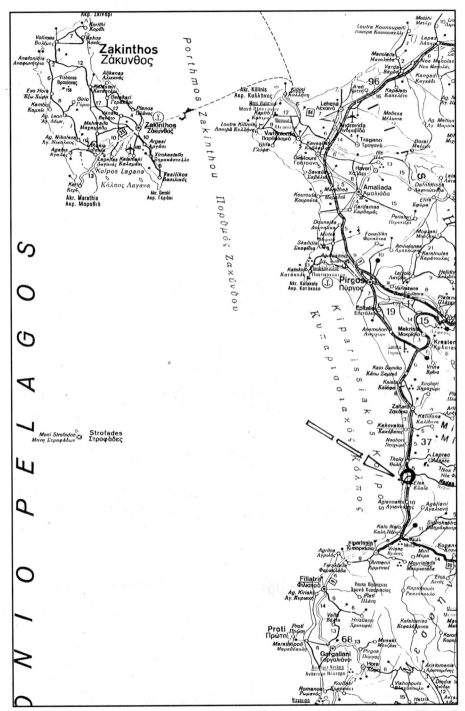

Der geheime Treffpunkt war die Brücke der Küsteneisenbahn über den Fluß Nedas. Hier auf einer neuzeitlichen Karte. Brücken in Küsten-Nähe sind stets gute Orientierungshilfen.

Eine überaus seltene Dokumentaraufnahme! Entladung des EUXINA-Dampfers BARO FEJERVARY in Konstantinopel. Photo: Kriegsarchiv

kaiserlich deutsche Boote gemeinsam operieren. Auch sollten Personen über das Grundstück nach Griechenland eingeschleust werden. Das k.u.k. Marineevidenzbureau plante die Durchführung überaus sorgfältig, doch wollte die deutsche Seite nicht auf das nächste auslaufende k.u.k. U-Boot warten und sandte deshalb auf eigene Faust zwei griechische Offiziere ins Land, die prompt nach kürzester Zeit aufflogen und alles gestanden und berichteten. (Siehe Karten Seite 104 und 105)

Damit war die Angelegenheit noch vor dem echten Start schon wieder „gestorben" (27).

Überhaupt entwickelten sich zwischen den Österreichern und den Deutschen mit Fortdauer des Krieges echte Antipathien und Aversionen, die nicht selten nur knapp an Handgreiflichkeiten vorbeigingen, sei diese Tatsache jetzt verbal oder symbolisch dargestellt.

Ein Beispiel hiefür ereignete sich im Schwarzen Meer im Jahre 1918. Durch den Frieden von Brest-Litowsk konnten im Schwarzen Meer festgehaltene Schiffe österreichischer, ungarischer und deutscher Reedereien wieder freikommen und für eigene Zwecke verwendet werden. In Österreich-Ungarn kam es dabei durch die Unmöglichkeit der effektiven Heimkehr der Schiffe, wegen der Otranto Sperre, zu einer für die

Versorgung der in der Türkei eingesetzten k.u.k. Formationen über das Schwarze Meer. Verladearbeiten auf einen Dampfer der EUXINA in Odessa.

Doppelmonarchie wohl einmaligen Zweckgemeinschaft. Unter dem Namen EUXINA entstand ein Reederei-Dachverband, sowohl aus österreichischen als auch aus ungarischen Reedereien, der für die Verwertung der Schiffahrtsmöglichkeiten im Schwarzen Meer zuständig war. Es existierte von den Fahrzeugen eine theoretische Liste, doch erwies sich schon in der allerersten Phase der Tätigkeit nicht die russische Gegenseite als der „Feind", sondern der deutsche „Bundesgenosse". Auch die Deutschen hatten natürlich ihre Interessen in der Region. Aus diesem Grunde trachteten sie, einen möglichst intakten Schiffspark zu etablieren. Zur Erlangung dieser Tatsache war ihnen jedes Mittel recht. So erreichten deutsche Soldaten noch vor den Österreichern den Dampfer EDUARDO MUSIL der Reederei Gerolimich in Sewastopol. Kurzerhand wurde das Schiff für ihre eigenen Zwecke unter dem Namen TRAPEZUNT in Dienst gestellt und erst nach langem Protest wieder freigegeben. Vorher wurden allerdings sämtliche verwertbare Details demontiert, wodurch der Euxina und der Reederei praktisch ein „Hulk" für die Transportzwecke rückgestellt wurde. „Bundesbrüderlichkeit" anno 1918 ....(28)

Steuerbord-Seitenansicht des Dampfers EDUARDO MUSIL, um dessen Besitzverhältnisse nach der Rückgabe durch die Russen zwischen den deutschen und österr.-ungarischen Stellen eine heftige Kontroverse ausbrach. Photo: Soc. Aldebaran, Triest

Bis über das Kriegsende hinaus ......

Das Kriegsende 1918 brachte, wie allgemein bekannt, keine sofortige Beruhigung der Lage im Inneren der zerfallenden Monarchie. Räte etablierten sich und auch eine Volkswehr fühlte sich als die neue bewaffnete Macht der jungen Republik. (29)

Innerhalb der Volkswehr bildeten heimgekehrte Marineangehörige zum Teil geschlossene Formationen. Wie allgemein bekannt sein wird, schlugen sich etliche dieser Einheiten im Kärntner Abwehrkampf mit großem Bravour, andere wiederum verstanden unter dem Begriff des „Soldat"seins andere Werte.

So etwa wurde das Volkswehr-Marine-Bataillon WIEN zur Grenzsicherung in die Sudetendeutschen Gebiete, die vor dem Frieden von Saint Germain ein für Österreich beanspruchbares Gebiet darstellten, unter dem Kommando des Linienschiffsleutnants Jüptner abkommandiert. Da den Soldaten der jungen Republik der Begriff der Disziplin fremd war, befanden immer mehr Angehörige des Bataillons, daß der Dienst an der Grenze für sie doch nicht das Richtige sei. Einzeln oder auch in Gruppen fuhren sie daraufhin wieder von der Grenze nach Wien zurück. Einer der letzten „Reisenden" war der Kommandant und ein paar wenige „Getreue". Als sich diese kleine Gruppe in die Wiener Roßauer-Kaserne begab um dort weitere Befehle zu empfangen, fand man dort das ganze Bataillon wieder bei fröhlicher Runde, bestens versorgt, versammelt, was daraufhin dem republikanisch eingestellten Linienschiffsleutnant Jüptner denn auch zu viel war und er vom Kommando des Bataillons zurücktrat. Für ihn bedauerlich, gab es aber keine übergeordnete Stelle der er diesen Beschluß zur Kenntnis bringen konnte. Aus diesem Grunde sah er seine einzige Chance in einer Zeitungseinschaltung im „Wiener Mittag", wodurch er vom Kommando quasi durch Zeitungsinserat zurücktrat .... (30)

Wiener Mittag — 10. Februar 1919

Die Vorgänge im Marinebataillon I der Volkswehr.

Wir wurden um Aufnahme folgender Zeilen gebeten: Um allen Gerüchten und aufgetauchten Zweifeln zu begegnen, fühle ich mich in meinem und im Namen aller Unterfertigten zu folgender Klarstellung verpflichtet: Das Marinebataillon I der Volkswehr (Roßauerkaserne) betrachtete sich zur Zeit meiner Kommandoführung als republikanische Regierungstruppe, die im Dienste über den Parteien stand. Seinen Angehörigen blieb außer Dienst ihre volle politische Gewissensfreiheit gewahrt. Ich habe am 1. Februar 1919 das Kommando über diese Truppe niedergelegt.

Fritz Jüptner, Linienschiffsleutnant, gewesener Bataillonsführer; E. Berner, Fregattenleutnant; A. Holleschek, Fregattenleutnant. Die Soldatenräte: Iwanek, Kubiczek, Schiffer, Richter, Paces, Diry, Kamenitschek, Schubert

Ausklang

Das letzte Beispiel wirkt komisch und traurig zugleich. Es zeigt aber, wie verworren und desorganisiert ein Staat, nach Jahrhunderten geordneten Daseins plötzlich vor dem Nichts stehend, aussehen konnte. Es zeigt aber auch gerade dieses Beispiel, daß die Erforschung der k.u.k. Kriegsmarine eigentlich weit über den historischen Rahmen hinausgehen sollte. Vielmehr sollte Kultur- u. Sozialgeschichte genauso tief greifen wie etwa die nachträgliche Beurteilung technischer Vorgänge. Es bleibt noch sehr viel Arbeit übrig für die nächsten Jahrzehnte und es bleibt nur zu hoffen, daß diese in diesem Sinne genutzt werden können......

ANMERKUNGEN

1.) Österr. Flottenverein, gegründet 1904. War bis 1918 der größte maritime Verein der Doppelmonarchie. 1914 hielt der Mitgliederstand bei 44.617. Hauptinteressensrichtung: Förderung des Seefahrtgedankengutes sowohl für die Kriegs- als auch für die Handelsmarine. Vgl. dazu Wladimir Aichelburg, Der Österreichische Marineverband, in: Yacht-Revue, 1991, Heft 5 (Seite 52 ff.) und Heft 6 (Seite 54 ff.)
2.) Vgl. dazu etwa: Theodor Winterhalder, Die österreichisch-ungarische Kriegsmarine im Weltkriege, München 1921.
3.) Kpt. Hans Hugo Sokol, Österreich-Ungarns Seekrieg 1914-1918, Wien 1933 (Herausgegeben vom Kriegsarchiv-Marinearchiv auf Anregung des Marine-Verbandes. Archivalische Arbeiten und Kartenentwürfe durch Freg.Kpt.a.D. Horat i.R. Theodor Braun).
4.) Vgl. dazu etwa Kontre-Adm.a.D. Artur v. Khuepach zu Ried Zimmerlehen, Die österreichisch-venezianische Kriegsmarine während der Jahre 1802-1805, Wien 1942.
Ein weiteres Manuskript von Theodor Braun als Überarbeitung des Zeitraumes 1500-1797 wurde 1944 fertiggestellt, konnte wegen Papiermangels seitens der Staatsdruckerei in Wien bis zum Kriegsende nicht mehr erscheinen (bis dato noch nicht gedruckt).
5.) Vgl. dazu etwa: Horst Friedrich Mayer, Die k.u.k. Kriegsmarine 1912-1914. Wien, phil.Diss.1962 oder, Günter Schusta, Österreich-Ungarn und der Boxeraufstand, St.Pölten, phil.Diss (Univ.Wien) 1967.
6.) „MARINE - Gestern, Heute", erschien viermal im Jahr zwischen 1974 und 1989.
7.) Im Rahmen der Arbeitsgemeinschaft erschienen unter anderem:
Franz Ferdinand Bilzer, Die Torpedoboote der k.u.k. Kriegsmarine von 1875-1918, Graz 1984,
Peter Schupita, Die k.u.k. Seeflieger, Koblenz 1983 und viele andere mehr .....
8.) Siehe dazu auch Günter Holtus, Michael Metzeltin und Christian Schmitt (ed) Lexikon der Romanistischen Linguistik, Tübingen 1988 s.551-570, besonders S.565 ff
9.) Antonio Casali, Marina Cattaruzza, Sotto i mari del mondo, La Whitehead 1875-1990, Roma-Bari 1990
10.) Literatur dazu:
Inventar des Kriegsarchivs, 2 Bände Wien 1952.
Walter Wagner, Die obersten Behörden der k.u.k. Kriegsmarine 1856-1918. (Mitteilungen des Österr. Staatsarchivs Bd.6), Wien 1961.
Walter Wagner, Das Archiv der k.u.k. Kriegsmarine im Kriegsarchiv Wien, in: Schriften des Heeresgeschichtlichen Museum (Mil.Wiss.Inst.), Bd.8: Österreich zur See, Wien 1980.
Walter Wagner, Die Gründung des Marine Zentralarchivs in Triest (Mitteilungen des österr.Staatsarchivs Bd.28), Wien 1975
11.) KA/Flottenkdo. Dienstbestimmungen, Nr.86/D-Res.v.19.11.1917
12.) KA/MS-OK, 1916, VIII-1/1, No. 238 v.12.1.1916
13.) Photo aus: KA-Mar.Bilders.-SMS LIKA
14.) Paul Halpern, The Naval War in the Mediterranean 1914-1918, London 1987.
15.) Vgl.dazu: Paul Kemp und Peter Jung, Five broken down B Boats, British Submarine Operations in the Northern Adriatic 1915-1917 in: Warship International, No.1, 1989 S.11 ff.
16.) KA, „Einschiffungsevidenz" Freg.Lt. Ulmansky

17.) KA, MS/PK No. 140 ex 1919, Bericht des heimkehrenden Seekadetten Viktor Igalffy von Igaly.
19.) Vgl. Kemp, Jung, Five Broken down B Boats, S.16f., dazu Übersicht über die brit. U-Boot-Aktionen im Imp.War Museum. Der eigentliche Bericht des U-Boots B.11 konnte bis dato nicht ermittelt werden.
20.) KA.MS/PK Nr. 2536 ex 1916
21.) KA,MS/OK, 1916, XV-5/4, No. 652 ex 1916
22.) Hans Hugo Sokol, Österreich-Ungarns Seekrieg 1914-1918, Wien 1933, S.
23.) KA, Marine-Qualifikationsliste Nr. 4706, Kontre-Admiral Peter Risbek v. Gleichenheim, geb. 29.9.1866 zu Innsbruck, gest. 22.2.1927 in Leitmeritz, CSR. Von März 1913 bis Kriegsende 1918 Vorstand des k.u.k. Marine-Evidenzbureaus in Pola.
24.) Vgl. dazu: Tristan Busch (= Artur Schütz), Major Kwaplitschka, Wien, 1950.
25.) Vgl. dazu: Peter Jung, Die Präsenz der k.u.k. Kriegsmarine in der Türkei im Ersten Weltkrieg in den Akten des Kriegsarchivs.
in: SCRINIUM, Zeitschrift des Verbandes Österreichischer Archivare, Heft 38, Wien 1988.
26.) Vgl. dazu: Josef Pomiankowski, Der Zusammenbruch des Ottomanischen Reiches, Wien 1928, S.809
und: Jung, Die Tätigkeit der k.u.k. Kriegsmarine in der Türkei, in:SCRINIUM, Heft 38, S.326 ff
27.) KA, MS/OK, 1918, VII-1/8 No. 334 v. 19.1.1918
detto, AOK, Op.No 49169 - Op.No 4489/Mar. v. 8.11.1917 und
MS/OK, 1918, VIII-1/(, Nr. 1789 geheim v. 8.4.1918.
28.) Zur Euxina: AOK, Op. 146342 (Antrag Nateko Res.Nr. 309) v. 2.7.1918 und MS/PK Nr. 5374 ex 1918.
29.) Literatur dazu: Karl Glaubauf, Die Volkswehr 1918 - 1920 und die Gründung der Republik (Österreichische Militärgeschichte Sonderband 1993), Wien 1993.
30.) Auszug aus den Tagebuchblättern des LSchl.d.R. Fritz Jüptner, Anzeige im „Wiener Mittag" am 10. Februar 1919.

Sonderband der Österreichischen Militärgeschichte 1993

Karl Glaubauf
Die Volkswehr 1918–1920 und die Gründung der Republik

Die „Deutschösterreichische Volkswehr" war das erste Heer der Republik. Sie rekrutierte sich aus Freiwilligen und erreichte eine Stärke von mehr als 50.000 Mann. Obwohl sie nur kurze Zeit bestand, hatte sie beträchtliche Leistungen aufzuweisen:
Das vorliegende Werk beschreibt die Entstehung dieser Volkswehr aus einer Geheimorganisation innerhalb der k.u.k. Armee und schildert erstmals umfassend ihren Aufbau und ihre Organisation.

160 Seiten, 40 Abb., 14 Faks., 1 Kartenskizze. Br. öS 300,– / DM 43,–

Österreichische Militärgeschichte 1995 Folge 2

Die k.u.k. Streitkräfte im Ersten Weltkrieg 1914-1918

Peter Jung
Die militärischen Formationen in der Türkei und im Mittleren Osten

Josef Mötz
Die Faustfeuerwaffen der österreichisch-ungarischen Land- und Luftstreitkräfte im Ersten Weltkrieg

88 Seiten, zahlr. unv. Fotos, kart., Faksimiles, Skizzen. Br. öS 270,– / DM 39,–

VERLAGSBUCHHANDLUNG STÖHR
A-1080 Wien, Lerchenfelderstraße 78-80 · ☎ 01/406 13 49 · Fax: 01/403 04 10

Erwin Sieche

MARINESPIONAGE

EINE KURIOSE BLÜTENLESE

Es liegt in der Natur der Sache, daß es zum Thema Marinespionage in Österreich-Ungarn fast nichts Geschriebenes gibt. Die Beteiligten waren und blieben diskret und haben ihr Wissen mit sich ins Grab genommen. Der offensive Enthüllungsjournalismus blieb unserer Zeit vorbehalten. Aber in Vorläufern dieses Genres haben sich einige kuriose „Blüten" erhalten, von denen hier zwei vorgestellt werden.

H.C. Bywater veröffentlichte 1931 in England das Buch „Strange Intelligence" (deutsche Ausgabe „Englische Marine-Spionage", Gilgmann, Leipzig o.J.). Darin kommt die k.u.k. Kriegsmarine sehr schlecht weg:

Meine nächste Reise führte mich nach Wien, wo ich erst einige Bekanntschaften machen wollte, bevor ich meine Rundreise in den österreichisch-ungarischen Häfen und Stützpunkten begann. Ich besuchte den Österrreichischen Flottenverein und war nicht erstaunt, als ich in dem Hauptorganisator einen Deutschen kennenlernte.

Dann reiste ich nach Triest, wo ich mir den Kriegsschiffbau im Stabilimento Tecnico genauer ansah. Hier waren überhaupt keine Vorsichtsmaßregeln getroffen, und ich brachte zwei Tage auf der Werft zu.

Von Triest ging es nach Pola, dem hauptsächlichsten Kriegshafen, wo man sich mehr an preußisches Vorbild hielt. überall waren Schildwachen aufgestellt, und die Werft wurde streng bewacht. Der Marineminister, Admiral Anton Haus, war davon überzeugt, daß sich mindestens zweihundert italienische Spione in Pola herumtrieben. Ich traf dort einen Korrespondenten, der große Sympathien für die Italiener zweigte. Er war auf der Kaiserlichen Werft beschäftigt und gab mir viele Informationen über die vier österreichischen Dreadnoughts der „Viribus-Unitis"-Klasse. Nach seinen Angaben waren sie nicht genügend stabil konstruiert. Auch behauptete er, daß die Ausführung schlecht sei. Damals bezweifelte ich seine Angaben, aber sie mögen immerhin wahr gewesen sein, denn im letzten Kriegsjahr wurde der SZENT ISTVÁN dieser Klasse durch ein kleines Torpedo getroffen und ging daraufhin unter.

Ich bekam interessante Eindrücke von dem österreichisch-ungarischen Marinepersonal. Die Mannschaften waren aus allen möglichen Schichten zusammengewürfelt und redeten mindestens ein halbes Dutzend verschiedene Sprachen, wobei das Italienische vorherrschte. Sie machten keinen guten Eindruck, und ihre Disziplin war mangelhaft. Man konnte direkt fühlen, daß kein Kameradschaftsgeist in ihnen steckte.

Die Offiziere waren mehr Militärs als Seeleute und benahmen sich ihrer Mannschaft gegenüber sehr arrogant. Es brauchte mir nicht besonders erklärt zu werden, daß an Bord der Schiffe häufig Unbotmäßigkeiten vorkamen. Nachdem ich diese Zustände mit eigenen Augen gesehen hatte, war ich nicht erstaunt, daß die österreichische Kriegsmarine unter dem Druck des Weltkrieges bald zusammenzubrechen begann. Andererseits waren viele Offiziere sehr feine Charaktere. Besonders Admiral Horthy war ein Führer, auf den jedes Land hätte stolz sein können. Ich dehnte meine Reise die dalmatinische Küste entlang bis nach Cattaro aus, wo ich die Befestigungen inspizierte. Von dieser Basis aus machten die österreichischen Kreuzer einen Angriff auf Otranto. Außerdem war es der Hauptstützpunkt für die deutschen Unterseeboote im Mittelmeer.

Zurück ging es nach Wien und Berlin und von dort auf einen vierzehntägigen Urlaub nach England .....

Auch Generalleutnant Sir Robert Sephenson Smyth Baden-Powell (*22.2.1857 London, †8.1.1941 Nyeri/Kenia), der weltberühmte Gründer der Pfadfinderbewegung, war „nebenberuflich" als britischer Kundschafter unterwegs. Sein Büchlein „Spy Adventures" (deutsche Ausgabe „Meine Abenteuer als Spion", Leipzig 1915) enthält folgende wilde Geschichte:

Die Schmetterlingsjagd in Dalmatien

Einst ging ich in Dalmatien auf die „Schmetterlingsjagd". Die wichtige Festung des Landes, Cattaro, ist ja bekanntlich in dem gegenwärtigen Kriege vielfach beschossen worden.

Vor mehr als hundert Jahren mußte sich Cattaro, obwohl es damals als uneinnehmbar galt, nach einer Beschießung durch die britische Flotte ergeben ...

...Seitdem sind aber auf jenen Berggipfeln neue Geschützstände gebaut worden, und es fiel mir die Aufgabe zu, Näheres über den Standort und die Stärke der Geschütze zu ermitteln.

Das Rüstzeug, das ich mit auf den Schauplatz meiner Tätigkeit nahm, war äußerst wirkungsvoll und hatte mir schon bei manchem Feldzug ähnlicher Art hervorragende Dienste geleistet. Es bestand aus einem Skizzenbuch, das eine große Anzahl zum Teil völlig ausgearbeiteter, zum Teil erst halbfertiger Zeichnungen von Schmetterlingen aller Art enthielt, ferner aus einem Farbkasten und einem Schmetterlingsnetz.

In diesem Aufzuge mußte ich ja jedem, der mir an dem einsamen Berghang begegnete, selbst in unmittelbarer Nähe der Forts völlig unverdächtig erscheinen.

Ich machte Jagd auf Schmetterlinge, und so hatte ich stets einen guten Anknüpfungspunkt zu einem Gespräch, wenn mich wirklich einmal jemand mißtrauisch beobachtete. Mit dem Skizzenbuch in der Hand, trat ich dann freimütig vor ihn hin und fragte ihn mit dem unschuldigsten Gesicht von der Welt, ob er vielleicht hier in der Gegend den und den Schmetterling gesehen habe, an dem mir besonders viel gelegen sei. Neunundneunzig von hundert konnten den einen Schmetterling nicht von dem anderen unterscheiden - mir selbst gehts ja im Grunde genommen ähnlich; die Sache war also gänzlich gefahrlos, und die Leute empfanden wohl eine Art Mitleid mit dem verrückten Engländer, der diesen Insekten nachjagte.

Sie sahen sich eben die Schmetterlingsskizzen nicht genau genug an, denn sonst hätten sie bemerken müssen, daß die zarten Linien auf den Flügeln die Umrisse ihres eigenen Forts darstellten und die Punkte darauf über Anzahl, Standort und Kaliber der Geschütze Auskunft gaben.

Diese merkwürdigen Begebenheiten weckten natürlich mein Interesse. Ich nahm an, daß es möglich sein mußte, nach so langer Zeit die Akten der Gegenseite einsehen zu können. Man denke an die Ultra-Enthüllungen; darüberhinaus betreffen diese Aktionen ja einen Staat, den es längst nicht mehr gibt. Aber zu meinem Leidwesen mußte ich erfahren, daß die Archive des britischen Auslandsgeheimdienstes M.I.6 grundsätzlich und für immer verschlossen bleiben. Offiziell gibt es diese Behörde überhaupt nicht, ihr zwar deutlich sichtbares Hochhaus in der Nähe des Imperial War Museum hat keine Anschrift und wird deshalb scherzhaft als „the invisible scyscraper" (das unsichtbare Hochhaus) bezeichnet.

So werden wir uns wohl auch weiterhin mit solchen „Blüten" zufrieden geben müssen .....

Diese Schmetterlingsskizze zeigt die Umrisse einer Festung und sowohl den Standort als auch die Stärke der Geschütze. Die Zeichen auf den Flügeln zwischen den Linien haben nichts zu bedeuten, die auf den Linen dagegen geben Aufschluß über Art und Größe der Geschütze, wie dies aus den folgenden Erklärungen hervorgeht.

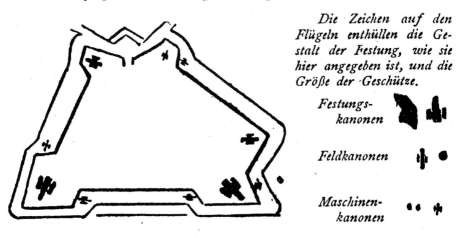

Die Zeichen auf den Flügeln enthüllen die Gestalt der Festung, wie sie hier angegeben ist, und die Größe der Geschütze.

Festungskanonen

Feldkanonen

Maschinenkanonen

Der Standort der Geschütze ist in der Schmetterlingsskizze durch Weiterführung der betreffenden Linien innerhalb des Umrisses in der Weise bezeichnet, daß der Endpunkt der Linie die Stellung des Geschützes angibt. Der Kopf des Schmetterlings weist nach Norden.

Lothar Baumgartner

DIE VERSENKUNG DES ITALIENISCHEN U-BOOTES BALILLA VOR LISSA AM 14.7.1916

Ein Versuch zur objektiven Aufarbeitung einer interessanten Episode

In der angelsächsischen Geschichtsschreibung kennt man den Begriff der „oral history". Darunter versteht man, daß Beteiligte an bestimmten Ereignissen im Krieg ihre damaligen, persönlichen Eindrücke und Stimmungen im Rahmen von Interviews wiedergeben. Solche Erzählungen können durchaus von offiziellen Berichten abweichen, sind aber insgesamt meist eine wertvolle Ergänzung. Vor allem in den USA werden systematisch tausende solcher Berichte erfaßt und gespeichert. Sie finden sich auch regelmäßig in der Fachliteratur und in den Periodika. Im Marine-Verband Wien wurde in den vergangenen Jahrzehnten ebenfalls eine Sammlung von Tonbändern mit Erinnerungen von k.u.k. Marineuren angelegt.[1]

Der Verfasser saß vor gut 30 Jahren im Café Ritter (in Wien, Mariahilferstraße) dem ehemaligen k.u.k. Linienschiffsleutnant Anton Reich gegenüber, der ein begeisterter „Torpedist" (= Torpedobootsfahrer) gewesen war, und lauschte seiner „oral history". Reich erzählte mir erstmals von den Umständen der Versenkung des italienischen Unterseebootes BALILLA. Er war allerdings damals nicht an Bord eines der beteiligten Torpedoboote 65 F und 66 F gewesen, sondern Kommandant von 63 T.

Offensichtlich hatte er aber kurz danach die Geschichte in „Torpedisten-Kreisen" sozusagen brühwarm gehört. *Die BALILLA feuerte einen Torpedo auf das Torpedoboot 65 F ab, beim Ausweichmanöver überfuhr das T-Boot rückwärtsfahrend den eigenen U-Boot Drachen und wurde durch die Explosion schwer beschädigt. Der italienische Kommandant meinte offensichtlich erstens nur einem Torpedofahrzeug gegenüber zu stehen und zweitens, daß sein Torpedo getroffen hätte, woher sollte die Explosion sonst stammen? Er tauchte also auf und wurde von einem Hagel von Geschossen aus den Schnellfeuergeschützen der beiden Boote empfangen. Die BALILLA versuchte nun schwer beschädigt wegzutauchen, dies gelang nicht und Tb 66 F konnte einen Torpedo feuern, der traf. Das U-Boot, dessen beide Sehrohre vermutlich beschädigt waren und das damit „blind" war, versank mit der ganzen Besatzung.*

Soweit also der Bericht von LSL Anton Reich, etwa 50 Jahre nach den Geschehnissen. Er vergaß nicht, ironisch hinzuzufügen, daß der Kommandant von Tb 65 F, der Linienschiffsleutnant Richard Helleparth Edler von Hellnek trotz des Erfolges wegen „unbedachten Manövrierens" gerügt wurde. (Wenn das stimmt, so wäre solche Vorgangsweise in der Ära Admiral Haus kein Einzelfall! Immerhin fällt in der Kriegseinteilungsliste 1916 auf, daß Helleparth kurz danach abgelöst und durch den LSL Archibald von Ferro ersetzt wurde!?) Anm. des Verfassers.

Ein Wort noch zu dem Begriff „U-Boot Drachen": Der U-Boot Drachen war ein Gerät, das ähnlich einem Minendrachen geschleppt wurde. Es bestand aus einem trogförmigen Gefäß aus Blech, hinten gerade, vorne geschrägt, aus dem seitlich Glasröhrchen hervor-

---

[1] Hierbei hat sich Franz Graf Czernin bleibende Verdienste erworben

standen. Brach so ein Glasrohr durch Anstoßen ab, so erfolgte durch das in den Schlepptrog eindringende Wasser die Zündung hydrostatisch. Der Sprengstoff befand sich in einem zylindrischen Gefäß unter dem Schlepptrog. Es ist klar, daß bei einem Hartruder-Ausweichmanöver des schleppenden Schiffes, noch mehr aber bei plötzlicher volle Kraft zurück, die Gefahr bestand, den eigenen Drachen zu „überfahren".

Der geschleppte U-Boot Drachen war nur ein technisches Intermezzo. Mit der Einführung der einfacher und effektiver einzusetzenden Wasserbombe verschwand er 1917 wieder von der Bildfläche.

Was sagen nun die offiziellen Quellen beider Seiten zur „oral history". Im Standardwerk über den Seekrieg 1914-1918: „Österreich-Ungarns Seekrieg" von LSL Hans Hugo Sokol (1933 im Amalthea Verlag Wien erschienen) ist das Ereignis auf den Seiten 434 und 435 erwähnt. Wegen der Bedeutung jeden Details sei der gesamte Text hier zitiert: Zitat Sokol: *Am 14. Juli 1916 wurde von der Signalstation Hum (auf Lissa) im nördlichsten Teil des Kanals von Lissa ein in Kriegstrimm fahrendes feindliches U-Boot gesichtet. Die Tb 65 und 66 nahmen am Abend des 14. Juli die Verfolgung des Gegners auf und entdeckten etwa 6 sm westlich von Lissa Rauch. Als die beiden Torpedoboote an dieser Stelle einlangten, wurde starker Geruch von Rohöl festgestellt. Das U-Boot war verschwunden, sein Kielwasser aber noch sichtbar. Die Torpedoboote setzten den U-Drachen und zogen Kreise, sowie Zickzackkurse. Hierbei wurde das feindliche Boot, die BALILLA, plötzlich vorne backbord mit dem Turme aus dem Wasser tauchend, gesichtet. Unmittelbar darauf liefen zwei Torpedobahnen auf Tb 65 zu, das sogleich den U-Bootsdrachen kappte und, mit maximaler Kraft zurückschlagend, die Torpedos ausmanövrierte. Inzwischen aber kam der U-Bootsdrachen backbord achter zur Explosion und schlug ein 2,8 m langes Leck in die Bordwand. Das feindliche U-Boot war sogleich nach dem Auftauchen von beiden Torpedobooten unter heftiges Geschützfeuer genommen und von Tb 65 einmal, jedoch ohne Erfolg, anlanciert worden. Schon nach den ersten Schüssen wurden mehrere Treffer beobachtet. Tb 65 manövrierte sich längsseits an das U-Boot heran und unterhielt so, über Heck laufend und immer auf gleicher Höhe wie der Gegner, ein wirksames Lagenfeuer. Das feindliche U-Boot tauchte, nachdem seine Periskope abgeschossen waren, ganz auf, begann jedoch infolge Wassereinbruches langsam zu sinken und in den Wellen zu verschwinden. Nach einigen Minuten kam die BALILLA jedoch nochmals an die Wasseroberfläche, sich mit dem Bug aufstellend, ging nach wenigen Augenblicken wieder für kurze Zeit auf Tiefe und zeigte sich sodann nochmals auf etwa 800 m Entfernung von den beiden Verfolgern. Da Tb 65 infolge Steuerhavarie manövrierunfähig war, wurde Tb 66 befohlen, das nunmehr unbewegliche U-Boot durch Torpedoschuß zu versenken. Eine hohe schwarze Wassersäule kündete den Treffer, die BALILLA bäumte sich senkrecht auf und verschwand.*

Tb 65 wurde nach Sebenico geschleppt und nach den erforderlichen Reparaturarbeiten wieder in Dienst gestellt. Fußnote bei Sokol: Der Tapferkeit des italienischen U-Bootskommandanten werden in ihren Berichten auch die k.u.k. Torpedobootskommandanten gerecht.

Sokols Bericht, der wie immer, auf den (in Wien) im Kriegsarchiv vorhandenen offiziellen Berichten und Akten fußt, deckt sich somit weitgehend mit der „oral history". Tatsächlich konnte der italienische Kommandant annehmen nur <u>einem</u> Torpedoboot gegenüber zu stehen. Dennoch stellt sich die Gegenfrage: Hat man im U-Boot nicht die Schraubengeräusche von <u>zwei</u> Fahrzeugen gehört? Die nächste Gegenfrage muß lauten: Das U-Boot kann nach dem Abfeuern von zwei Torpedos auch durch mangelndes Gegentrimmen (= Ausgleich des Gewichtsverlustes) an die Oberfläche geraten sein. Es ist nicht sicher, daß das Auftauchen absichtlich geschah. In den italienischen Quellen, die weiter unten noch zitiert werden, ist stets davon die Rede, daß die beiden T-Boote die BALILLA beim abendlichen Aufladen der Batterien an der Oberfläche überraschten.

Wenn das zutrifft, dann wußte man an Bord des Bootes ganz genau, daß zwei Torpedoboote auf der Jagd waren und das Auftauchen nach der vermeintlichen Torpedoexplosion war dann sicher nicht absichtlich.

Doch nun zu den italienischen Quellen, vom Verfasser frei übersetzt:

Im Standardwerk zur Geschichte der italienischen Unterseeboote: „I sommergibili Italiani 1895-1962" von Capitano di vascello Paolo Pollina, herausgegeben vom Ufficio Storico della Marina Militare, Roma 1963, heißt es auf Seite 101: Zitat Pollina: *Während einer Mission auf Lauerstellung in den Gewässern von Lissa, am Abend des 14. Juli 1916, als man gerade begonnen hatte, die Akkumulatoren aufzuladen, wurde das Boot von den k.u.k. Torpedobooten T 65 und 66 angegriffen. Nach einem bewegten und epischen Kampf, in dem die BALILLA zahlreiche Artillerietreffer von Tb 66 erhielt, versank sie mit ihrer gesamten Besatzung.*

In einem erst vor wenigen Monaten erschienen Werk von Erminio Bagnasco und Achille Rastelli (beide Autoren haben in österreichischen Historikerkreisen einen guten Ruf als korrekte Forscher) „Navi e Marinai Italiani" Ermanno Albertelli Editore, Parma 1997, heißt es zum Fall „Balilla" in einer Bildunterschrift auf Seite 89: Zitat Bagnasco-Rastelli: *Eingesetzt in Lauerstellungen in der mittleren Adria, befand sie sich am 14. Juli 1916 unter dem Kommando des Korvettenkapitäns Paolo Farinata degli Uberti unterwegs auf Höhe von Lissa. Das Boot wurde von einer Küstenstation der Insel gesichtet, mit der Suche wurden die beiden österreichischen Torpedoboote Tb 65 und 66 beauftragt. Am Abend des 14. überraschten die beiden T-Boote das U-Boot in aufgetauchtem Zustand, als es eben seine Batterien auflud. Sie eröffneten sofort das Feuer und erzielten sofort zahlreiche Treffer. Das U-Boot feuerte zwei Torpedos, denen Tb 65 nur knapp ausweichen konnte. Vermutlich war das U-Boot durch die erlittenen Beschädigungen tauchunfähig und nahm nun einen tapferen Kampf an der Oberfläche mit seinen beiden Gegnern auf. Es erhielt weitere Geschütztreffer und letztlich von einem Torpedo des Tb 66 getroffen, versank es mit seiner gesamten Besatzung. An den Kommandanten degli Uberti wurde posthum die goldene Tapferkeitsmedaille verliehen.*

Vor einer abschließenden Diskussion und Bewertung noch einige technische Daten und Personaldaten:

Die beiden österreichischen Torpedoboote gehörten zur sogenannten KAIMAN Klasse von Hochseetorpedobooten, von denen die k.u.k. Kriegsmarine 24 Stück besaß. Das Typboot KAIMAN war bei Yarrow in England gebaut worden. 65 F hatte vor 1914 HYDRA und 66 F SKORPION geheißen, beide waren 1907 in Fiume (Rijeka) gebaut worden, daher der Zusatzbuchstabe F. Die KAIMAN Boote waren 56 m lang, 5,5 m breit und hatten nur 1,3 m Tiefgang. Sie verdrängten ausgerüstet rund 210 t. Mit einer Dreifach-Expansionsmaschine und einer (großen) Schraube waren sie 26 Knoten schnell, wobei die Maschine maximal 3.000 PS entwickelte. Bewaffnet mit 4 x 4,7 cm Schnellfeuergeschützen und drei einzelnen 45 cm Torpedorohren, hatten die Boote 31 Mann Besatzung.

Zum Zeitpunkt des Gefechtes bestanden die „Schiffsstäbe" aus folgenden Personen:

Tb 65 F: Kmdt.: LSL Richard Helleparth Edler von Hellnek, 2. Offizier: Fregattenleutnant René Straßmann, 3. Offizier: Seefähnrich Josef Nowak.

Tb 66 F: Kmdt.: LSL Oswald von Heinrich (übrigens identisch mit dem langjährigen Präsidenten des Marine-Verbandes Wien), 2. Offizier: Freg. Ltn. Hans Buchler, 3. Offizier: Seekadett Alfons Gwiggner.

Die BALILLA war ursprünglich als Exportboot für die kaiserlich deutsche Marine in Bau gewesen und hätte U 42 benannt werden sollen. Sie war ein Einhüllenboot Typ Fiat-San Giorgio, 65 m lang, 6 m breit und hatte 4,1 m Tiefgang. An der Oberfläche 728 t, getaucht 875 t verdrängend, war sie mit 1.300 PS starken Fiat Dieselmotoren über Wasser 14 sm/h und mit Savigliano Elektromotoren unter Wasser 9 sm/h schnell.

Sie besaß im Bug und achtern je zwei 45 cm Torpedorohre und hatte an Deck zwei 76 mm / L 30 Geschütze. Ihre Schwesterschiffe in der italienischen Marine, der Typ PACINOTTI, hatten übrigens ein Bug-Torpedorohr mehr. U 42 war im Juni 1915 für die italienische Kriegsmarine beschlagnahmt worden. Nach dem Untergang der BALILLA gab es nicht nur die posthume goldene Tapferkeitsmedaille für den Kommandanten, sondern auch eine eigene (tragbare) Gedächtnismedaille. Sie zeigt einen Seemann, die rechte Hand erhoben und zur Faust geballt, darunter eine symbolisierte Inschrift, deren Sinn vermutlich bedeutet: „Das lehrt er uns".

Im zweiten österreichischen Werk über den Seekrieg auf der Adria, „Bilddokumente aus Österreich-Ungarns Seekrieg" des ehemaligen Seefährichs Nikolaus von Martiny (Leykam Verlag, Graz 1939), ist die BALILLA Episode erstaunlicher Weise nicht erwähnt. Martiny stützte sich in seinem Buch auf eine gigantische Korrespondenz (tausende Briefe von ehemaligen Seeoffizieren), so daß man in seinem Fall von einer „letter history" sprechen könnte.

Was geschah wirklich in der Abenddämmerung des 14. Juli westlich von Lissa (Vis)? Der Verfasser meint, daß den schneidigen und stets von Begeisterung erfüllten „Torpedisten" doch eher die Phantasie durchgegangen ist und das italienische Boot nicht absichtlich auftauchte. Ganz ausschließen kann man die Theorie, daß die Explosion des U-Boot Drachens den Gegner an die Oberfläche „lockte", aber auch nicht. Kapitän degli Uberti konnte sich mit seinen zwei 76 mm Geschützen auch eine Chance gegen ein bereits getroffenes Boot Typ KAIMAN ausgerechnet haben!? Dann hatte er sich die goldene Tapferkeitsmedaille ehrlich verdient.

Alles in allem haben in den beiden Weltkriegen wohl einige hundert Unterseeboote an der Oberfläche den Verzweiflungskampf mit ihren „Peinigern", den Torpedobooten und Zerstörern, aufgenommen. Es muß hier wirklich Heldenepen gegeben haben, wie Pollina schreibt. Die BALILLA war ein erster und markanter Fall.

EHRE IHREM ANDENKEN

Dekorierung der Besatzung von Tb 65 F nach Versenkung der BALILLA

Beschädigung durch den eigenen U-Bootdrachen

Dieses Foto zeigt die Nähe der Schraube zum Leck. Es könnte auch das bereits gekappte Schleppseil des U-Bootdrachens in die Schraube von Tb 65 F geraten sein?

Tb 65 F wird nach dem Gefecht nach Sebenico geschleppt. Die Torpedoboote des Typs KAIMAN bewiesen wiederholt ihre stabile Bauweise und ihre Sinksicherheit!

Tb 66 F in voller Fahrt, 1916

ÖSTERREICHISCHE MARINETRADITION
1904 - 1994
90 JAHRE FLOTTENVEREIN
70 JAHRE MARINEVERBAND

Auf den Werbeplakaten für die Kriegsanleihe wurden mehrfach „Marinemotive" als Blickfang verwendet

Lothar Baumgartner

GEDANKEN ZUR GESCHICHTE DES ÖSTERREICHISCHEN FLOTTENVEREINES UND DES ÖSTERREICHISCHEN MARINEVERBANDES

Der Flottenverein 1904 - 1919

Um die Jahrhundertwende wurden in allen europäischen Großmächten, aber auch in den USA, Türkei und in Rußland, Vereine gegründet, die sich eine Förderung der nationalen Seefahrt, der jeweiligen Kriegsflotte und Handelsmarine zum Ziel gesetzt hatten.

Versucht man die Dynamik dieser Entwicklung zu begreifen, so muß man in die Revolutionsjahre 1848/49 zurückgehen. Es waren einerseits das immer stärker ausgeprägte Nationalgefühl, andererseits die aufdämmernde industrielle Expansion gewesen, die der konservativen postnapoleonischen Ära und dem Biedermeier ein abruptes Ende setzten.

In den großen Marinen der Welt ging die alte Zeit der hölzernen Dreidecker, jahrhundertelang als Inbegriff der Macht zur See, die Zeit Nelsons und der großen Segelschiffs-Admirale, ihrem unaufhaltsamen Ende entgegen. Paixhans hatte das Explosivgeschoß eingeführt und der Krimkrieg brachte das Fanal: Nur ein Schiff mit gepanzerten Wänden hatte noch eine Chance den neuen Geschützen zu widerstehen. Es begann der Wettlauf Panzer gegen Geschütz; er sollte bis zum Ende der Schlachtschiffe andauern.

Die Technologie begann plötzlich die Hauptrolle im Kriegsschiffbau zu spielen. Die Konkurrenz wurde zunächst von Frankreich und England angeführt, erst viel später stiegen auch Rußland, die USA, Deutschland und das neu vereinte Italien in diesen Ring.

Parallel zu den seltsamen Schiffsmonstern, die dieser Wettlauf in jenen Jahrzehnten hervorbrachte, aber wandelte sich die Welt. Ein enormes Wachstum der Bevölkerungen, eine gewaltige Entwicklung der Industrie, neue Erfindungen und ein heute nahezu lächerlich wirkendes positivistisches, absolut technik-gläubiges Denken. Dies, gepaart mit dem neuen Nationalgedanken, der sich nun auch in den breiten Massen der Völker durchsetzte, führte zu einem wirtschaftlichen Konkurrenz- und Wettkampf-Empfinden, wie es bisher in der Geschichte der Menschheit nicht existiert hatte. Der an sich richtige Satz: „Wer die See beherrscht, beherrscht die Welt" bekam eine neue Bedeutung, einen neuen aggressiven Aspekt.

Die Dampfkraft brachte eine unglaubliche, nicht für möglich gehaltene Beschleunigung und Ausweitung der großen Handelsverbindungen. Zu den „alten Kolonialmächten" traten jetzt neue hinzu. Die Nationen forderten ihren „Platz an der Sonne". Dazu kam die grenzenlose Bewunderung die man den Kriegsschiffen neuester Konstruktion entgegen brachte. Ein nahezu erotisch gefärbtes Staunen. Noch waren ja nicht zwei Weltkriege über den Erdball gerast, noch empfand man waffenstarrende Schiffe als schöne Gebilde von genialer Menschenhand. Ab 1890 kann man vom Zeitalter des Navalismus sprechen, der dann in den Jahren 1900 - 1914 zweifellos seinen Höhepunkt erreichte, als Deutschland in den großen Flottenbau-Wettkampf eintrat, das Deutsche Reich Kaiser Wilhelm II. Wohl und Wehe der europäischen Mächte schienen in diesen 14 Jahren von ihrem Marine-Budget und ihrem Schiffbau-Programm abzuhängen.

Marineausgaben der größeren Seemächte im Dezennium 1903 bis 1912.

	In den 10 Jahren	Es entfallen pro Kopf der Bevölkerung und Jahr
Deutschland	3.863,000.000 K	6 K 09 h
England	8.778,000.000 „	19 „ 94 „
Frankreich	3.240,000.000 „	8 „ 24 „
Rußland	2.815,000.000 „	2 „ — „
Italien	1.582,000.000 „	4 „ 65 „
Österreich-Ungarn	814,000.000 „	1 „ 64 „
Vereinigte Staaten	5.911,000.000 „	6 „ 78 „
Japan	1.542,486.000 „	3 „ 12 „

Gesamtausgaben der acht größten Seemächte für ihre Kriegsflotten im Jahre 1912.

Staat	Gesamtausgaben für die Kriegsflotte im Jahre 1912 in Kronen	Pro Kopf der Bevölkerung in Kronen
England	1.081,143.840	23·62
Deutschland	549,780.000	8·46
Vereinigte Staaten	623,811.186	6·64
Frankreich	415,846.465	10·66
Rußland	403,976.763	3·00
Japan	228,010.465	4·38
Italien	238,700.477	6·82
Österreich-Ungarn	179,757.210	3·46
Im Durchschnitt pro Kopf der Bevölkerung		8·38

d. i. etwa 2½ mal soviel als bei uns.

Großkampfschiffe (Schlachtschiffe und Schlachtkreuzer) waren Ende 1912 in den einzelnen Staaten erbaut und projektiert:

England	36	Österreich-Ungarn	4
Deutschland	23	Brasilien	3
Vereinigte Staaten	13	Argentinien	3
Frankreich	11	Chile	2
Japan	7	Türkei	2
Italien	8	Griechenland	1
Rußland	11		

Die für spätere Bauperioden bereits projektierten oder bewilligten Schiffe sind nicht mitgerechnet

1 Krone = öS 52,– (lt. Statistischem Zentralamt, Stand 1997)

Nur aus diesem Klima, einem navalistischen Treibhaus-Klima heraus, sind die Gründungen der Flottenvereine und ihre sich überschlagende Propaganda überhaupt zu verstehen.

Flugblatt des österreichischen Flottenvereines zur Sicherung gegen Kriegsgefahr, zur Wahrung der Interessen unseres überseeischen Handels, zum Schutze unserer in fremden Ländern tätigen Mitbürger.

Weiterzugeben an Freunde und Nichtmitglieder !

Warum brauchen wir eine vaterländische Handelsflotte und eine kräftige Kriegsmarine ?

Weil die Geschichte lehrt, daß nur jene Staaten mächtig und blühend wurden und zu großer Wohlhabenheit gelangten, die es verstanden haben, sich draußen auf den Meeren maßgebenden Einfluß zu sichern. **Die Ausgestaltung unserer Handelsmarine, Errichtung neuer Dampferlinien, die damit verbundene Erschließung von Handelsplätzen und Absatzgebieten für unsere heimische Industrie, Schaffung neuer Existenzmöglichkeiten für unsere Auswanderer und die Entwicklung eines lebhaften Wechselverkehrs** *über die einzelnen Länder nicht mehr trennenden, sondern sie verbindenen Meere, all dies ist heute für die Monarchie zum Lebensbedürfnisse geworden. Sind doch die wenigen Linien des „Österreichischen Lloyd", der „Austro-Americana", der „Adria" und die Schiffe der freien Schiffahrt heute die einzigen Repräsentanten unseres Handels über den Ozean, des Welthandels der Erben eines Reiches, „in dessen Gebiet die Sonne einst niemals unterging".*

Damit im engen Zusammenhange, ja als ein Gebot unabweislicher Notwendigkeit, ergibt sich das Bedürfnis nach einer **starken Kriegsflotte,** *welche unseren maritimen Handelsverbindungen erst das nötige Rückgrat verleiht. Heute genügt unsere Kriegsmarine kaum zur Verteidigung unserer langgestreckten Küste, ohne daß sie für eine wirksame Vertretung der Staatsangehörigen in überseeischen Ländern geeignete Schiffe entbehren könnte.* **Daher sehen wir den Einfluß unserer Monarchie in überseeischen Ländern Stück für Stück schwinden. Das ist mit ein Grund für den Rückgang unserer kommerziellen Verbindung mit dem maritimen Auslande und für die Furcht unserer Staatsangehörigen vor der Isoliertheit in fremden Ländern, für die Geringschätzung, die man uns allenthalben entgegenbringt.** *Und ist unsere Kriegsmarine nicht auch berufen, uns gegen fremde Angriffe zu schützen? Unsere Flotte ist an Zahl und Stärke der Schiffe die inferiorste aller Großmächte. Es scheint, daß heute die wenigsten unserer Mitbürger sich Rechenschaft darüber ablegen können, was das zu bedeuten hat. Je schwächer wir sind, desto leichter kommen wir in Gefahr,* **gegen unsere Absicht angegriffen zu werden.** *Je überlegener uns eine gegnerische Flotte ist, desto unabwendbarer wird für uns die Katastrophe. Wollen wir die Verantwortung dafür übernehmen, unsere Brüder und Söhne durch unüberlegte Sparsamkeit einem sicheren Untergang entgegenzuführen?*

Welcher vernünftige Mensch wird sich nicht gegen Feuersgefahr, Unfall, Krankeit versichert halten? Und der Staat sollte weniger weitblickend sein, als seine Bürger? Sollte dies nicht gegen das Unglück eines Krieges schützen?

> *Es muß sich daher in unserem Vaterlande ehestens die Erkenntnis Bahn brechen, daß mit der schleunigen Ausgestaltung unserer Kriegsflotte das allgemeine Wohl, das staatliche Ansehen und die Förderung unserer wirtschaftlichen Interessen innig verknüpft sind.*
>
> *Bei uns, den Epigonen der Kämpfer, die die stolzen Ruhmestaten von **Saida**, **Helgoland** und **Lissa** vollbrachten, kann und darf das sich allseits bemerkbar machende Drängen nach der See nicht spurlos vorübergehen. Was die wahren Volks- und Vaterlandsfreunde in Deutschland, England und Rußland, in Italien und der Türkei bewirkt, was die Frauen Norwegens zustande gebracht, worin uns die Frauen Perus ein Beispiel gegeben haben , das soll auch für uns nicht unerreichbar erscheinen.*
>
> *Unsere Marineoffiziere und Matrosen genießen überall den Ruf besonderer Tüchtigkeit; nur unsere materiellen Mittel reichen nicht aus, um den Erfordernissen der Notwendigkeit, geschweige denn jenen der Nützlichkeit entsprechen zu können.*
>
> *Wollen wir nicht ganz aus dem Weltverkehr verdrängt werden, so muß die Intelligenz unseres Volkes dahin wirken, daß an die Ausgestaltung unserer Kriegsflotte unverzüglich geschritten werde.*
>
> *Vergessen wir nie, daß Auslagen für die nationale Kriegs- und Handelsmarine zu den produktivsten des staatlichen Lebens gehören; denn sie bieten für Industrie, Schiffbau und Hafenarbeiten unermeßliche Arbeitsgelegenheit, bleiben bis zum letzten Heller im Inlande, regen den Unternehmungsgeist an, heben das Selbstbewußtsein und die Vaterlandsliebe und bewahren uns vor der beschämenden Notwendigkeit, unser Geld im Momente der Gefahr durch Beschaffung von Schiffen im Auslande oder durch die Verfrachtung unserer Exportgüter auf ausländischen Handelsschiffen nach der Fremde zu senden.*
>
> ***Die Summen, die sich beim Schiffbau in heimische Arbeit umsetzen, als heimischer Verdienst in der Heimat aufgebraucht werden, sind keine Schwächung des Wohlstandes, sondern nur ein Pulsieren der Kräfte im Staat. Es sind Auslagen, die - rechtzeitig gemacht - nicht nur unabsehbares Unheil und Verarmung verhüten, sondern mit der Zeit reichlich Zinsen tragen werden.***
>
> *Wir müssen zur See so stark sein, daß wir unsere Küste gegen jeden Feind verteidigen und in der Lage sein können, unser Recht - wo immer es in Frage gestellt würde - mit Nachdruck und Ehre zur Geltung zu bringen. Deshalb arbeite jeder gute Patriot, ohne Rücksicht auf seine Parteiangehörigkeit, an der Verbreitung der gemeinnützigen Bestrebungen des „Österreichischen Flottenvereines"; niemand ist zu hoch oder zu nieder, um dieser vaterländischen Pflicht nicht zu genügen.*

In diesem Klima liegt sicher auch eine der zahlreichen Ursachen für den Ausbruch des ersten Weltkrieges. Wir wissen heute, daß die Flotte des kaiserlichen Deutschland bei nüchterner Betrachtung ein übertriebener, nahezu zielloser Bauplan war. Ein Blick auf einen Globus, oder ein neutrales, unvoreingenommenes Hinterfragen des Verhaltens der potentiellen Gegner im Kriegsfall hätte genügen müssen. Man blickte nicht und hinterfragte schon gar nicht, man baute lieber Luftschlösser, allerdings technisch hochwertige Luftschlösser aus den besten Industrien und Fabriken des deutschen Kaiserreiches. Doch mit irrealen Vorstellungen stand man in Berlin keineswegs allein da: Frankreich baute emsig große gepanzerte Kreuzer „zum Unterbrechen der Handelsverbindungen auf den Ozeanen". 1914-18 erwies sich ihre Panzerung als zu schwach, ihre Unterteilung des

Schiffskörpers zur Sinksicherheit als völlig unzureichend. Italien wieder wollte gleich in Dalmatien landen, vielleicht gleich in den Buchten von Cattaro. Österreich-Ungarn erwartete allen Ernstes, die italienische Schlachtflotte würde freundlichst von Tarent kommend die Adria hinauf dampfen und sich an kommoder Stelle, also in der Nordadria, zum Kampfe stellen. So wie man in Berlin und Wilhelmshaven mit einer großen Schlacht bei Helgoland rechnete. Niemand konnte und/oder wagte zu fragen: Was tun wir, wenn der Feind sich NICHT so verhält, wie wir es gerne hätten ??

Nur in London scheint man nüchterner gedacht zu haben !

Kehren wir zu unserem Vaterland zurück: Nicht einmal ein Genie wie Tegetthoff konnte mehr als kurzlebige Begeisterung entfachen.

Nach dem Unglücksjahr 1866, in dem er den einzigen großen Lichtblick gebracht hatte und das Küstenland und die Insel Lissa (das heutige kroatische Vis) für weitere 52 Jahre vor dem Zugriff Italiens gerettet hatte, sandte man ihn in die Wüste, will sagen auf eine Studienreise in die USA. 1868 wurde er mit der überaus heiklen Mission der Heimholung der Leiche des hingerichteten Kaisers von Mexico betraut. Seine großzügigen Flottenpläne vermoderten in Schubladen. Bei seinem Tod 1871 muß es Männer gegeben haben, die erleichtert aufatmeten. Unter seinen unmittelbaren Nachfolgern (durchwegs Offiziere, die der grimmige Einzelgänger gar nicht geschätzt hatte), dämmerte die k.k. Kriegsmarine sozusagen auf kleinen Kesselfeuern dahin. Einzelne Panzer-Ungetüme baute man, wohl um einen minimalen Anschluß zu halten. Aber nicht mehr, keinen Heller mehr, keine Schraube mehr.

Erst die Ära Sterneck (ab 1883) brachte etwas frischen Wind, zumindest einen Hauch. Nicht umsonst war Max von Sterneck der Flaggenkapitän Tegetthoffs 1866 gewesen.

SMS KAISER FRANZ JOSEPH I. Einer der Torpedo-Rammkreuzer der Ära Sterneck. Stapellauf 1889 in Triest. Besatzung 426 Mann

Küstenverteidiger MONARCH um 1899. Da die Geldmittel für echte Schlachtschiffbauten einfach nicht ausreichten, baute man mit dem verschämten Titel „Küstenverteidiger" drei kleine Panzerschiffe. Die Sinksicherheit war dabei jedenfalls zu kurz gekommen, die Bewaffnung 4 x 24 cm Geschütze konnte als ausreichend gelten

Torpedo-Rammkreuzer KAISERIN ELISABETH in voller Fahrt, 1895. Ein Schiffstyp, der alles können sollte: Mit seinen 24 cm Geschützen auf große Entfernungen auch Schlachtschiffe bekämpfen, stärkeren Gegnern ausweichen, Torpedoboote ins Gefecht führen und Auslandsdienst machen. Ein Sterneck'scher Kompromiß, doch wie bei allen Kompromissen konnte dann keine der gestellten Aufgaben wirklich voll erfüllt werden

Das echte Ende der 20jährigen Erstarrung kam aber erst mit den Jahren ab etwa 1890: Selbst den ärgsten Sparsamkeits-Hofräten wurde klar, daß das Schiffsmaterial der k.u.k. Kriegsmarine hoffnungslos überaltet sei. Sterneck fand endlich offenere Ohren. Tonnage und Anzahl der Schiffe in den großen Kriegsmarinen begannen sich zu überschlagen. Das war kein jährlicher Anstieg mehr, das war eine Revolution! Und die Firma Skoda in Pilsen bot erstmals Schiffs-Geschütze an!

Die Lösungen blieben österreichisch: Man baute sogenannte Torpedo-Rammkreuzer, ein Schiffstyp der alles gleichzeitig können sollte. Man hatte nicht das Geld für echte Schlachtschiffe, also baute man „Küsten-Verteidiger", zu klein und zu schwach armiert.

Immerhin fuhr der Erzherzog-Thronfolger auf einem Torpedo-Rammkreuzer von Pola nach Japan, ein Ereignis, das seine Folgen 10 Jahre später noch zeigen sollte.

Österreich wurde keine Kolonialmacht. Überlegungen gab es, hatte es schon zu Tegetthoffs Zeiten gegeben. Ein Insel im Roten Meer vielleicht, oder ein (Zwangs-) Vertragshafen in China?? Es blieb bei den Überlegungen, bei vorsichtigem Tasten.

Nach dem Boxeraufstand wurde das „Österreich-ungarische Settlement" in Tientsin zur einzigen Mini-Kolonie Österreichs. Doch dies war man einer Stellung als Großmacht einfach schuldig, man konnte hier nicht zurück stehen. Pointierter gesagt: Auch Großmächte benehmen sich fallweise wie Kinder im Kindergarten.

Der Navalismus belebte zwar die Schwerindustrie und Rüstungsindustrie, doch aus dem Blickwinkel von 80 Jahren danach erscheint er in seiner Gesamtheit fast naiv. Das Pendel schlug letztendlich sogar in die Gegenrichtung aus: Den Armeen der Staaten wurden nötige Mittel entzogen und in den Bau von Dreadnought-Schlachtschiffen investiert. Ab 1905 hatte ja der ganze Wettkampf nochmals von Punkt Null begonnen, als mit der Fertigstellung der DREADNOUGHT alle älteren Panzerschiffe plötzlich zu Alteisen degradiert wurden. Die k.u.k. Armee hätte 1914 jedenfalls viele Maschinengewehre und Geschütze mehr gehabt, hätte man nur das Geld für einen einzigen Dreadnought anders verwendet!

Doch man schrieb 1904, als eine Gruppe Männer sich zusammenfand, um einen Verein zur Förderung der österreichischen Schiffahrt zu gründen. Nur im Untertitel nannte man sich „Österreichischer Flottenverein" und es sollte noch Jahre dauern, bis aus dem Untertitel der Obertitel wurde. Im Jahre 1904 trat der Marinekommandant, Admiral Hermann von Spaun zurück, weil das geplante Budget seinen Vorstellungen absolut nicht entsprach.

Trotz oder wegen des herrschenden Navalismus, könnte man hier zynisch fragen!?

Ein Jahr zuvor, 1903, hatten sich zwei Reedereien zur neuen Großreederei Austro-Americana vereinigt. 60 Jahre lang hatte der halbstaatliche österreichische Lloyd fast allein regiert, jetzt regte sich gesunde Konkurrenz. Am Geschäft mit den Auswanderern aus dem Osten der Monarchie sollte nicht mehr die Cunard Line allein verdienen. Noch dazu, wo die Briten ihren Auswandererschiffen so sinnige Namen wie „Carpathia" gaben. Die CARPATHIA, die 1912 die Überlebenden der TITANIC rettete, sollte das Heimatgefühl unglücklicher Karpaten-Bewohner tunlichst bis zur Freiheitsstatue im Hafen von New York verlängern ...

Die Schwierigkeiten, die der kleine Verein 1904/1905 hatte, waren weder neu, noch untypisch: Kein Geld, frohgemute Intrigen gegeneinander, nur sehr langsame Mitglieder-Vermehrung. Last, not least: Es war ein österreichischer, ein cisleithanischer Verein! In späteren Jahren hatte der Verein selbstverständlich auch Mitglieder im Gebiet der

Stephanskrone, doch niemals eine Ortsgruppe (=mindestens 20 Mitglieder an einem Ort). Es findet sich zwar in der Original-Literatur nirgends ein klarer Hinweis, doch schienen größere Werbeaktivitäten des Flottenvereines auf ungarischem Gebiet nicht erwünscht gewesen zu sein.

In den Statuten heißt es unmißverständlich: Der Verein hat seine Tätigkeit auf dem Gebiet der im Reichsrate vertretenen Königreiche und Länder.

Von 1905 an erschien als Organ des Vereines „Die Flagge". Bescheidener und weniger kriegerisch als etwa „Überall", die Zeitschrift des deutschen Flottenvereines, bescheidener auch als die Publikationen der „Lega Navale" Italiens oder gar der „Navy League" Großbritanniens.

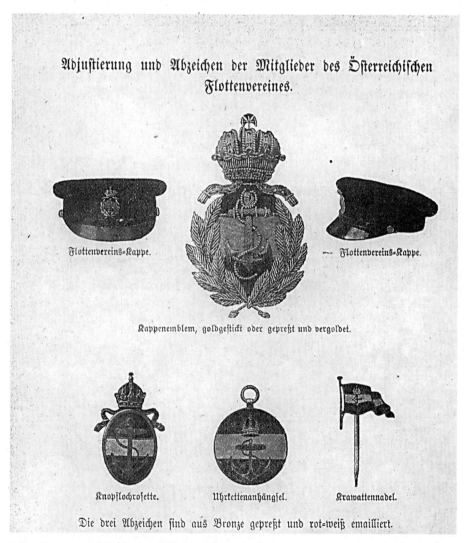

Adjustierungstafel des österreichischen Flottenvereines

Postkarten Avers + Revers, Marinepostkarten mit Gemälden von Alexander Kirchner wurden für Werbezwecke des Flottenvereines aufgelegt

Irgendwann aber gab es einen Zeitpunkt, da überwand der Flottenverein plötzlich die Anfangs-Schwierigkeiten. Plötzlich konnte man Hochadel als „Protektoren" gewinnen, plötzlich gewann die Werbung an Boden, plötzlich waren die Werbeartikel gefragt.

Obwohl „Die Flagge" nur in deutscher Sprache erschien, gelang es dem Flottenverein auf cisleithanischem Gebiet die Nationalitätengrenzen zu überspringen und tatsächlich,

die Sache, das Vereinsziel, in den Vordergrund zu bringen. Die geschilderten historischen Umstände waren dabei sicherlich behilflich. Ab etwa 1908 ging es mit dem Flottenverein steil nach oben: 1910 erscheint erstmals ein Jahrbuch, Zahl und Qualität der Werbe-

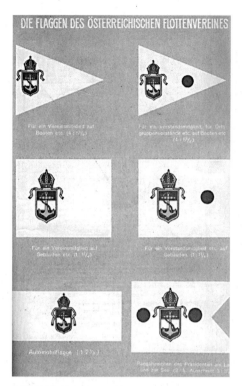

Die Flaggen des öst. Flottenvereines

Gegenstände nimmt zu, es gibt von Streichhölzern bis zur Automobil-Flagge so ziemlich alles mit dem Emblem des Vereines. Reisen werden angeboten und Ortsgruppen entstehen nicht nur im Inland, sondern auch im fernsten Ausland. Von Brasilien bis Bulgarien, von den USA bis Schanghai. Patriotische Ortsgruppen allüberall. Mit dem Prinzen Liechtenstein als Präsidenten und dem Erzherzog Thronfolger als Protektor konnten aber noch viel aufwendigere Ziele angesteuert werden:

Ein Seemannsheim für Triest, ein Internat für die Kinder der Leuchtturmwärter, eine ganze Abteilung auf der Adria Ausstellung 1913 in Wien, ein Segelkutter für die nautische Akademie in Triest, alles war kein Problem mehr.

Am Vorabend des ersten Weltkrieges zählte man 44.000 Mitglieder, 200 Ortsgruppen im Inland und Ausland und man war dabei, der k.u.k. Kriegsmarine ein Wasserflugzeug zu spenden.

Zahlreiche Seeoffiziere hatten die Bedeutung des Vereines erkannt, tausende Lehrer hatten Unterrichts-Material erhalten und tausende Oberstufen-Schüler trugen stolz die Kappe mit dem Emblem des

---

Landesverband Bosnien und Hercegowina (Sarajevo).

Präsident: *Fehim Effendi Čurčić*, Bürgermeister von Sarajevo.

Präsidentstellvertreter: *Johann Pogorelc*, Hofrat, Landesrechnungskammer, Sarajevo; *Hugo Piffl*, k. u. k. Major, Knabenpensionat, Sarajevo; *Karl Kekić*, k. u. k. Major a. D., Bakarevićgasse, Sarajevo.

Schriftführer und Kassier: *Heinrich Pillepich*, Direktionssekretär der Landesbank, Sarajevo.

Faksimile aus dem Jubiläumsbericht des Österreichischen Flottenvereines zum 10jährigen Bestehen 1914: Eine Erinnerung an tolerantere Zeiten. Der Vorstand der Ortsgruppe Bosnien in Sarajewo zeigt in seiner Zusammensetzung, daß es dem Flottenverein gelungen war, nationale Gegensätze zu überwinden und das Ziel in den Vordergrund zu rücken!

An die Eltern und Schuljugend!

Traget nur Kappenbänder mit heimischen Schiffsnamen!
Lehnt überall fremde Kappenbänder ab!

Kaufet **nur** Bänder, welche vor dem Namen die Buchstaben „S. M. S." (Seiner Majestät Schiff) tragen. Heimische Kappenbänder sind: **S. M. S. Viribus unitis, S. M. S. Tegetthoff, S. M. S. Prinz Eugen, S. M. S. Zenta** etc. etc. etc.

„Marineinserate" aus allen Teilen der Monarchie hatten in der „Flagge" den besten Platz.

Vereines. Ein Privileg, das nur der übernationale Flottenverein genoß!

In der Mariahilferstraße gab es das Flottenkino, und wohlgeordnet warteten tausende Diapositive in der Schwarzspanierstraße 15 auf ihre Verwendung. Da sich einige der Filme erhalten haben, darf man heute behaupten: Der Flottenverein arbeitete mit modernsten Mitteln und völlig unbürokratisch. „Die Flagge" hatte - vor allem in wirtschaftspolitischer Hinsicht - ihr Niveau stetig gehoben und war zuletzt keineswegs eine militaristische oder nur schiffbauliche Publikation, sondern eine wichtige handelspolitische Informationsquelle. Vermutlich konnte kein Börsenbroker daran vorbei ...?

So rundet sich ein historisches Bild: Keine freiwillige Flotte, wie sie der bereits 1870 gegründete russische Flottenverein auf die Beine stellte, keine kriegerischen Töne wie in Berlin oder Rom, aber eine Grillparzer oder Wildgans verbundene Hymne an die heimische Küste unterlegt mit Wirtschaftstönen als Verbeugung an die heimischen Großbanken, die die Fäden zogen.

WICHTIGE EREIGNISSE DER ÖSTERREICHISCHEN MARINE

Die Flagge berichtet:

Die Eröffnung des Franz-Josef-Freihafens in Triest März 1910

Vor wenigen Tagen fand durch den österreichischen Handelsminister die feierliche Eröffnung des soeben fertiggestellten Teiles des Triester Franz-Josef-Freihafens, nämlich jener großartigen künstlichen Hafenanlagen statt, die unserer ersten Seehandelsstadt die bautechnische Ausgestaltung zum erstklassigen, modernen Knotenpunkte maritimen Welthandelsverkehres verleihen sollen. Mit dieser Aktion zugunsten der schönen Hafenstadt finden die zahlreichen verkehrspolitischen Maßnahmen ihren Abschluß, die mit der Tauernbahn begannen, und die den Süden und den Norden der Monarchie in einen immer innigeren Kontakt miteinander zu bringen bestimmt sind. Schon seit vielen Jahren vermochten die alten, keineswegs glücklich angelegten Hafenbauten Triests den wachsenden Anforderungen des Seeverkehrs nicht mehr zu genügen, um die hier zusammenströmenden Warenmassen verkehrstechnisch zu bewältigen, das heißt je nach ihrer Provenienz und ihrem neuen Bestimmungsorte, nach anderen Seehäfen oder Binnenlandstationen instradieren zu können. In mühevollster jahrelanger Arbeit wurden daher dem Meere neue Ufergebiete abgerungen, mit unendlicher Geduld und Opferwilligkeit immer neue Steinquadern in dessen Tiefen versenkt, bis endlich die langen Dämme emporwuchsen und dem anzuschüttenden Planum als Rückhalt zu dienen vermochten. Wenn dann einmal das große Werk vollendet und der großzügig angelegte Hafen mit allen seinen reichverzweigten Geleisenetzen Hangars, Ladekranen und Anlegestellen fertiggestellt sein wird, dann dürfte unser Triest gewiß zu den besten, modernsten und schönsten Häfen zählen, die dem Welthandel und Seeverkehr gewidmet sind.

Der Umbau der HABSBURG-Klasse April 1910

Dieser Tage ist eine im Trubel der Tagesereignisse fast unbeachtet gebliebene Notiz durch die Blätter gelaufen, derzufolge ein Umbau unserer drei Schlachtschiffe der HABSBURG-Klasse beabsichtigt sein soll. Dieses Projekt, das ja nur einem Gebot zwingender Notwendigkeit entspringt, ist ein trauriges, aber deutliches Merkzeichen für die Notlage unserer Flotte. Es handelt sich nämlich um die drei während der Jahre 1900, 1901 und 1902 gebauten, nur 8300 t deplacierenden Schiffe HABSBURG, BABENBERG und ÁRPÁD, die wegen ihrer unzulänglichen Armierung mit nur drei Stück 24-cm-Turmgeschützen, 12 Stück 15-, 10 Stück 7- und 8 Stück 4,7-cm-Schnellfeuerkanonen die Bezeichnung als „Schlachtschiffe" nach neuzeitlichen Begriffen sehr mit Unrecht führen. Hievon wird man sich sofort durch die Angabe überzeugen lassen, daß bei diesen Schiffen mit einer ganzen Feuerlage nur 1240 kg Geschoßmaterial mit einer Anfangsgeschwindigkeit unter 700 bis 600 m zur Ausfeuerung gelangt, wodurch nicht mehr wie

Die Straße von Otranto und die „Verkorkung der Adria".

Österreich-Ungarn muß, wenn es nicht zu einem Binnenstaate zweiten Ranges herabsinken will, die unmittelbare Verbindung seiner Häfen Triest, Fiume usw. durch die Adria mit dem offenen Meere behaupten können. Die Monarchie muß daher über eine Flotte verfügen, die stark genug ist, um nötigenfalls eine „Verkorkung" der Meerenge von Otranto zu durchbrechen.

Graphischer Vergleich der Stärke der Kriegsflotten der einzelnen Staaten.

Das Gesamtdeplacement aller Kriegsschiffe eines Staates erscheint durch die relative Länge des Schiffes ausgedrückt.

Man sieht aus dieser graphischen Darstellung, daß Österreich-Ungarn an letzter Stelle rangiert.

Die Graphik aus dem FV-Jahrbuch hatte prophetischen Charakter. Bereits 1915 begann die „Verkorkung"

31.100 Metertonnen lebender Energie entwickelt werden, während auf den neuen 14.500-t-Schlachtschiffen der RADETZKY-Klasse bei einmaliger Schußabgabe aus allen Geschützen Geschosse im Gesamtgewicht von 3850 kg zur Ausfeuerung gelangen, die bei 800 bis 850 m mittlerer Anfangsgeschwindigkeit 140.000 Metertonnen Energie auslösen. Es ist demnach wohl in die Augen springend, daß die HABSBURG-Klasse, die von Haus aus ganz unglücklich konzipiert war, heutzutage eine recht unzulängliche Schiffsklasse darstellt, so daß es eigentlich gewagt scheinen müßte, irgendwelche bedeutendere Kosten an Adaptierungsarbeiten für diese Einheiten aufzuwenden.

Wir sind aber leider aus finanziellen Gründen nicht in der Lage, diese minderbrauchbar gewordenen drei Schiffe durch Neubauten zu ersetzen und aus der Flottenliste auszuscheiden, weil wir vor allem trachten müssen, jeden Neubau zur Vermehrung des ohnehin ganz unzulänglichen numerischen Standes unserer operativen Seestreitkräfte heranzuziehen, so daß „Ersatzbauten" leider noch für lange Zeit ein frommer Wunsch bleiben dürften. Und bevor an eine Ausrangierung der HABSBURG-Klasse gedacht werden kann, muß übrigens zunächst die aus den drei 5600-t-Schiffen MONARCH, WIEN, BUDAPEST bestehende ältere Division ersetzt sein. Wie die Dinge nun einmal liegen, müssen wir im Ernstfalle noch sehr stark mit der HABSBURG-Klasse rechnen, woraus erklärlich wird, daß man sich bemüht, wenigstens deren leichter zu beseitigende Mängel bestmöglichst zu beheben. Einen der fühlbarsten Übelstände bildet der hohe Aufbau des Mittelschiffes, dessen höchster Punkt, die Kommandobrücke, gar auf 10,2 m über Wasser zu stehen kommt. Bei dem leicht verständlichen Bestreben der Konstrukteure, in den Entwürfen von Schlachtschiffbauten eine entsprechende Mündungshöhe der Geschütze, somit genügend Freibord mit möglichst geringer Zielfläche zu vereinigen, ist es zur Norm geworden, das Vor- und Hinterschiff möglichst nieder zu halten und nur die Türme der Haupt- und Nebenartillerie etwas höher zu installieren. Die als Kugelfänger wirkenden Zentralaufbauten werden heutzutage tunlichst unterdrückt und alle heiklen Objekte (Handmunitonsdepots usw.) hinter, beziehungsweise unter den Panzerschutz verlegt. Hiedurch wird nicht bloß die Gesamtausdehnung der zu panzernden Flächen vermindert, sondern durch die erzielbare Gewichtsersparnis auch eine bessere Armierung ermöglicht.

Diese bereits allgemein gewordenen Bestrebungen ließen es im Sinne des Vorbemerkten als wünschenswert erkennen, die besonders hochgebauten Schlachtschiffe HABSBURG, BABENBERG und ÁRPÁD von ihren Aufbauten zu befreien; sie sollen demnach „rasiert" werden, damit sie gegnerischen Geschützen weniger Zielfläche darbieten und in ihren Seeeigenschaften einigermaßen gewinnen mögen. Auf allen drei Schiffen werden also im Laufe des Herbstes die Manöverdecke abgetragen, die Kommandobrücken und die Bootsdecke herabgesetzt, alle entbehrlichen Aufbauten abmontiert und hiedurch den Turmgeschützen auch ein besserer Ausschuß verliehen werden. Diese Adaptierungen werden es ermöglichen, die drei Schiffe noch durch eine Reihe von Jahren in der operativen Flotte verwenden zu können. Infolge der erhofften ruhigeren Bewegungen bei Seegang wird eine stabilere Plattform für die Geschütze erzielt werden, was im Verein mit dem voraussichtlichen Geschwindigkeitsgewinn den Gefechtswert dieser Einheiten wesentlich heben dürfte.

Stillstand ist Rückschritt

Mehr Energie und Impulsivität des Flottenvereins. Forderung im Juni 1910, um den Verein „über den Berg" zu bringen.

Punkt 1: Organisation über ganz Österreich. Einbeziehung Ungarns in die Flottenvereinsbewegung. Skrupulöse Berücksichtigung der nationalen Verhältnisse. Dezentralisation und Arbeitsteilung durch Schaffung von Landesverbänden. Planmäßige, systematische Kreierung von Ortsgruppen in allen Plätzen Österreichs, durch Ausfindigmachung der hierzu geeigneten Persönlichkeiten im Wege der Bezirkshauptleute und an der Hand unserer Mitgliederliste. Ortsgruppenbereisung von der Zentrale aus. Delegiertentage, Ausarbeitung von Winken für die Bildung von Ortsgruppen. Beteilung der Ortsgruppen mit Flottenvereinsemblemen usw.

Punkt 2: Werbetätigkeit à outrance. Nicht willkürlich, sprunghaft, sondern systematisch. Werbezirkulare an Interessengruppen, Banken, Gesellschaften, Konsuln, Regimenter, Korpskommanden, Gendamerie, Schuldirektionen, Statthaltereien, Parlamentarier usw.; Flugblätter in allen Formen und Sprachen; Heranziehen der Damenwelt; volkstümlicher Flottenkalender in allen Sprachen.

Punkt 3: Presse. Gewinnung der Wiener und der Provinzblätter aller Nationalitäten und Parteirichtungen. Eine Korrespondenz des Österreichischen Flottenvereines soll allen Blättern Nachrichten über die Flottenvereinsbewegung und über alle österreichischen Seefragen gratis bringen. Unentgeltliche Versendung von aufklärenden, belehrenden Artikeln, behufs Reproduktion in den Blättern.

Punkt 4: Vereinsorgan. Die „Flagge" muß aufhören, ein gelehrtes Fachorgan zu sein, und darf nur der Propaganda der Vereinszwecke und der Popularisierung des österreichischen maritimen Gedankens in der Binnenbevölkerung dienen.

Punkt 5: Popularisierung der Kriegsmarine, der Handelsmarine, des österreichischen Küstengebietes, der maritimen Kenntnisse - durch Vorträge, Skioptikonbilder, Kinematographenvorstellungen. Vereinsreisen, Lehrerfahrten, Schülerfahrten nach dem österreichischen Küstengebiete, Besuch von Stapellauf-Festlichkeiten usw.

Punkt 6: Gesellschaftliche Veranstaltungen. Gartenfeste, Flottenbälle, Flottenvereinsabende, Konzerte, Marinemusiken, Mitgliederzusammenkünfte in Wien und am Sitze der Ortsgruppen usw.

Punkt 7: Erwirkung von Begünstigungen für die Mitglieder. Preisermäßigungen bei den heimischen Schiffahrtsgesellschaften und Eisenbahnen, in Hotels, Theatern und bei Geschäftsfirmen in Wien und in der Provinz.

Ist einmal der Österreichische Flottenverein durch eine derartig ausgreifende Propaganda zu Größe und Ansehen gelangt, kann er sich auch seinen idealeren Zielen zuwenden: Anregung und Diskussion aller mit den österreichischen Seeinteressen zusammenhängenden Fragen, Probleme und Projekte auf dem Gebiete der Kriegs- und Handelsmarine, unserer Adria und unserer Küstenländer. (Triest, Dalmatien, neue Kriegshäfen, Eisenbahnprojekte, Trajekte, Küstenverteidigung, Fremdenverkehr an die österreichische Riviera usw.)

Eine neue Schiffslinie von Triest nach China 1912

Aus Exportkreisen wird uns geschrieben: Es muß gerechterweise anerkannt werden, daß unsere größte heimische Schiffahrtsgesellschaft, der Österreichische Lloyd in Triest, von einer weitblickenden Seeverkehrspolitik geleitet wird, ein Urteil, dem sich alle an Übersee beteiligten Faktoren mit Rücksicht auf die Schaffung der neuen Eillinie Triest-Shanghai gewiß vollkommen anschließen werden, da diese Linie dem österreichischen Export und Import neue Impulse geben muß. Das Verdienst des Österreichischen Lloyd ist im gegebenen Fall um so höher einzuschätzen, als diese Linie ohne jegliche staatliche Beihilfe von der Gesellschaft ins Leben gerufen wird, wobei die Kosten der Schaffung einer Generalvertretung in Shanghai, wohin eine bewährte und mit den Verhältnissen Ostasiens wohl vertraute Kraft aus der Beamtenschaft entsendet wurde, ziemlich gewichtig in die Waagschale fallen. Aus dem für das Jahr 1912 vorliegenden Fahrplan ist zu ersehen, daß die Eillinie Triest-Shanghai mit Abfahrt von Triest am 4. Jänner 1912 durch den Dampfer BOHEMIA eröffnet wird, und daß zwölf Fahrten jährlich, und zwar regelmäßig am 4. jedes Monats festgesetzt sind. Die Fahrtdauer Triest-Shanghai beträgt bloß 34 Tage, also um 20 Tage weniger, als die Dampfer der Japanlinie des Österreichischen Lloyd für diese Strecke verwenden. Hongkong ist mit der neuen Eillinie in bloß 30 Tagen zu erreichen, gegen 48 Tagen der Japanlinie und verhältnismäßig verkürzt sich bei Benützung der Eillinie die Reise nach Singapore, Colombo und Aden, welche Häfen außer Suez und Port Said berührt werden. Diese rasche Verbindung mit den vorbenannten Hafenplätzen versetzt unseren heimischen Handel in die Lage, Güter nach und von China, Niederländisch-Indien und Ceylon unter nationaler Flagge rasch auf den Markt hüben und drüben zu bringen und dessen Fluktuationen besser zu folgen. Ebenso wird dem Passagierverkehr damit eine vorzügliche Reisegelegenheit zur beschleunigten Erreichung des fernen Ostens geboten, denn, wie wir erfahren und aus der Abfahrt des Dampfers BOHEMIA ersehen, wird dieser Verkehr von den erstklassigen Schnelldampfern BOHEMIA, KÖRBER und AFRIKA versehen werden, die bisher auf der Eillinie Triest-Bombay von den Reisenden auf dieser Strecke mit Vorliebe benützt wurden. Sie sind mit Einrichtungen für Tropenreisen und Stationen drahtloser Telegraphie (System Telefunken) versehen. Überdies sind die Fahrpreise auf den Schiffen der Eillinie Triest-Shanghai auf das billigste gestellt.

Der Stapellauf S.M.S.TEGETTHOFF

Ein neues Schiff ist in die Fluten getaucht. Ein neues Glied in die Kette unserer Landesverteidigung eingefügt. Am 21. März 1912 lief das zweite Schiff unserer ersten Dreadnought-Division auf der Werfte des Stabilimento tecnico in Triest vom Stapel. Schon am Vortage war die Eskader unter dem Kommando des Konteradmirals Karl Graf Lanjus von Wellenburg, die Reserveeskader unter dem Kommando des Konteradmirals Njegovan und die Kreuzerflottille unter dem Kommando des Linienschiffskapitäns Fiedler, bestehend aus den Schiffen der RADETZKY und der ERZHERZOG-Klasse, den Kreuzern ST. GEORG, ADMIRAL SPAUN, ASPERN, den Zerstörern STREITER, WILDFANG, SCHARFSCHÜTZE, ULAN, den Torpedobooten ANACONDA, DRACHE, MÖVE, ferner das alte Kasemattschiff TEGETTHOFF und S.M.S. GÄA sowie die Yacht des Statthalters von Dalmatien, Marius Graf Attems, S.M.S. DALMAT in Triest eingetroffen.

Um 9 Uhr 15 Minuten am Morgen des 20. traf der Hofzug mit den k.u.k. Hoheiten am Südbahnhof ein. Dortselbst hatten sich der Statthalter von Triest mit etlichen Kommandanten, Linienschiffskapitänen und dem Bürgermeister von Triest eingefunden.

Die k.u.k. Hohheiten begaben sich nach der Vorstellung in Wagen nach dem Molo San Carlo, von wo aus sich höchstdieselben auf S.M.S. GÄA einschifften. Am Nachmittag legte sich S.M.S. STREITER unter Bord der GÄA zur Verfügung der höchsten Herrschaften. Am Abend lief S.M.S. LACROMA mit Seiner Hoheit dem durchlauchtigsten Herrn Admiral und General der Kavallerie Erzherzog Franz Ferdinand und höchstdessen Gemahlin an Bord in Triest ein.

Die Nacht vor dem Stapellauf war heftiger Regen niedergegangen, aber bald nach Tagesanbruch erstrahlte die Sonne in hellem Glanze. Die vor Anker liegende Schiffe boten einen herrlichen Anblick dar. In eherner Ruhe liegen sie vor der Stadt und nur die spärlichen Rauchwolken, die hie und da ihren Schloten entströmen, deuten darauf hin, daß sie sich zu einer Fahrt vorbereiten. Da zerreißt die stille Morgenluft ein Schuß vom Flaggenschiffe der Eskader. Gleichzeitig steigen auf allen Masten und Gaffeln die Kriegsflaggen - die kleine Flaggengala - empor. Schuß um Schuß erdröhnt, der vorgeschriebene Geschützsalut zu Ehren der k.u.k. Hoheiten. Und schon kommt Bewegung in die langen Reihen der Schiffe. Majestätisch verlassen sie die Reede, um nach San Marco zu dampfen, wo sie ihre neuen Ankerplätze angesichts ihres noch auf dem Stapelplatze ruhenden, gigantischen jüngsten Kameraden, dessen Vermählung mit dem Meere zu feiern sie gekommen sind, einnehmen und die große Flaggengala hissen.

Inzwischen waren auch die den Vertretern der Presse zur Verfügung gestellten Boote vom Molo Giuseppino abgestoßen und nach San Marco gefahren.

Eine unzählige Menschenmenge war auf dem reich dekorierten Festplatz versammelt.

Um 9 Uhr 15 Minuten erfolgte die Einweihung des Schiffes durch den Marinepfarrer Korsic. Mittlerweile hatte auch S.M.S. LACROMA mit den höchsten Herrschaften an Bord Triest verlassen und sich vor San Marco vertäut. Unter dem Donner der Salutgeschütze fuhren die höchsten Herrschaften mit einem Galatender nach der Werft, wo sie, von den Klängen der Volkshymne empfangen, sich nach dem Hofpavillon begaben, wo außer ihnen, deren engere Suiten und Ehrendamen, die Minister, der Marinekommandant, der Statthalter von Triest, der Seebezirkskommandant, der Präsident und der Vizepräsident des Stabilimento tecnico und einige hiezu von höchster Stelle befohlene hohe Würdenträger Platz nahmen.

Tiefe Stille herrscht, nur unterbrochen von dem dumpfen Klang der Hämmer, mit denen die letzten Stützen, durch die das Schiff gehalten wird, weggeschlagen werden. Jetzt tritt der apostolische Feldvikar Bjelik vor das Schiff und nimmt, assistiert von der Marinegeistlichkeit, die feierliche Einsegnung vor.

Majestätisch gleitet S.M.S. TEGETTHOFF in die Fluten ...

Nun ist auch sie beendet. Das Schiff ist zum Stapellauf bereit. Der Marinekommandant erstattet darüber Seiner k.u.k. Hoheit Erzherzog Franz Ferdinand die Meldung. Darauf wendet er sich an Ihre k.u.k. Hoheit Erzerzogin Blanka mit folgenden Worten:
„Eure kaiserliche und königliche Hoheit!

Der ruhmgekrönte Admiral, nach dem das neue Schiff auf Allerhöchsten Befehl genannt werden soll, verkörpert die hehrsten Traditionen der österreichisch-ungarischen Seemacht, die aus diesem Grunde den heutigen Ehrentag mit besonders gehobener Stimmung begeht. Eure kaiserliche und königliche Hoheit haben huldvollst geruht, bei dem Taufakte die Patenstelle zu übernehmen. Ich lege hiefür Eurer kaiserlichen und königlichen Hoheit den ehrerbietigsten Dank der Kriegsmarine zu Füßen. Und nun bitte ich Eure kaiserliche und königliche Hoheit, den Taufakt gnädigst vollziehen zu wollen."

Sichtlich bewegt antwortet darauf die Erzherzogin:
„Von Sr. kaiserlichen und königlichen Apostolischen Majestät hiezu ermächtigt, bin ich mit großer Freude der Bitte gefolgt, die Patenstelle bei diesem schönen Schiffe zu übernehmen. Der für die Kriegsmarine besonders teure Name des ruhmbedeckten Helden möge für Führer und Bemannung des Schiffes ein steter Ansporn zu nimmermüder Pflichterfüllung im Frieden und auch im Kriege sein. Auf Allerhöchsten Befehl taufe ich dich TEGETTHOFF. Gleite hinab in die Wogen und Gottes Schutz sei mit dir allüberall und immerdar."

Nun drückt sie auf den Taster. Klirrend zerschellt die Champagnerflasche am ehernen Bug des Kolosses, ihn mit glänzenden Perlen versilbernd. Die mächtige hydraulische Presse wird angesetzt. Lange muß sie arbeiten, bis sich das gewaltige Schiff in Bewegung setzt ... Da, nach einigen Minuten gespanntester Erwartung geht ein leichtes Zittern durch den stolzen Bau. Majestätisch gleitet er in die Fluten, während vieltausendstimmiges Hurra den Donner der Geschütze übertönt ...

Eine mächtige Flutwelle bäumt sich dem Schiff entgegen, als wollte sie es verschlingen. Aber spielend teilt der mächtige Koloß die Wogen und schaukelt bald von mächtigem Anker gehalten inmitten der anderen Schiffe, alle an Größe weit überragend.

Die Bedeutung dieses Stapellaufes verdient besonderer Würdigung. Ist es auch nicht das erste Schiff seiner Klasse, so zeigt die Wahl des Namens, daß nicht nur das Andenken Tegetthoffs, dessen Geist in unserer Marine stets lebendig war, geehrt werden soll, sondern daß die Völker Österreich-Ungarns entschlossen sind, seine Pläne der Verwirklichung zuzuführen. Sein Genie hat unserer Kriegsflotte Ruhm und Sieg gebracht, durch seine Taten ihr die Hochachtung und Bewunderung aller Völker erworben. Mit klarem Blick hat er die Wichtigkeit einer mächtigen Flotte für

Dieses Plakat zeigt interessanterweise das Flaggenmuster 1915 (mit dem altungarischen Wappen), welches nicht eingeführt wurde.

unser Vaterland erkannt und auf ihren Ausbau hingearbeitet. Sein allzu früher Tod und widrige Verhältnisse haben es verschuldet, daß seine Ideen nicht verwirklicht wurden und lange Jahre in den Archiven schlummerten. Schwere, traurige Zeiten für die Kriegsmarine, der es nur an materiellen Mitteln fehlte, dem Reiche jene Stellung im Mittelmeer und der Adria zu verschaffen, die ihr von Rechts wegen zukommt. In den letzten Jahren ist eine erfreuliche Besserung eingetreten. Wir sind am Wege, uns eine achtunggebietende Flotte zu schaffen. Aber wir dürfen nicht erlahmen, uns nicht mit dem Erreichten zufrieden

Österreichisch-ungarische Donaumonitore vor Belgrad 1914

Szene vom südlichen Kriegsschauplatz 1914. Wasserflugzeug der k.u.k. Marine kehrt nach einer Rekognoszierung zur Blockadeflotte zurück (H. Heusser).

geben, sondern müssen zielbewußt und unverdrossen weiterwirken und fortarbeiten an dem großen Werke: Österreich-Ungarn eine Flotte zu schaffen, deren Hilfe von allen begehrt und deren Gegnerschaft von allen gefürchtet wird.

Die Kämpfe auf der Donau 1914

Unsere Donauflottille nahm auch weiterhin an allen Kämpfen in den Flußgebieten hervorragenden Anteil. Besonders KÖRÖS, MAROS und LEITHA in den Gefechten am 14. November 1914. Die vielseitige Tätigkeit der Monitoren und sonstigen Schiffe der Flottille läßt sich jetzt noch gar nicht überblicken. Die Zahl der Gefechte, an der sie teilgenommen haben ist so groß, daß eine ins Einzelne gehende Aufzählung jetzt unmöglich ist. Als Waffe hat sich die Donauflottille glänzend bewährt, was allgemein anerkannt wird. Sobald die Donau völlig zufriert, muß notgedrungen eine Pause in der Tätigkeit der Donauflottille eintreten, die aber nicht allzu lange währen dürfte.

Spendenaufruf 1915. Fertigstellung des U-Bootes 1917, größtenteils vom Flottenverein bezahlt

Ereignisse in der Adria 1916

Am 23. Juni 1916 abends schoß Linienschiffsleutnant Banfield, acht Minuten nachdem er gegen ein zum Angriff auf Triest heranfliegendes feindliches Wasserflugzeug aufgestiegen war, dieses noch über dem Meere im Luftkampfe herunter. Der Beobachter, ein Italiener, war tot, der Pilot, ein Franzose, wurde gefangen; das Flugzeug „F.B.A.12" wurde nach Triest gebracht.

Am 24. Juni 1916 wurde ein französisches Seeflugzeug, Typ „F.B.A.", im Golf von Triest von Linienschiffsleutnant Banfield im Luftkampf heruntergeschossen. Es stürzte vier Kilometer vor Grado ins Meer. Unter dem Schutz der feindlichen Batterien gelang es einem feindlich armierten Panzermotorboot, das Flugzeug zu bergen, dessen beide Insassen schwer verwundet oder tot waren.

Die Taten Banfields sind als ganz hervorragende Leistungen zu bezeichnen. Bisher sind Wasserflugzeuge nur durch Abwehrbatterien, im Luftkampf nur durch Landflugzeuge - die bei gleicher Motorstärke leichter, daher auch schneller sind, - abgeschossen worden. Diesmal wurden aber zum ersten Mal Seeflugzeuge von einem Seeflugzeuge heruntergeholt. Und zwar zwei innerhalb etwa 12 Stunden!

Auszeichnung des Marinekommandanten

Der Kaiser hat nachstehendes Handschreiben erlassen:

„Lieber Großadmiral Haus!
Weiland Se. Majestät, Mein erlauchter Großoheim, haben Ihr verdienstvolles Wirken als Flottenkommandant schon huldvollst anerkannt.
In Würdigung Ihrer großen Verdienste um die erfolgreiche Verteidigung der Küsten der Monarchie und bei der Leitung der Operationen zur See verleihe Ich Ihnen das Großkreuz Meines Leopold-Ordens mit der Kriegsdekoration bei Nachsicht der Taxe.
Wien, am 25. November 1916
                     Karl *m.p."*

 Diese unserem hochverdienten Marinekommandanten, Großadmiral Haus zuteil gewordene Allerhöchste Auszeichnung wird gewiß allgemein sympathische Aufnahme und lebhafte Zustimmung finden. Mit ganz besonderer Freude aber begrüßt der Österr. Flottenverein diese Auszeichnung des Chefs unserer Flotte, welche im großen Weltkriege die Überlieferungen Tegetthoffs ruhmvoll erneuert hat.
 Obwohl einer gewaltigen Übermacht gegenüberstehend, hat unsere heldenmütige Flotte sich bisher bei jedem Zusammenstoße mit dem Feinde glänzend bewährt, ihn eingeschüchtert und ihm schwere Verluste beigebracht.

Drei Jahre Seekrieg mit Italien 1918 (Ein Versuch zur Begründung des Versagens der italienischen Seemacht im großen Kriege.)

 Am 23. Mai 1918 sind es drei Jahre gewesen, seitdem uns Italien den Krieg erklärt hat. Obwohl es uns allein schon durch seine eigenen Seestreitkräfte überlegen war, - das Kräfteverhältnis zwischen den beiden Flotten vor dem Kriege betrug ungefähr 1:1,9 - so wurden die italienischen Seestreitkräfte noch durch die Frankreichs und Englands verstärkt. Trotzdem ist es unserem Nachbar in der Adria nicht gelungen, einen durchschlagenden Erfolg durch einen Einsatz seiner Flotte zu erzielen. Nur ein einziges Mal, nämlich am 18. Juli 1915, hat Italien einen Teil seiner Kräfte zu einem Raid gegen unsere Küsten eigesetzt, eine Unternehmung, die den Verlust des Flaggschiffes der Kreuzerdivision, des GIUSEPPE GARIBALDI, herbeiführte und daher nicht mehr wiederholt wurde.
 Die verhältnismäßige Untätigkeit Italiens zur See geht auf drei Gründe zurück: Erstens auf die militärgeographischen Verhältnisse seiner Häfen an der Ostküste, auf die daraus vielfach entspringenden strategischen Folgen und schließlich auf politische und militärpolitische Erwägungen.
 Was die ersteren Verhältnisse betrifft, so besitzt keiner der an der weit über tausend Kilometer langen Küste (das Festland Italien besitzt in der Nord-Süd-Richtung eine Länge von 1025 km) gelegenen Häfen die Eigenschaften, über welche ein Kriegshafen unbedingt verfügen muß, damit er imstande ist, große Kampfkräfte aufzunehmen. Wenn wir im nachstehenden die Forderungen, die an einen guten Kriegshafen zu stellen sind, skizzieren und an der Hand derselben die Verhältnisse der in Betracht kommenden Häfen der italienischen Ostküste prüfen, dann wird mit großer Klarheit der schwerwiegende Mangel verständlich werden, der darin besteht, daß die italienische Flottenleitung an der Ostküste Italiens über keinen einzigen Hafen verfügt, der als maritime Basis für bedeutendere Seestreitkräfte in Betracht kommt, soweit diese sich aus modernen Schlachtschiff-Einheiten oder Großkampfschiffen zusammensetzen.
 Bildet doch für jede Kriegführung zur See der Besitz einer Operationsbasis, die sowohl gegen Angriff, wie auch gegen Zufall gesichert und mit allen Vorräten und Bedürfnissen für eine Flotte versehen ist, die allererste Voraussetzung. Demnach kommt nur ein

geschlossenes Wasserbecken in Betracht, das Schutz bietet gegen jede Wetterlage, das durch jegliche Verteidigungsmaßregeln gegen den Feind geschützt ist und in dem die Flotte unter allen Umständen ruhig und unbehelligt liegen kann. Daher ist es erforderlich, daß ein solcher Kriegshafen, außer einem geräumigen Innenbecken eine gute gegen Wind und See gesicherte Reede aufweist, damit die Flotte dort sich zu versammeln vermag, ohne durch das Ein- und Auslaufen durch gewöhnlich noch künstlich verengte Kanäle Zeit zu verlieren (Port Arthur). Von der Operationsbasis ist auch zu verlangen, daß sie möglichst in dem Mittelpunkt des Operationsraumes sich befindet, damit sie nach einer Seeschlacht, in der bei der heutigen Waffenwirkung die Havarien selbst bei einer siegreichen Flotte sehr bedeutend sein werden, in kurzer Fahrt ohne allzugroße Verluste durch die nachdrängenden, vielleicht sich aufopfernden Kleinkräfte des Gegners erreicht werden kann. Denn je rascher sich der heimische Kriegshafen erreichen läßt, desto weniger Gelegenheit wird der Gegner zur Verfolgung haben, und desto mehr werden die schon havarierten Schiffe die Aussicht haben, die Basis zu erreichen, ohne aufgegeben werden zu müssen. (Der Verlust des PALESTRO nach der Schlacht von Lissa, derjenige des LÜTZOW und der ROSTOCK nach der Seeschlacht vor dem Skagerrak.) Ferner wird die geschlagene Flotte die physischen Verluste sofort, die materiellen Verluste so schnell wie möglich ersetzen können; auch die moralische Wirkung einer eventuellen Niederlage wird sich tunlichst bald verwischen lassen. Zu diesen Erfordernissen militärischer und navigatorischer Natur kommen solche örtlicher. Der Hafen soll nicht in vorgeschobener, sondern in zurückgezogener Lage sich befinden und womöglich über mehrere schmale zur Verteidigung geeignete Einfahrten verfügen, oder er soll mindestens zwei, aber womöglich räumlich weit auseinanderliegende Ausfahrten besitzen, da eine einzige Ausfahrt, wie die Beispiele von Santiago di Cuba, von Port Arthur, von Zeebrügge und Ostende lehren, durch die Versenkung von Schiffen in Gefahr kommt, gesperrt zu werden. (Ein solcher Kriegshafen, der den genannten Ansprüchen in ziemlich idealer Weise entspricht, ist z.B. Portsmouth mit der vorgelagerten Insel Wight, oder der Seeraum, der gebildet wird durch das dalmatinische Festland und die Inseln Zirona piccola und grande, Solta und Brazza.) Zwei räumlich weit auseinanderliegende Ausgänge erleichtern die Entwicklung der eigenen Flotte, ermöglichen ihr, den Feind an zwei Seiten anzupacken, erschweren die Blockade und in der Nacht die Beobachtung durch den Feind.

    Die vorhandenen italienischen Häfen z.B. Venedig, Ancona und Brindisi hatten alle mehr Nachteile als Vorteile.

    Im Gegensatz hiezu besitzt die gegenüberliegende österreichisch-ungarische Küste eine Reihe trefflicher Häfen, wozu noch kommt, daß die Flotte hinter den Inseln ungesehen vom Gegner rochieren und an beliebigen Stellen ausbrechen kann.

    Diese Verhältnisse in der italienischen Küstenbildung hatten bestimmend auf die italienische Offensivtätigkeit seit Beginn des Seekrieges eingewirkt. Schon am Anfange des Krieges mit Italien veröffentlichten die italienischen Blätter eine Auslassung des italienischen Marineministeriums, in der ausgeführt wird, daß die österreichisch-ungarische Marine eine so ungeheure strategische Überlegenheit besitze, daß ihr die Initiative überlassen werden müsse. Später, im Jahre 1918, schrieb der Stabschef der italienischen Seemacht Vizeadmiral Thaon de Revel an den Amerikaner Whitney Warren einen Brief, in dem er unter anderem sagt: „*...Die Adria ist für Italien solange nicht sicher, solange es nicht Dalmatien und Curzola besitzt. Italien verfügt in der Adria nicht über Häfen, die für moderne Kriegsschiffe groß und tief genug sind, wogegen Österreich-Ungarn von Pola bis nach Cattaro aus die Adria bis Korfu beherrscht.* Allen Versprechungen Deutschlands auf ein ausgedehntes Kolonialreich, auf den Besitz Korsikas, Nizzas und Savoyens, hat Italien die Felsen von Triest und des Karstes, sowie die Inselgruppe Curzola vorgezogen." Doch diese Auslassung ist nicht die einzige, die eine Aufklärung über den Mangel an Initiative der weit überlegenen feindlichen Streitkräfte gibt. Schon im Frieden haben

Unter dem A.H. Protektorate seiner „Majestät des Kaisers" 1917

wiederholt italienische Seeoffiziere erklärt, daß an eine Offensive der italienischen Flotte in der Adria solange nicht gedacht werden könne, als das Königreich nicht über einen erstklassigen Kriegshafen in der Adria verfüge.

Ereignisse in der Adria 1918

Am 2. Juli 1918 kam es zu einem Seegefecht in der Nordadria, bei dem unsererseits trotz ganz besonderer Übermacht ein sehr schöner Erfolg erzielt wurde. In der Nacht auf den 2. Juli kreuzte eine kleine Abteilung unter Führung des Torpedobootzerstörers BALATON im Golf von Venedig, als sie um 3 Uhr morgens ungefähr zwischen der Pomündung und der Nordwestspitze Istriens Rauchsäulen bemerkte. Unsere Abteilung wendete sofort auf sie zu und war bald auf eine Seemeile herangekommen. Jetzt konnte man sechs große Zerstörer, die zusammen an Kampfkraft gewiß die dreifache Übermacht hatten und sich außerdem des taktisch so wichtigen Vorteils der höheren Geschwindigkeit erfreuten, erkennen. BALATON konnte bis auf 500 Meter herankommen, worauf er das Feuer eröffnete. Er wendete sich gegen die drei vorderen Zerstörer, während die ihm nachfolgenden Boote die übrigen aufs Korn nahmen. Der Feind drehte sofort ab, erwiderte jedoch das Feuer auf das heftigste. BALATON hatte aber gleich zu Beginn einige sehr glückliche Treffer erzielt. Eine Granate richtete auf den feindlichen Führerschiff sichtlich bedeutende Zerstörungen an, während kurz darauf auf dem dritten italienischen Zerstörer ein Munitionsdepot unter heftiger Explosion aufflog, wodurch das Vorderschiff in Brand gesetzt wurde. Das brennende Schiff verlor die Fahrt und trotz des unaufhörlichen Donnerns des Geschützfeuers vermochte man das Prasseln einer Nachexplosion deutlich zu vernehmen. Das brennende Fahrzeug wendete scharf nach West, während die übrigen seinen Rückzug deckten, um nach verhältnismäßig kurzer Zeit selbst in höchster Fahrt gegen Nordwesten zu verschwinden. Da ein Einholen des Feindes infolge der bedeutend geringeren Geschwindigkeit nicht möglich war - auch das in Brand geschossene Schiff hatte offenbar keinen Schaden an der Maschine erlitten - setzten unsere Einheiten, die trotz der geringen Entfernung nur einige unbedeutende Treffer an unwichtigen Stellen erlitten hatten, ihren Heimweg nach Pola, den sie zwecks Angriffs auf den Feind unterbrochen hatten, fort. Sehr überrascht war man, als sich zeigte, daß niemand gefallen oder auch nur schwer verwundet war, sondern sich nur einige Leichtverwundete vorfanden. Ursache dieser eigentümlichen Erscheinung lag in dem Umstand, daß der Feind das Ziel weit überschossen hatte. Die Erklärung fand sich im italienischen Berichte. Dieser besagte, daß die sechs italienischen Zerstörer, auf denen sich auch zwei Linienschiffskapitäne befanden, von österreichisch-ungarischen Kreuzern und Torpedobootzerstörern angegriffen worden seien. Die gleich zu Beginn aufgetretenen schweren Verluste hatte es sie offenbar undenkbar erscheinen lassen, daß eine so schwache Abteilung allein derartige Leistungen vollbringen könne. Am 30. Juli wurde Cattaro erfolglos von englischen Fliegern angegriffen. Am 24. Juli erfolgte ein italienischer Fliegerangriff auf Pola, der jedoch keinen irgendwie bemerkenswerten Schaden anrichtete.

Der Zusammenbruch der bulgarischen Front zwang auch zum Aufgeben unserer in den letzten Wochen weit gegen Süden vorgeschobenen Stellung in Albanien. Die ganze dort stehende Armee schwebte in unmittelbarer, dringender Gefahr, gänzlich abgeschnitten zu werden. Nur ein weitausgreifender Rückzug konnte sie allenfalls noch abwenden. Schleunigstes Handeln war da die Bedingung. Unter diesen Umständen mußte auch Durazzo geräumt werden. Das Wichtigste war in dieser Hinsicht bereits geschehen, die schwimmenden Verteidigungskräfte bis auf zwei Torpedofahrzeuge bereits abgezogen, als der Feind am 2. Oktober 1918 mit ungefähr 30 Einheiten, darunter auch Kreuzern und zahlreichen Fliegern Stadt und Hafen angriff und durch zwei Stunden bombardierte. Er versuchte auch mit Torpedofahrzeugen und Gleitbooten in den Hafen selbst einzudringen, wurde aber durch das musterhafte Zusammenwirken der Land- und Seeverteidigung abgewiesen. Bei dieser Gelgenheit wurde eines der feindlichen Gleitboote in den Grund geschossen. Ganz hervorragend schlugen sich unsere beiden oben erwähnten Torpedofahrzeuge unter der Führung der Korvettenkapitäne Pauer und Brettner. Sie waren der feindlichen Flotte entgegengefahren und hatten, unbekümmert um die gewaltige Übermacht, die sie mit einem dichten Hagel schwerer Granaten überschüttete, den Kampf aufgenommen. Ihrem aufopfernden Verhalten ist es wohl in erster Linie zu danken, daß der durch die Beschießung hervorgerufene Sachschaden verhältnismäßig gering war, da sich das Feuer in bedeutendem Maße gegen sie richtete. Auffallenderweise kamen sie mit geringen Schäden davon. Dieses Gefecht war die letzte Waffentat des Weltkrieges in der Adria. In den bald folgenden traurigen Ereignissen gelangte die Öffentlichkeit überhaupt nicht zur Erkenntnis ihrer Bedeutung. Wäre es dem Feind gelungen, in den Hafen einzudringen, so wäre nicht nur ein beträchtlicher Teil der Verteidigungsstellungen am Lande aufgerollt worden, sondern es hätte sich ihm auch die Schwäche der noch vorhandenen Besatzung offenbart. Das hätte wohl eine Landung zur Folge gehabt. Von Durazzo aus hätte aber trotz der Raschheit, mit der der Rückzug durchgeführt wurde, unsere Armee abgeschnitten werden können. Sozusagen in letzter Stunde war also noch ein wichtiger Erfolg errungen worden. Es war der letzte unserer Marine.

Der Waffenstillstand

Am 3. November 1918 wurde der Waffenstillstand an der italienischen, am 10. an der Westfront geschlossen Die maritimen Bedingungen beider Verträge liefen auf eine vollständige Auslieferung der Flotten hinaus.

Österreich-Ungarn hatte sofort abzuliefern:
3 Linienschiffe, 3 leichte Kreuzer, 9 Zerstörer, 1 Minenleger, 6 Monitore, 15 Unterseeboote.

Deutschland:
6 Linienschiffe, 8 leichte Kreuzer, 100 U-Boote.

Alle übrigen Schiffe waren abzurüsten. Die wichtigste und drückendste der Bedingung war aber die Aufrechterhaltung der Blockade. Darin, daß den Verbandschiffen der Zugang zu allen Küstengewässern geöffnet werden mußte, lag eine wesentliche Verschlechterung der Lage, insbesondere Deutschlands, das während des ganzen Krieges wenigstens in der Ostsee den Seehandel hatte frei betreiben können. Nun wurde auch der Verkehr mit den skandinavischen Staaten unterbunden.

Auch die türkische Flotte mußte übergeben werden. Die Seemacht der Gruppe der Mittelmächte war zerbrochen - der Seekrieg zu Ende.

Der Erste Weltkrieg brachte verzweifelte Bemühungen des Flottenvereines der k.u.k. Kriegsmarine, weitere Flugzeuge oder gar ein Unterseeboot zu bezahlen. Der Wille war größer als die Geldmittel. Das bunte Gebäude wankte. „Die Flagge" erschien noch tapfer bis 1919, ohne anderes berichten zu können, als die Aufteilung der Beute durch die Sieger. Es war zu Ende.

Letzte Zeilen an die Leser der Flagge Ausgabe März/April 1919

Die zurücktretende Schriftleitung dankt nunmehr allen Freunden der Zeitschrift, Lesern und Mitarbeitern, für ihre so vielfach bezeugte freundliche Gesinnung und Anteilnahme, die sich auch in der Zeit äußerte, da die unhaltbaren Postzustände und ihre Rückwirkungen auf die in Salzburg erfolgende Herstellung der „Flagge" die Geduld der Bezieher auf manche Probe stellte. - Mögen bald geordnete Zustände eintreten, die unserer hartgeprüften Heimat die Rückkehr zu wiederaufbauender Arbeit erlauben!

Der Marineverband 1924 - 1938

Die erste Neugründung nach dem Ende des Weltkrieges war interessanterweise 1919 ein Zusammenschluß ehemaliger Maschinisten der k.u.k. Kriegsmarine. Außer dem harten Dienst im Maschinen- und Kesselraum verband sie die gemeinsame Ausbildung an der Maschinenschule in Pola. Die Schule hatte einen guten Ruf, die 14- bis 18jährigen erhielten eine exzellente Ausbildung. Es entstand die „Maschinenschul-Runde Pola 1919".

In den Räumen des Flottenvereines in der Wiener Schwarzspanierstraße etablierte sich nach dem Ende der Vereinstätigkeit 1919 eine „Österreichische Weltwirtschaftsgesellschaft". Erinnert man sich an die deutlichen ökonomischen Tendenzen in der „Flagge", ist dies nicht völlig überraschend. 1924 begannen ehemalige k.u.k. Seeoffiziere einen „Marineverband" zu gründen, nach behördlicher Bewilligung war der Sitz des neuen Vereines in Wien 3., Marxergasse 2, als Organ sollte die österreichische Wehrzeitung fungieren. Eines der Motive war sicherlich gegenseitige wirtschaftliche Unterstützung, wie sie in der Weimarer Republik, deutlicher in der Gründung der MOH, der Marine-Offiziers-Hilfe zum Ausdruck kam. Doch es ging auch um die Pflege der Tradition. Ein behördlicher Ansprechpartner existierte nicht mehr, denn 1923 hatte die sogenannte „liquidierende Marinesektion" ihre Tätigkeit eingestellt. Das Gebäude in der Marxergasse war anderen Zwecken zugeführt worden. Trotzdem gelangen dem Marineverband zwei spektakuläre Dinge: Die Überführung der Leiche des Großadmirals Anton Haus vom Marinefriedhof Pola nach Wien (Hütteldorfer Friedhof) 1925 und die Übersiedlung des Tegetthoff-Denkmales vom Monte Zaro auf den Tegetthoff-Platz in Graz (1936).

Mitglieder des Marineverbandes waren es, die ab 1925 die Geschichte des ersten Weltkrieges und den Seekrieg auf der Adria historisch aufzuarbeiten versuchten. Sie begründeten eine Tradition von engagierten Autoren aus den Reihen des Marineverbandes, die bis heute ungebrochen fortlebt.

Die Fusion des Marineverbandes mit der Weltwirtschaftsgesellschaft brachte dem Verein das schöne Lokal in Wien 9., Schwarzspanierstraße 15 zurück und damit auch die Sammlungen der Flottenvereins-Zentrale.

Monatlich erschienen nun die Mitteilungen des Marineverbandes, daneben blieb die Verbindung zur Wehrzeitung bestehen, die bis 1938 hunderte Artikel zur Marinegeschichte brachte.

Im Jahre 1932 gab es einen Höhepunkt in der Vereinsgeschichte, als am 15.5.1932, also am Jahrestag des Seegefechtes von Otranto, in der Michaelerkirche in Wien das „Marine-Ehrenmal" enthüllt wurde. Zur Enthüllung war der letzte Flottenkommandant, Nikolaus von Horthy, erschienen. Auch heute noch hält der Marineverband seine Totengedenkfeier Anfang November jeden Jahres in der Michaelerkirche ab.

In diesem denkwürdigen Jahr 1932 gab der Marineverband auch einen Marine-Almanach heraus. Zweifellos bewußt anknüpfend an die große Tradition des k.k. bzw. k.u.k. Marine-Almanaches, der von 1862 bis 1918 existiert hatte und das erste einfache Handbuch über Kriegsschiffe und Schiffsgeschütze der Welt (!) gewesen war.

Interessant ist der Untertitel: „Jahrbuch der Überlieferungspflege der ehemaligen österreich- ungarischen Marineangehörigen, sowie für die Schiffahrts und überseeischen Interessen Österreichs".

Das 126 Seiten starke Büchlein enthält neben einem Mitgliederverzeichnis, den Adressen der einzelnen Ortsgruppen, auch einige recht gute Artikel zu historischen und handelspolitischen Themen.

Offenbar war geplant, das Jahrbuch zu einem Periodicum zu machen, doch es blieb beim Jahrgang 1932.

Die Sehnsucht nach Rückkehr in den Seemannsberuf war damals natürlich noch lebendig. Einige k.u.k. Seeoffiziere begannen in den 20er Jahren eine Lebensgeschichte, die jeden Vergleich mit Jack London oder Joseph Conrad aushalten würde, an die fünfzig wurden an die königliche Paketfahrt AG vermittelt, eine holländische Reederei, die zahlreiche Schiffe im Dienst zwischen den unzähligen Inseln der damaligen Kolonie Niederländisch-Indien (=Indonesien) betrieb. Mit der Weltwirtschaftskrise verloren die meisten ihre Anstellung wieder, einige aber blieben, wurden holländische Staatsbürger und 1942 von den Japanern prompt als feindliche Ausländer interniert.

Der Marineverband der Zwischenkriegszeit war naturgemäß von der Lebensauffassung, dem Ehrenkodex und der Weltanschauung des k.u.k. Offizierskorps geprägt. Dennoch ist die fallweise gehörte Behauptung, es hätte sich um eine Art „feudalen Offiziersverband" gehandelt, nicht haltbar. In den „Mitteilungen" aus den Zwanziger- und Dreißiger-Jahren finden sich immer wieder Hinweise auf Unteroffiziere und Mannschaften unter den Mitgliedern! Dazu selbstverständlich auch damals schon Mitglieder, die aus persönlichem Interesse an der Marinegeschichte und Seefahrt zum Verband stießen.

Nochmals war dem Verband ein Erfolg in der Traditionspflege beschieden, als während des Ständestaates Verhandlungen mit dem „befreundeten Italien" zum Abschluß gebracht werden konnten, die eine Rückgabe zahlreicher Gegenstände aus dem Marinemuseum Pola an den Marineverband bzw. an das Heeresgeschichtliche Museum vorsahen. In (angeblich) drei Waggons kamen die Gegenstände auch nach Österreich, sind aber in den Wirren zu Ende des zweiten Weltkrieges zum Großteil wieder verloren gegangen.

Nach dem „Anschluß" wurde der österreichische Marineverband am 24.6.1938 in den Landesverband „Donau Inn Drau" des NS Deutschen Marinebundes umgewandelt.

Soweit der Verfasser als Spätgeborener dies beurteilen kann, war die Meinung im Korps der ehemaligen k.u.k. Seeoffiziere zur neuen Zeit geteilt. Einerseits winkte die Möglichkeit, wieder im alten, geliebten Beruf tätig zu werden und in der Marine einer Großmacht zu dienen, andererseits scheint es vor allem bei den älteren Rängen auch erhebliche Vorbehalte gegeben zu haben. Aus der Sicht der deutschen Kriegsmarine waren die k.u.k. Seeoffiziere wegen ihrer fundierten Ausbildung und wegen ihrer Sprachkenntnisse begehrt.

PERSÖNLICHE ERINNERUNGEN AN DEN MARINEVERBAND DER ZWISCHENKRIEGSZEIT IN WIEN

Fausta Körner[1]

Am Anfang war der Österreichische Flottenverein, dem auch mein Vater als k.u.k. Marinekommissär angehörte, in der Nachkriegszeit entstand dann der Marineverband. Meine erste Erinnerung ist ein Tanzvergnügen im Jahre 1928. Es war das Jahr des großen Eisstoßes und es war dementsprechend kalt. Wie haben wir gefroren, als wir mit der Straßenbahn in die Berggasse fuhren. Dort war ein Etablissement, das einen großen Saal hatte und dort fand diese Tanzerei statt.

Wie das Fest hieß und wie das Lokal hieß, weiß ich heute nicht mehr. Ebenso ungenau ist meine Erinnerung an andere Ereignisse, die irgendwo am Anfang der Gumpendorferstraße bei der Theobaldgasse stattfanden. Auch dort ein großer Saal zum Tanzen und sogar eine Bühne, auf der gelegentlich Darbietungen vor sich gingen. Einmal habe ich die Conference gehat, doch heimtückische Leute entführten meine Aufzeichnungen und ich war die Blamierte.

---

[1] Geboren 1913 als Tochter des Marine-Oberkommissärs Rudolf Koren und seiner Frau Gioconda, geb. Spincic (beide Triestiner). Lebt bis heute in Wien, in einem ehemaligen Wohnhaus der Marine-Sektion. Zuletzt Vorstandsmitglied des Marineverbandes.

Genaueres weiß ich erst ab dem Jahre 1931, da gibt es auch die ersten Fotos, die ich zum Teil dem heutigen Marineverband zur Verfügung stellte. Ab 1930 gab es die sogenannte Sportsektion des MV, deren Leiter Eugen Hermann und mein Vater waren. Wir unternahmen vieles gemeinsam, im Frühling und Herbst gingen wir in den Wienerwald wandern, im Winter trafen wir uns jeden Monat im heutigen „Dubrovnik" und im Sommer hatten wir eine Kabine in der Militärschwimmschule an der alten Donau. Diese Kabine teilten wir allerdings mit etlichen Ratten, sodaß ein Genie die Möglichkeit erfand, unseren Proviant frei hängend vor den Biestern zu sichern. Auf einer Wiese nahe am Wasser breiteten wir eine Decke aus und errichteten aus Liegestühlen eine Wagenburg. Leider wurden wir stets um 19 Uhr aus der Schwimmschule vertrieben, weil sie pünktlich schloß. Außer den monatlichen Treffen im Bordlokal in der Schwarzspanierstraße haben wir so manche Feste dort an der alten Donau gefeiert und auch im Bordlokal ging es manchmal hoch her. Wir waren ja alle noch recht jung. Ein Kostümkränzchen im Fasching, einen Sylvesterabend mit Darbietungen und immer wurde natürlich getanzt. Der Präsident des Marineverbandes Bruno Dittrich gab uns öfter die Ehre bei uns zu erscheinen. Die anderen Offiziere hielten sich meist fern, da die Sportsektion viele Unteroffiziere in ihren Reihen hatte. Waren wir zu minder?

Im Jahre 1932 wurde das Marine-Ehrenmal in der Michaelerkirche enthüllt. Ich erinnere mich, daß es damals sehr feierlich zuging. Diesmal leider ohne Tanz. Ich glaube es war zur Fliederzeit 1935, da kam Admiral Horthy nach Wien und im Offizierskasino am Schwarzenbergplatz fand ein großer Empfang zu seinen Ehren statt. Die Herren in Uniform, die Damen im langen Kleid. Trotz der festlichen Kleidung blieb so mancher Fliederbusch beim Weg nach Hause durch den Stadtpark an unseren Händen kleben.

Im Offizierskasino war auch irgendwann ein großer Empfang und großes Essen im Zusammenhang mit dem Schiff BIRAGO des ersten Bundesheeres, doch an Näheres erinnere ich mich nicht mehr.

Aber ich habe vorgegriffen, denn im Jahre 1933 wurde unser Traum wahr, das Bad nicht immer schon um 19 Uhr verlassen zu müssen, sondern etwas Eigenes zu haben. Im Sommer inserierte der damals bekannte Hut-Korff, daß er seine Badehütte an der unteren alten Donau verkaufen wolle.

Da ich ihn im Winter vorher (na wo schon?) auf einem Nobelball kennen gelernt hatte, schloß ich mich Hermann und meinem Vater an, um mit ihm zu verhandeln. Mit Erfolg: Je höher der Schlitz meines aus einer alten Uniform gemachten Kostümrockes hinauf rutschte, umso tiefer rutschte der Preis, bei 4.000 Schilling wurden wir handelseins. Damals viel Geld, aber wir gaben Schatzscheine, oder sowas, aus und finanzierten unser geliebtes Bad. Im Herbst 1933 fand die große Einweihungsfeier durch die Sportsektion statt, dann begannen die Herren mit der Arbeit. Eine große Veranda wurde um den Waggon herum gebaut, denn die „Hütte" war eigentlich ein Waggon. Eine Dusche wurde installiert und eine Eßecke gebaut. Rasen und Blumenbeete angelegt. Meine Mutter verbrachte im Sommer zwei Wochen dort. In unseren Augen ein Paradies. Nur zu erreichen war es mühsam: 30 min von der Kagraner Brücke aus, oder mit der „Überfuhr" um wenige Groschen von Kaisermühlen aus. Kräftige Männer ruderten schweißtriefend große Zillen. Aber die Überfuhr benützte man nur, wenn Proviant hinunter zu schaffen war, abends war es zu teuer. Da gingen wir lieber die dunkle Uferstraße entlang.

Wir hatten sogar so eine Art Uniform: Mittelblaue Trainingshosen. Morgens wurde die Flagge gehißt und abends wieder eingeholt, bei feierlichen Gelegenheiten gab es neben der Kriegsflagge noch die Flaggengala.

Es war meist sehr lustig bei uns.

In den folgenden Jahren begannen wir, der „harte Kern" auf Klappbetten auch unten zu schlafen. Wir hatten viel Jugend und in der Früh gingen wir statt duschen in die alte Donau schwimmen, damals konnte man das noch, das Wasser war rein.

Abends gab es so manches Viertel Ribiselwein, das man mit Kopfweh und manchen Sommerflirt, den man mit Liebeskummer bezahlte.

Und dann kam 1938: Das Schild „Marineverband" verschwand und wurde gegen eines des NS-Marinebundes ausgetauscht. 1939 starb mein Vater und als der Krieg ausbrach wurden die jungen Männer einberufen. Zurück blieben Frauen, Kinder und Alte. Wir hatten nicht mehr, wie im Frieden, in unserem Buch am Sonntag fast 100 Anwesende einzutragen, aber auch im Krieg kamen noch genug zusammen. Im Herbst 1944 begannen die Bomben zu fallen, bei einer der ersten Wellen wurde auch unser Bad getroffen.

Etwa im Jahre 1949 habe ich dann gehört, daß der Marineverband wieder existiert und bin wieder eingetreten, mit der MitgliedNr. 49.

Seit dem Tod meiner Angehörigen bin ich wieder regelmäßige Besucherin des Verbandes und seiner Veranstaltungen. Gar manche Ehren wurden mir zuteil, für die ich hier vielmals danke.

Der Marineverband 1945 - 1994

1945, wieder eine Stunde Null, anders als im Jahre 1918, als der Flottenverein seine Daseinsberechtigung und seine Basis verloren hatte, aber nicht minder mühsam. Land der vier Besatzungszonen: Wie beinahe zu erwarten war, gab es Schwierigkeiten mit einer der Besatzungsmächte. Es waren die Amerikaner, in deren Zone die Schwarzspanierstraße lag. Ein Lokal, in dem der Deutsche Marinebund gewerkt hatte und in dem jetzt neue Aktivitäten stattfinden sollten, das schien verdächtig.

Verbunden mit einem unangenehmen auf und ab mit alliierten und österreichischen Behörden, dessen Details wir uns ersparen wollen, dauerte dieses Interregnum bis 1949! Im Jänner 1949 wurde ein neuer Verein mit dem Titel „Gesellschaft der Freunde der Seefahrt" amtlich bestätigt, im Februar fand die konstituierende Versammlung statt. Das Vereinsabzeichen der Zwischenkriegszeit wurde ebenfalls wieder bewilligt. Die neu-alte Gesellschaft begann wieder „Mitteilungen" zu publizieren. Für Bruno Dittrich müssen die Jahre 1945-1949 bitter gewesen sein. Es gab auch weltanschauliche Spannungen im alten Offizierskorps. Dittrich starb 1950. In den folgenden 20 Jahren bis 1970 führten Präsidenten, die aus dem

Jährliche Totengedenkfeier des MV vor dem Ehrenmal in der Michaelerkirche

Ehrenmal des MV in der Wiener Michaelerkirche

k.u.k. Seeoffizierskorps kamen, die Geschicke des Verbandes. Ab 1956 nannte man sich wieder Marineverband. Das Vereinsleben blühte wieder auf, Fixpunkte im Jahr waren stets die Lissafeiern, die Totengedenkfeiern und die Treffen im Bordlokal.

Dazu kam eine rege Vortragstätigkeit außerhalb des Bordlokales. Die gute Tradition dieser Vortragstätigkeit wird von den heutigen Mitgliedern weitergeführt, es gab und gibt Vorträge im Heeresgeschichtlichen Museum und an der Universität Wien. Von den zahlreichen Büchern, die in den letzten 15 Jahren zum Thema k.u.k. Kriegsmarine und Handelsmarine erschienen sind, darf behauptet werden, daß fast alle Autoren entweder Mitglieder des MV sind, oder ihm zumindest nahe stehen!

Das um 1970 heranstehende Generationsproblem war nicht ganz einfach zu lösen, doch seit 1970 rekrutieren sich die Präsidenten aus Männern, die als Offiziere oder Offiziersanwärter in der deutschen Kriegsmarine gedient haben. Als Vorstandsmitglieder des Verbandes blieben die letzten Angehörigen der k.u.k. Kriegsmarine bis 1985 tätig.

Insbesonders nach 1970 wurde seitens der Führung des MV immer wieder versucht, die maßgeblichen Regierungsstellen auf die Vorteile einer eigenen Handelsflotte hinzuweisen. In den Zeiten des blühenden kalten Krieges hätte die neutrale Flagge unschätzbare Vorteile gebracht. Ohne Regierungssubventionen bzw. amtliche Unterstützung war ein solches Unternehmen nicht zu führen. Das mehr oder minder traurige Schicksal diverser österreichischer Reedereien beweist dies. Andererseits zeigten die Handelsflotten der vergleichbaren Binnenstaaten Schweiz und damalige CSSR, daß es mit Regierungshilfe sehr wohl funktionierte.

Doch alle Bemühungen und Vorsprachen blieben vergeblich. Es geschah nichts. Vielleicht wirkte die defizitäre DDSG abschreckend, vielleicht war es einfach ein österreichisches Schicksal?

1970 aber wurde ein anderes Projekt erfolgreich abgeschlossen: Es kam zur Gründung eines Dachverbandes, der all die verstreuten Marine-Kameradschaften in sich vereinigte. Die „Mitteilungen" des Wiener Verbandes erhielten wieder den Traditionstitel „Flagge", daneben aber geben zahlreiche Kameradschaften eigene Publikationen heraus, die meist sehr liebevoll und interessant gemacht sind.

Der MV ist Mitglied der Internationalen Seefahrer-Föderation und war 1983 auch Gastgeber für das regelmäßige ISF-Treffen in Wien. Der MV ist auch Mitglied der internationalen U-Bootfahrer-Vereinigung und war wiederholt Gastgeber für deren Treffen.

FOTOTEIL AUS DEM ARCHIV DES ÖSTERREICHISCHEN MARINEVERBANDES

Das Siegerdenkmal von Lissa, der „Löwe von Lissa", steht seit 1919 im Garten der ital. Marine-Akademie in Livorno. Der MV hat wiederholt die Marine-Akademie und den Löwen besucht.

Graz 20. Juli 1987, Lissafeier am Tegetthoffplatz

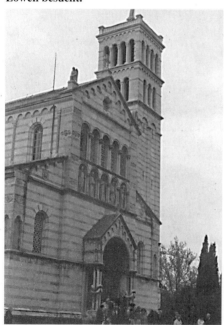

All die Jahre seines Bestehens hat sich der MV stets um die Marine-Kirche in Pola „Madonna del mare" (Gospa od mora) und den Marine-Friedhof in Pola gekümmert.

Anläßlich der Erklärung des Friedhofes zum Kulturdenkmal und der Übernahme in die Obhut Kroatiens entstand dieses Bild 1993. Bei diesem Festakt war der Marineverband vertreten (siehe auch Seite 157).

1980. Besuch des MV in Triest anläßlich des 90. Geburtstages von Baron Gottfried Banfield, dem berühmten Marineflieger (siehe auch Seite 142).

Juli 1986: Zum 120. Jahrestag der Seeschlacht von Lissa (kroat. Vis) führte der MV eine Fahrt mit Trabakeln rund um die Insel durch. Feierliche Flaggenhissung

Lissafeier am 20. Juli 1975 in Klosterneuburg am Bord von Österreichs einzigem Kriegsschiff, dem Patrouillenboot NIEDERÖSTERREICH

Englandreise des Österreichischen Marineverbandes, Mai 1987: In der Unteroffiziersmesse im U-Boot-Stützpunkt Gosport der Royal Navy wird dem Präsidenten des Marineverbandes Herbert Seemann ein Splitter eines k.u.k. U-Boots Torpedos überreicht. Das k.u.k. U-Boot U4 hatte diesen Torpedo am 9. Juni 1915 gegen den britischen Kreuzer DUBLIN gefeuert und den Maschinenraum getroffen. Die Sprengkraft des 45 cm Torpedos reichte aber nicht aus, die DUBLIN zu versenken, sie konnte beschädigt Brindisi erreichen.

Höhepunkte der letzten Jahre waren die Lissa-Feiern 1966 und 1986, wobei 1986 sogar eine Fahrt mit Motor-Trabakeln rund um Lissa durchgeführt werden konnte.

Zur Deutschen Gesellschaft für Schiffahrts- und Marinegeschichte (DGSM) bestehen gute Beziehungen, in der halbjährlichen Publikation „Schiff und Zeit" fehlt es nie an historischen Arbeiten zu österreichischen Themen. Seit der Entstehung des kroatischen Staates hat der MV eine Ortsgruppe in Pula.

STERNSTUNDE FÜR DIE ÖSTERREICHISCHE MARINE
POLA 1997

Kroatischer Matrose in Paradeuniform vor dem k.u.k. Marinefriedhof Pola anläßlich der neuerlichen Einweihung des nun mehr gänzlich restaurierten Friedhofes

Kranzniederlegung mit rot-weiß-rot Schleifen durch zwei Mitglieder des tschechischen Veteranenvereines „Königgrätz". Die beiden Herren tragen perfekt nachgeahmte Matrosenuniformen Muster 1873 links und rechts 1907

Zum Trauersalut angetretene kroatische Matrosenkompagnie

Das gut erhaltene Fort Tegetthoff auf der höchsten Erhebung von Brioni Grande

Der österreichische Marineverband legt auf jener original k.u.k. Boje, die über der Untergangsstelle der VIRIBUS UNITIS (1.11.1918) liegt, den rot-weiß-roten Kranz nieder, der auch an das Ende der k.u.k. Seemacht erinnern soll

Rampe und Portal des k.u.k. Marinekasinos, seit 1918 völlig unverändert. Schauplatz eines Ballereignisses, welches noch vor einigen Jahren völlig undenkbar gewesen wäre

Die heutigen Mitglieder sind zum überwiegenden Teil jener Generation zugehörig, die im Zweiten Weltkrieg zur See gefahren ist. Einer Tradition, die bereits 1924 entstand, folgend, gibt es aber zahlreiche Mitglieder, die aus persönlichem Interesse an der Seefahrt oder an der Marinegeschichte zum MV gestoßen sind. Diese Mitglieder werden den Verband in den kommenden Jahren und Jahrzehnten mit Leben erfüllen und führen.

Die Präsidenten des (Wiener) MV seit 1949:
Korv.Kpt. Bruno Dittrich 1949/50, Korv.Kpt. Oswald Heinrich 1950-1964, Freg.Kpt. Hans Hugo Sokol 1964/65, Korv.Kpt. Heinrich Bayer-Bayersburg 1965-1970, Ltnt.zur See Herbert Seemann 1970-1987, Ltnt.zur See (Oberst des Bundesheeres) Heinz Blasek 1987-1991, Ltnt.zur See Dr. Heinz Uhrner seit 1991

Die Präsidenten des Dachverbandes (Österr. MV) seit 1970:
Ltnt. zur See Herbert Seemann 1970-1987, Ltnt. zur See Dr. Hans Sanda 1987-1990, Reserveoffz. Anwärter Mag. Ernst Viehtauer 1990-1995, Ltnt. zur See Dr. et Mag. Erwin Schatz seit 1995

Hans Sanda *)

ÖSTERREICHER IN DER DEUTSCHEN KRIEGSMARINE 1938 - 1945

Die Marinelaufbahn

Wie kamen die Österreicher der Zwischenkriegsgeneration eigentlich dazu, überhaupt zur See fahren zu wollen und im Zuge der politischen Entwicklung - nach dem Anschluß Österreichs an das Deutsche Reich als „Ostmärker" - den Kriegsdienst bei der deutschen Kriegsmarine abzuleisten?

Rest-Österreich hatte bekanntlich 1918 seinen Zugang zum Meer verloren und die ehemaligen Angehörigen der k.u.k. Kriegsmarine bzw. der Handelsmarine waren teils in die Dienste der Nachfolgestaaten in den ehemaligen Küstenländern der Monarchie, vor allem aber auch in die Marine des neuen Polen, der Niederlande oder anderer seefahrenden Staaten getreten, hatten im klein gewordenen Österreich einen neuen Beruf ergriffen oder verbrachten hier ihren Ruhestand. Von diesen ehemaligen Marineangehörigen erfuhren zunächst deren Söhne, Bekannte und Freunde viel über die Seefahrt und die Marine. Anderen wieder wurde durch Marineliteratur und Abenteuerbücher die Sehnsucht nach fernen Landen und die Lust auf Bewährung im Kampf gegen die Elemente geweckt. Nur wenige aber wagten es, in der Zwischenkriegszeit ihren Wunsch zur See zu fahren meist auf abenteuerliche Weise zu verwirklichen. Mit dem Anschluß Österreichs an das Deutsche Reich änderte sich die Situation schlagartig.

Ein Umstand machte sich allerdings bald bemerkbar, der für die Österreicher neu war. Im Deutschen Reich war

*) Dr. Hans Sanda ist im August 1995 verstorben.

Harte Ausbildung mit dem Kutter

Marine H.J.
(Deutsches Jungvolk)

Uniform d. MHJ. Amtl. Ausgabe d. Reichsjugendführung Hamburg 1933

nämlich im Gegensatz zu Österreich die allgemeine Wehrpflicht eingeführt und so ergab es sich, daß bereits 1938 Österreicher, welche das wehrpflichtige Alter erreicht hatten, zur deutschen Wehrmacht einrücken mußten. Zur Marine meist auf Grund freiwilliger Meldungen - vor allem diejenigen, welche sich für den Offiziersberuf entschieden hatten. Sie hatten das Glück, noch im Frieden auf Segelschulschiffen oder Schulkreuzern im Zuge der Ausbildung ferne Länder und Meere als Botschafter Deutschlands kennenzulernen. Aber auch ältere Semester aus der ehemaligen k.u.k. Kriegsmarine hatten sich entschlossen, wieder das lang entbehrte blaue Tuch anzuziehen und wurden mit entsprechendem Rang in die verschiedensten Laufbahngruppen übernommen.

Marine H.J.

Für die an Marine interessierte Jugend eröffnete sich aber eine andere Möglichkeit schon vorher dem ersehnten Element näher zu kommen. Es wurden sofort nach der Machtübernahme auch in Österreich die verschiedenen Zweige der Hitler-Jugend eingeführt. Die Mitgliedschaft war mehr oder weniger freiwillig.

Die Maxime lautete „Hart wie Kruppstahl", „Zäh wie Leder" und „Flink wie die Windhunde" sollte die Jugend sein. Daneben galt das Augenmerk der Erziehung zu Aufrichtigkeit, Disziplin, Mut, Verantwortung, Ehre und Kameradschaft. Gemeinnutz wurde vor Eigennutz gestellt und das deutsche Vaterland galt als höchstes Gut für das der Einsatz lohnte. Nach kurzer Zeit wurden auch in Österreich spezielle Unterorganisationen der HJ eingerichtet, sodaß sich jeder Junge seinen Neigungen entsprechend aussuchen konnte, ob er z.B. zur Motor-HJ, Flieger-HJ oder zur **Marine-HJ** wollte. Dort fanden die meisten Seefahrtsbegeisterten bald ihr Zuhause. Bei den Heimabenden wurde fleißig Knoten, Spleißen, Winken, Blinken, Wurfleinenwerfen, Navigation, Segeltheorie und viele andere Fertigkeiten geübt. Die meisten Einheiten verfügten auch über einen 10-riemigen Kutter oder Segelboote, wo der Umgang mit Blockwerk, Tauwerk, Lichterfüh-

Armscheibe für bestandene Seesportprüfung A - C (für weißes bzw. blaues Zeug)
Seesportabzeichen für blaues Diensthemd bzw. weißes Arbeitszeug

rung, der Umgang mit Lot und Log, Ausweichregeln, Kutterpullen und Segeln praktisch erlernt werden konnten. In Wien z.B. lagen an der alten Donau ein halbes Dutzend Marinekutter, die vom Bootsbauer Eppl hergestellt wurden, der schon zur Zeit der Monarchie mit dem Bootsbau für die k.u.k. Kriegsmarine beschäftigt war.

Zur MHJ setzte reger Zustrom ein, wenn auch mancher nur wegen der schmucken Matrosenuniform beitrat. Spreu wurde jedoch bald von Weizen getrennt. Unter Nachweis bestimmter Kenntnisse in Seemannschaft konnte man das Seesportabzeichen erwerben und auf eigens dafür eingerichteten Seesportschulen die A-, B- oder C-Seesportprüfung ablegen. Die Schulen wurden von Fachleuten der Kriegsmarine geleitet

Reichsseesportschule d. MHJ. Ziegenort b. Stettin, Rahsegelschoner ADMIRAL V. TROTHA

Reichsseesportschulen der MHJ

I Prieros bei Berlin
II Seemoos am Bodensee
III Ziegenort b. Stettin (heute Polen) auf dem Rahsegelschoner ADMIRAL V. TROTHA
IV Neusiedl/See (Österreich) ADMIRAL W.V. TEGETTHOFF

Segelschulschiff der KM HORST WESSEL (Stralsund)

Reichsseesportschule IV d. MHJ Admiral W. v. Tegetthoff in Neusiedl am See, Juni 1940

Kursteilnehmer

Im Zuge der Ausbildung

In einmonatigen Lehrgängen wurden dort die für die entsprechende Prüfung erforderlichen Kenntnisse vermittelt und auch die Prüfungen abgenommen. Darüber erhielt man einen Ausweis. Viele Jungen aus allen deutschen Gauen lernten sich dabei kennen und schätzen. So gerüstet, waren den jungen Männern beim Eintritt in die Kriegs-, selten in die Handelsmarine, die See und das Bordleben nicht mehr fremd. Absolventen der Seesport-C-Prüfung galten als seefahrendes Personal und wurden auch ohne freiwillige Meldung zur Kriegsmarine gemustert, sobald sie das wehrpflichtige Alter erreicht hatten.

Doch gab es nicht überall eine MHJ und so gelangten auch viele - anfangs noch auf Grund freiwilliger Meldung - ihrer Neigung entsprechend zur Kriegsmarine. Im Verlaufe des Krieges wurde mancher auch auf Grund seines Berufes oder seiner Kenntnisse zur KM gemustert. Von all diesen hat es jedoch kaum einer bereut, bei der Marine gedient zu haben.

Kuttersegeln

Angehöriger d. MHJ der Reichssportschule - H.J. (Gorch Fock)

Alltag der Ausbildung

Kuttermanöver

Kadetten auf Deck

Mit dem Beginn des Zweiten Weltkrieges änderte sich aber das vorprogrammierte friedliche Bild einer Marinelaufbahn, da natürlich auch die Marine in den unerbittlichen Strudel des Krieges gezogen wurde. Zunächst die Erfolge mit der Besetzung Dänemarks und Norwegens, der Niederringung Frankreichs und auf See durch die Kreuzer, Hilfskreuzer und U-Boote. Schmerzliche Verluste konnten allerdings nicht ausbleiben. Zehn Zerstörer und drei Kreuzer in Norwegen, ADMIRAL GRAF SPEE in der La Plata Mündung. Die U-Bootsverluste noch in minimalen Grenzen. Überall waren auch die Österreicher dabei und taten ihre Pflicht. Fast konnten die noch zu Hause befindlichen die Besorgnis haben, zum Krieg zu spät zu kommen. Leider war diese Besorgnis verfrüht.

Die Sowjetunion schloß zwar am 28. August 1939 mit Deutschland einen Freundschaftsvertrag, welcher Deutschland auf der einen Seite die benötigten Öllieferungen

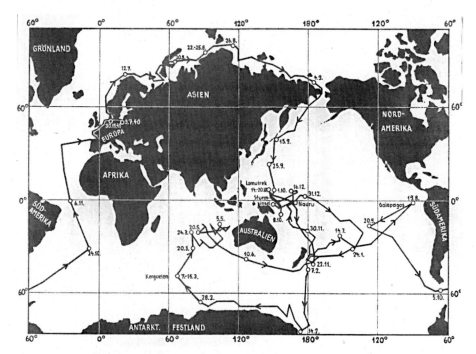

Fahrt des Hilfskreuzers KOMET mit dem erstmaligen Durchbruch durch das sibirische Eismeer 1940/41 (Erdumrundung nach 516 Tagen)

garantierte und sogar den Weg über Sibiriens Eismeer für den Hilfskreuzer KOMET in den Pazifik ermöglichte, ging aber gleichzeitig daran, seine Machtsphäre auszudehnen und die 1918 verlorenen Gebiete zurückzugewinnen.

Finnland, die baltischen Staaten, Rumänien und die polnischen Ostgebiete waren die Opfer. Finnland und vor allem die baltischen Staaten waren erst durch beträchtliche Hilfe aus Deutschland 1918 frei geworden. Ungarn konnte durch den deutsch-italienischen Schiedsspruch 1918 an Rumänien gefallene Gebietsteile zurückgewinnen und beteiligte sich auch am Krieg, als am 6. April 1941 nach dem Staatsstreich in Jugoslawien die dortige deutschfreundliche Regierung abgesetzt und die Offensive gegen Jugoslawien begann. Zu diesem Zeitpunkt wurde auch ein sowjetisch-jugoslawischer Freundschaftsvertrag abgeschlossen - ein Feuerzeichen an der Wand. Die Italiener hatten schon vorher mit dem

Krieg gegen Griechenland begonnen und wurden, so wie in den afrikanischen Kolonien mit den Gegnern nicht fertig, so daß Deutschland und speziell auch dessen Kriegsmarine im Mittelmeer eingreifen mußte.

Am 22. Juni 1941 um 3 Uhr 15 Minuten begann dann der unausbleibliche Krieg gegen die Sowjetunion. Nach dem am 11. September 1941 erteilten Schießbefehl Roosevelts gegen Schiffe der Achsenmächte (dies waren die Partner des am 27. September 1940 zwischen Deutschland, Italien und Japan abgeschlossenen Dreimächtepaktes) und der Kriegserklärung vom 11. Dezember 1941 an die USA, waren alle Welt- und Randmeere Einsatzgebiete der deutschen Kriegsmarine. Am 7. Dezember fand der Überfall der Japaner auf die US-Schlachtflotte in Pearl Harbour statt. Japan hatte allerdings mit der Sowjetunion am 13. April ein Neutralitätsabkommen geschlossen und beteiligte sich daher nicht am Krieg gegen die Sowjetunion.

Mit der Stationierung deutscher U-Boote im pazifischen Raum und der Anlaufmöglichkeit entsprechender Häfen für die Hilfskreuzer waren auf den deutschen Schiffen natürlich auch die Österreicher überall präsent. Und das in allen möglichen Laufbahnen und Funktionen, vom einfachen Seemann, Heizer, Unteroffizier bis zum Boots- oder Schiffskommandanten oder in übergeordneten Stabsstellen. Das personelle Zahlenverhältnis entsprach etwa dem Bevölkerungsschlüssel. **Jeder 10. Marineangehörige stammte aus Restösterreich oder aus Gebieten der ehemaligen Kronländer.**

Tradition der k.u.k. Kriegsmarine

Die Tradition der k.u.k. Kriegsmarine wurde aber nicht nur durch Österreicher bei der deutschen Kriegsmarine wachgehalten. Am 22. August 1938 war in Kiel der Schwere Kreuzer PRINZ EUGEN als Traditionsschiff für die k.u.k. Kriegsmarine in Gegenwart des ungarischen Reichsverwesers und

Die Schiffsglocke des Schlachtschiffes TEGETTHOFF (1923 in Italien abgewrackt) wurde 1942 von der italienischen Kriegsmarine an den Kreuzer PRINZ EUGEN übergeben.
Im Mai 1945 rettete Freg.Kpt. Paul Schmalenbach (einer der Artillerie-Offiziere der PRINZ EUGEN) die Glocke, die sonst mit in die USA gekommen wäre. 1973 wurde die Glocke an den österreichischen Marineverband übergeben und fand in der Garnisonskirche in Graz ihren Platz.

Stapellauf des Kreuzers
»PRINZ EUGEN«
erbaut für die Deutsche Kriegsmarine auf der
Fried. Krupp Germaniawerft Aktiengesellschaft, Kiel-Gaarden

Die Stapellauffeierlichkeiten fanden statt in Anwesenheit des Führers und Reichskanzlers Adolf Hitler und Seiner Durchlaucht des Reichsverwesers des Königreichs Ungarn vitéz Nicolaus Horthy von Nagybanya
Den Taufakt vollzog Ihre Durchlaucht Frau von Horthy

Kiel-Gaarden, 22. August 1938

Eine Kopie der Taufurkunde ist in den Räumen des Wiener Marineverbandes ausgestellt.

letzten Kommandanten der k.u.k. Kriegsmarine, Vizeadmiral Nikolaus Horthy de Nagybanya, vom Stapel gelaufen und von dessen Gattin getauft worden.

Am 22. November 1942 wurde in Gotenhafen von den Italienern die Schiffsglocke des österr.-ung. Schlachtschiffes TEGETTHOFF übergeben und fortan als Schiffsglocke der PRINZ EUGEN benutzt (Vorläufer der PRINZ EUGEN war das Schwesterschiff der TEGETTHOFF gleichen Namens). Die Glocke wurde nach Kriegsende 1945 gerettet und am 23. Juni 1973 der Marinekameradschaft TEGETTHOFF in Graz als Leihgabe übergeben und hängt jetzt in der Garnisonskirche in Graz, wo sie alljährlich zum Gedenken an die Versenkung der SCHARNHORST am 26. Dezember angeschlagen wird[2].

Laut Führerbefehl hatte der Schwere Kreuzer PRINZ EUGEN am 31. Mai jeden Jahres (Skagerraktag) im Topp die k.u.k. Kriegsflagge zu setzen, dies wurde mit Stolz von den Österreichern registriert (der 20. Juli als „Lissatag" war wegen des Bündnisses mit Italien nicht opportun).

k.u.k. Kriegsflagge am Großmast der PRINZ EUGEN

[2] „Die Flagge" Heft 3/85

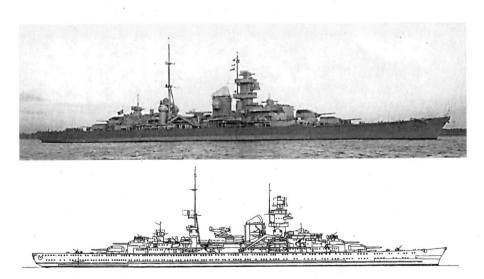

Schwerer Kreuzer PRINZ EUGEN, das „glückhafte Schiff". Indienststellung 1940, gebaut in der Kieler Germania Werft mit 14.420 ts der größte schwere Kreuzer d. KM 132.000 PS, Höchstgesch. 34 Knoten. 1.600 Mann Besatzung. Bewaffnung: acht 20,3-cm Geschütze, zwölf 10,5-cm und zwölf 3,7-cm-Flak, bis zu 28,2-cm-Flak und zwölf Torpedorohre.

Prinz Eugen Tradition der österreichischen Marine, ein Spiegel der Flottenentwicklung in der Donaumonarchie.

Die Tradition des Schiffsnamens PRINZ EUGEN

Man könnte darüber diskutieren, ob der Raddampfer PRINZ EUGEN, der erste Träger dieses Namens, 1854 in Venedig von Stapel gelaufen, die Bezeichnung „Kriegsschiff" überhaupt verdient? Mit nur drei Geschützen bestückt, diente der Raddampfer als Stationsschiff am Bosporus, gehörte dann zum Dalmatiengeschwader und war auch im Krieg um die Lombardei 1859 im Einsatz. 1861 in ANDREAS HOFER umbenannt, war das wackere Schiff auch 1866 bei der Seeschlacht von Lissa mit dabei.

Das zweite Schiff, das den Namen des edlen Ritters trug, war eine der ersten Panzerfregatten der k.k. Kriegsmarine. 1862 in Triest von Stapel gelaufen und mit 30 Geschützen in der Batterie armiert, focht die PRINZ EUGEN in der Seeschlacht von Lissa in erster Reihe. 1876 wurde sie Beischiff der Artillerieschule und in FEUERSPEIER unbenannt. Die Wasserverdrängung betrug 3.300 t, die Maschine leistete 650 PS.

Die dritte PRINZ EUGEN schließlich war ein 1877/78 in Pola gebautes sogenanntes Kasemattschiff von 3.600 t und 2.700 PS. Im schwer gepanzerten Mittelteil des Schiffes, eben der Kasematte, standen acht schwere 21 cm Geschütze. Sie stand lange Zeit im aktiven Einsatz der Flotte, machte sogar Auslandsfahrten mit und wurde ab 1906 zum Werkstattschiff VULKAN umgebaut.

Die vierte österreichische PRINZ EUGEN aber war ein Dreadnought der TEGETTHOFF-Klasse. 1912 in Triest von Stapel gelaufen, bildete er mit seinen Schwesterschiffen das Rückgrat der Flotte, mit der Österreich-Ungarn in den Krieg eintrat, die sogenannte 1. Division. Sie war bei der Beschießung Anconas dabei und beim unglücklichen Vorstoß in die Straße von Otranto 1918 bildete sie mit VIRIBUS UNITIS die erste Staffel. 1919 wurde sie Frankreich zugesprochen und als Zielschiff der französischen Flotte vor Toulon versenkt. Diese PRINZ EUGEN war 20.000 t groß und trug 12 Stück 30,5 cm Geschütze in vier Drillingstürmen.

Biographien der Österreicher in höheren Rängen

Im Zusammenhang mit den ungarischen Verbündeten sollte noch ein Mann erwähnt werden, der als Linienschiffsleutnant zu Kriegsende 1918 bei der k.u.k. Kriegsmarine Torpedooffizier bei der Leitung des U-Bootswesens war, reaktiviert und dienstverpflichtet wurde und 1942 Inspektor und Kommandant der ungarischen Flußstreitkräfte, zuletzt im Range eines Vizeadmirals, war **Kálmán Hardy**.

Erich Brauneis, geb. 16.3.1894 in Wien, seit 11.9.1913 bei der k.u.k. Kriegsmarine. Reaktiviert u. a. auf Linienschiff SCHLESWIG HOLSTEIN. Transportflottenführer Boulogne von Nov. 1940 bis Feb. 1941, im Stab der Seebefehlsstellen A bis Dez. 1941, dann bei verschiedenen L-Flottillen, zuletzt Chef der 24. L-Flottille von Feb. 1943 bis Kriegsende. Zum Fregattenkapitän befördert am 1.2.1944. Am 28.12.1944 wurde ihm das Ritterkreuz für seine persönliche Tapferkeit als Führer von Marineeinheiten im Gebiet der Insel Oesel und wiederholte Abwehr starker sowjetischer Seestreitkräfte und Landungstruppen verliehen. Er ist am 23.8.1954 in Bremen verstorben.

David Mathé, geb. 8.12.1900 in Wallern/Böhmen, studierte er an der Musikschule in Preßnitz Instrumentalmusik und Musiktheorie. 1917 rückte er freiwillig zur k.u.k. Kriegsmarine ein und wurde Musikmatrose in Pola. Nach dem Krieg hatte er in seiner

Heimat durch die Tschechen sehr zu leiden. Nach seiner Berufung als ordentlicher Professor an das Odeon in Athen, gründete er in Wien das erste große Jazz- und Unterhaltungsorchester. Er wurde Kapellmeister bei Radio Wien, in München und Berlin. An das Konservatorium wurde er schließlich als Professor für Fagott, Klarinette und Saxophon verpflichtet. 1939 rückte er zur deutschen Kriegsmarine ein und kam in verschiedenen Stäben an der Nord- und Ostsee, sowie am Schwarzen Meer, zum Einsatz. Nach seiner Kriegsgefangenschaft setzte er seine Musikerlaufbahn fort und war bald international bekannt. Am 21. April 1986 verstarb er in Wien. Er war Ehrenmitglied und Vizepräsident des Marine Verbandes[3].

Paul Meixner[4], geb. 1891, seit 15.6.1910 bei der k.u.k. Kriegsmarine, zuletzt auf U 16. Oktober 1916 ital. Gefangenschaft. 1939 meldet er sich als Linienschiffsltnt.a.D. zur deutschen Kriegsmarine und wurde im Mai 1940 als Kapitänltnt. z.b.V. zur Seetransportstelle Aalborg einberufen. Im Jänner 1941 schafft er in Tripolis die Voraussetzungen für die Ausschiffung des Afrikakorps und wird zum Korvettenkapitän befördert. Ihm werden alle Kriegsmarineeinheiten in Lybien, Ägypten und später in Tunesien unterstellt. Beförderung zum Kapitän z. See unter Übergehung des Fregattenkapitänranges. Mai 1943 Gefangenschaft. Befördert in Gefangenschaft zum Konteradmiral am 1.6.1944 für seine Leistungen während des Afrikafeldzuges und seinen Einsatz für die mitgefangenen Offiziere und Mannschaften in England und USA. Verstorben am 8.6.1950 in Graz[5].

Hermann von Rigele, Träger des Militär-Maria-Theresien-Ordens - 194. Promotion am 21.12.1929, als Linienschiffsleutnant und Kommandant S.M. U 31 für die Torpedierung H.M.S. WEYMOUTH am 2. Oktober 1918 bei Durazzo. Geboren am 16.9.1891 in Sarajewo. Im Ersten Weltkrieg (seit 17.6.1909 bei der k.u.k. Kriegsmarine) Kommandant auf mehreren U-Booten, zuletzt eben auf U31. Nach Ausbruch des Krieges als Korvettenkapitän zur Kriegsmarine. August/September 1940 als Kommandantenschüler bei der 21.U-Flottille. Als Kommandant des niederländischen Beute-U-Bootes „O25" - nunmehr „UD3", läuft er am 1.9.42 zu einer 66-Tage währenden Operation (im 52. Lebensjahr !) in den Mittelatlantik aus und versenkt auf dieser Feindfahrt am 26.11. das norwegische Motorschiff INDRA mit 5.041 BRT. Rigele war somit der älteste Kommandant eines U-Bootes, der in zwei Kriegen über sechzig Unternehmungen, davon mehr als vierunddreißig als Kommandant, mit Versenkungserfolgen in beiden Kriegen mitgemacht hat! Nach seiner letzten Feindfährt wurde er bis März 1944 Leiter des U-Stützpunktes in Kiel und dann bis März 1945 - nunmehr als Fregattenkapitän - Chef der 32.U-Flottille in Königsberg/Hamburg. Zuletzt war er Hafenkommandant in Triest bis Kriegsende. Er war Ehrenmitglied des Marine-Verbandes und starb am 18. Oktober 1982 im 92. Lebensjahr in Wien[6].

Rudolf von Singule, Träger des Militär-Maria-Theresien-Ordens - 194. Promotion am 21.12.1929, als Linienschiffsleutnant und Kommandant S.M. U4 für die Versenkung der R.N. GIUSEPPE GARIBALDI am 18. Juli 1915 verantwortlich. Geb. in Pola am 8.4.1883, seit 28.6.1901 bei der k.u.k. Kriegsmarine. War als Korvettenkapitän von November 1940 bis April 1942 Kommandant des ehemals niederländischen Beute-U-Bootes „O26" - nunmehr als „UD4". Er wurde 1945 in seiner Heimatstadt Brünn ermordet. Er war seit 1926 Miglied des Marine-Verbandes.

---

[3] siehe auch „Die Flagge" Heft 2/86
[4] siehe auch Seite 182
[5] siehe auch „Die Flagge" Heft 3/83
[6] siehe auch „Die Flagge" Hefte 3 u. 4/88

Hans Hugo Sokol, geb. 28.12.1892 in Wien, seit 10.9.1909 bei der k.u.k. Kriegsmarine. Er war bei Ausbruch des Weltkrieges beauftragt, mit dem Kreuzer SZIGETVÁR, auf dem er eingeschifft war, die nach Völkerrecht vorgesehene Ankündigung einer Blockade Montenegros den Behörden von Antivari zu übergeben. Als Kommandant eines Torpedobootes verbrachte er die letzten zwei Kriegsjahre im Geleitdienst. Am 1. Mai 1918 wurde er zum Linienschiffsleutnant befördert.

Er war Mitbegründer des Marine Verbandes und als Marinehistoriker Verfasser des (österreichischen) Seekriegswerkes. Mit 1. Mai 1938 wurde Sokol zur deutschen Kriegsmarine einberufen und der Abwehr unter Admiral Canaris zugeteilt. Er wirkte in Athen, Rom und Lissabon. Den Krieg beendete er mit dem Rang eines Fregattenkapitäns. Vom 23. November 1945 an verbrachte er eine 18monatige Haft bei der britischen Besatzungsmacht im Lager Wolfsberg (Kärnten). Bis 1965 war Sokol Generalsekretär und zuletzt Präsident des österr. Schwarzen Kreuzes - Kriegsgräberfürsorge und 1964/1965 Präsident des Marine Verbandes. Sokol ist am 5. Dezember 1982 in Wien verstorben[7].

Ludwig Suchanek, geb. am 10. April 1898 in Wien, meldete sich 1916 freiwillig zur k.u.k. Kriegsmarine als Seeaspirant und war bei Kriegsende Seekadett. Im März 1919 trat er in die Dienste der DDSG und arbeitete sich dank seiner Kenntnisse und Fähigkeiten bis 1942 zum Direktor empor. Er gehörte zwar nicht der deutschen Kriegsmarine an, hatte aber natürlich mit der Donauschiffahrt entscheidend mit Nachschub- und Transportaufgaben für die Kriegsmarine zu tun. So mußte er noch in den Kriegswirren 1944 nach Rumänien und geriet dort in Kriegsgefangenschaft. Nach seiner Heimkehr war er maßgebend am Wiederaufbau der DDSG beteiligt und wurde 1955 zum Betriebsdirektor ernannt. Er verstarb am 20.9.1980 in Wien. Auch er war Mitglied des Marine Verbandes[8].

Franz Venier, geb. 1893, seit 11.8.1912 bei der k.u.k. Kriegsmarine, erhielt als Kommandant die niederländischen Beute U-Boote 08 = deutsch UD1 und 0-2 = deutsch UD2. Korvettenkapitän Venier ist am 10.10.1944 bei dem UAK tödlich verunglückt.

Leo Wolfbauer, geb. am 21.7.1895 in Pernegg / Bez. Bruck/Mur, seit 13.6.1913 bei der k.u.k. Kriegsmarine, Fregattenleutnant seit 1.11.1915. 1918 auf S.M. U29 eingeschifft. Von März 1940 bis Februar 1942 bei der 24. U-Flottille in Memel unter Korvettenkapitän Weingaertner (ebenfalls Österreicher). Mit 1.4.1942 zum Korvettenkapitän befördert übernimmt er am 2.4.1942 mit U463 einen U-Tanker vom Typ XIV als Kommandant und versorgt in vier Unternehmungen im Zeitraum Juli 1942 bis April 1943 insgesamt 65 verschiedene U-Boote mit Brennstoff und anderen Vorräten im Atlantik. Am 12. Mai 1943 lief das Boot zu seiner fünften. und letzten Unternehmung aus Bordeaux aus und kehrte nicht mehr zurück. Das Boot war bereits am 15. Mai auf der Höhe von Brest südöstlich der Scilly Inseln auf 48° 28' N - 10° 20' W von einer Halifax unter Wing Commander Wilfried E. Oulton der RAF Squadron 58 angegriffen und versenkt worden. Von der 56köpfigen Besatzung konnte niemand gerettet werden. Wolfbauer war bereits im Ersten Weltkrieg mit der großen silbernen Tapferkeitsmedaille ausgezeichnet worden und im Zweiten Weltkrieg mit dem EK I und EK II [9].

Es ist klar, daß hier nicht alle ehemaligen Österreicher bei der deutschen Kriegsmarine aufgezählt werden können und die Aufzählung überhaupt nur beispielhaft zu verstehen ist. Überdies werden in der Folge nur Österreicher in leitenden oder Kommandantenstellun-

---

[7] siehe auch „Die Flagge" Heft 1/83
[8] siehe auch „Die Flagge" Heft 4/80
[9] siehe auch „Die Flagge" Heft 2/87

gen aufgeführt, um zu zeigen, daß die Österreicher in nichts den anderen „Deutschen" nachgestanden sind. Auf normalem Wege war allerdings kein höherer Rang als der eines Oberleutnants, Obermaaten und eher selten eines Portepeeunteroffiziers (Bootsmann, Obersteuermann etc.) zu erreichen.

Österreicher der jüngeren Jahrgänge, auch solche, die schon vor 1938 deutsche Staatsbürger waren:

Ferdinand Graf von und zu Arco-Zinneberg, Crew 41, war als Oberleutnant z. See von Sept. 1944 bis Mai 1945 Kommandant von U151. Das Boot wurde am 2.5.1945 von der Besatzung selbst gesprengt.

Ulrich-Philip Graf von und zu Arco-Zinneberg, Crew 39, übernahm als Oberleutnant z. See im April 1944 als Kommandant U A (ehem. türk. BATIRAY) bis März 1945. War Mitglied der Marinekameradschaft Ried i. I. und ist am 31.12.1980 verstorben. Die Besitzungen der Familie Arco lagen in Jägerndorf (ehem. öst. Schlesien, heute Tschechei).

Heinz Birnbacher, geb. 26.5.1910 in Villach, von Nov. 39 bis Sept. 42 Chef der 1.S-Flottille, als solcher Ritterkreuz am 17.6.1940. Okt. 42 bis Juli 43 .O. auf „Z23", befördert zum Korvettenkapitän am 1.4.1943, von Aug. 43 bis Nov. 43 Kommandant „Z24" und anschließend bis Aug. 44 Kommandant „Z25". Nachdem dieser gesunken war, bis Kriegsende Kommandant eines Marinebattaillons im Osten. Nach Gefangenschaft und Wiederaufstellung deutscher Streitkräfte trat er (deutscher Staatsbürger) in die Bundeswehr ein und brachte es dort bis zum Konteradmiral. Nach seiner Pensionierung in seine Heimatstadt Villach zurückgekehrt, verstarb er dort am 2.12.1991.

Kurt Eckel, war Kommandant von U2325 als Oberleutnant z. See bis Mai 1945. Das Boot wurde zur Operation Deadlight von Kristiansand nach England überführt.

Carl Graf Gudenus, geb. 10.10.1920 in Baden b. Wien, wurde mit der Crew 38 als Offiziersanwärter zur deutschen Kriegsmarine einberufen, machte nach verschiedenen Ausbildungskommandos auf dem Linienschiff SCHLESWIG HOLSTEIN den Beginn des Krieges am 1. September 1939 mit der Beschießung der Westerplatte mit und gelangte schließlich nach Absolvierung der Seeoffiziershauptprüfung nach Einsatz auf einem Minensuchboot in den Gewässern vor Norwegen und im Kanal als .W.O. auf U71 im Februar 1942. Machte mit diesem Boot auch zwei Feindfahrten unter dem Kommando von Rodler von Roithberg mit. Nach Absolvierung des Kommandantenlehrganges stellte er am 2. Juni 1943 U427 in Dienst und lief damit am 20. Juni 1944 nach Ausbildung, Übungen und Umbauten zum Fronteinsatz nach Norwegen aus. Nach mehreren Einsätzen mit Luftangriffen und vielen Wasserbomben einigermaßen heil am 3.5.1945 wieder in Narvik, wo am 8.5. feierlich die Kriegsflagge eingeholt wurde. Die Boote wurden nach Londonderry unter schwarzer Flagge überführt und die Besatzung kam anschließend in Kriegsgefangenschaft. Oberleutnant z. See Graf Gudenus ist Mitglied des Marineverbandes[10].

---

[10] siehe auch „Die Flagge" Heft 3/93

Helmut Herglotz, geb. 15.3.1918 in Berndorf (NÖ). Von November 1942 bis Dezember 1943 Kommandant U2, Dezember 1943 bis 1945 Kdt. U290.

Walter Kimmelmann, geb. 23.8.1922 in Bruck/Leitha, Crew 40. 11.12.1940 bis 2.6.1941 Seekadett auf einem Räumboot. 27.9.1941 bis 1.2.1942 Fährich z. See auf einem U-Boot. 15.8.1942 bis 26.9.1943 Oberfähnrich z. See bzw. Leutnant z. See als WO auf einem U-Boot. 1.10.1943 bis 21.11.1943 U-Bootsflottille. 22.11.1943 bis 3.7.1944 Schießlehrer beim Schulverband der Torpedoschulen. 4.7.1944 bis 8.5.1945 Kommandant von U139 als Oberleutnant z. See. Das Boot wurde in Wilhelmshaven am 2.5.1945 selbst gesprengt.

Erich Krempl, stammt aus Wels und übernahm als Kommandant und Oberleutnant z. See U548 im März 1945. Wurde am 30.4.1945 im Nordatlantik durch die US-Escorter COFFMANN, BOSTWICK, THOMAS und die Fregatte NATCHEZ gejagt und versenkt. Totalverlust ohne Überlebende.

OL z. See Kimmelmann

Karl Theodor Mayer, geb. 15.8.1921 in St.Veit/Glan, kam am 1.12.1939 als Seeoffiziersanwärter zur deutschen Kriegsmarine. Nach Ausbildung und Einsatz auf Linienschiff SCHLESWIG HOLSTEIN und Minensuchboot M21 in der Girondemündung, zur 27.U-Flottille, ab März 1942 bis Ende Jänner 1944 .W.O. auf U382. 1.12.1943 Beförderung zum Oberleutnant z. See und nach der fünften. Feindfahrt (einige Versenkungserfolge) zum Kommandantenlehrgang nach Memel und Kommandant des Schulbootes U72 bei der 21.U-Flottille in Pillau. Im März 1945 wurde das Boot außer Dienst gestellt und Mayer Torpedoerprobungsoffizier für die neuen Boote vom Typ XXI. Auszeichnungen: Beide E.K. und sowie U-Bootskriegsabzeichen mit Frontspange. Nach Kriegsgefangenschaft Jusstudium und Rechtsanwalt in Klagenfurt. Gründungsmitglied des Kärntner Marinebundes und zeitweise Obmann der Marinekameradschaft Klagenfurt.

Erich Niester, geb. am 14.9.1921 in Linz a. D., kam mit der Crew 39 zur deutschen Kriegsmarine. Auf dem leichten Kreuzer EMDEN machte er die Norwegenbesetzung mit und kam nach entsprechender Ausbildung im Frühjahr 1942 als W.O. auf U617. Sieben Feindfahrten machte er mit diesem Boot unter Albrecht Brandi mit, die ihn bis in das Mittelmeer führten mit namhaften Versenkungserfolgen. Ende 1943 erhält er das Kommando über das neu in Dienst gestellte U350 mit dem er zur 22.U-Flottille (Ausbildungsflottille) kommt. Als die U-Stützpunkte im Osten verloren gingen, kam das Boot nach Hamburg zum Schnorcheleinbau, wo es kurz vor dem Auslaufen zur 1. Feindfahrt Ende März 1945 bei einem Bombenangriff versenkt wurde. Letzter Dienstgrad: Oberleutnant

z. See. Nach dem Krieg Studium in Hamburg, Dipl.Ing. und schließlich Leiter des Geschäftsbereiches Betrieb bei der Flughafen Hamburg GmbH[11].

Heinrich Peter-Pirkham, geb. 18.7.1916 in Wien, trat als deutscher Staatsbürger mit der Crew 35 in die deutsche Kriegsmarine ein, war von April 1939 bis Sept. 1942 W.O. auf den Zerstörern FRIEDRICH IHN und FRIEDRICH ECKOLT. Am 1.6.1942 Kommandant des Torpedobootes KONDOR und von Feb. 1944 bis Juni 1944 Kommandant von „T31", welches am 20.6.1944 im Finnbusen verloren ging. Vom September 1944 bis März 1945 war er I.O. auf „Z 33" und anschließend bis Kriegsende dessen Kommandant. Peter-Pirkham war seinerzeit Obmann der Marinekameradschaft in Villach.

Siegfried Pregel, Kapitänleutnant und Kommandant U323. Boot am 3. Mai 1945 in Nordenham selbst gesprengt.

Dietrich Rauch, geb. 18.12.1916, Crew 36 als deutscher Staatsbürger zuletzt Kapitänleutnant und Kommandant U868. Das Boot am 30.5.1945 von Bergen nach England überführt. Rauch wohnt in Wien.

Hardo Rodler von Roithberg, geb. 14.2.1918 in Wels als Sohn des k.u.k. Vizeadmirals Josef R.v.Roithberg. 1936 Annahmeprüfung in Stralsund - Crew 37 A. April bis Juni 1937 Seekadett auf dem Segelschulschiff HORST WESSEL. Oktober 1937 bis April 1938 Ostasienreise mit Kreuzer EMDEN. 25.4.1938 bis 25.11.1938 Fähnrich zur See auf MKS MÜRWIK. Von November 1938 bis Oktober 1939 auf Zerstörer KARL GALSTER und war ab 14.9.1940 auf U96 unter Kapitänleutnant Lehmann-Willenbrock als W.O auf fünf Feindfahrten dabei, wobei insgesamt 18 Schiffe mit 142.864 BRT versenkt wurden. Am 9.7.1941 übernahm er als Kommandant U24 bis Mai 1942 und anschließend bis Juli 1943 U71. Mit diesem Boot machte er mehrere Unternehmungen ohne zählbare Erfolge im Atlantik mit. Am 22.7.1943 stellte er als Kommandant U989 in Dienst und wurde am 1.9.1943 zum Kapitänleutnant befördert. In mehreren Einsätzen konnte er - nun mit Schnorchel ausgerüstet - immerhin zwei bescheidene Erfolge erzielen. Am 23.8.44 torpedierte er trotz härtester Abwehr den US-Dampfer LOUIS KOSSUTH 7.176 BRT und versenkte am 26.8.1944 den britischen Dampfer ASHMUN J.CLOUGH 1.791 BRT. Am 8.2.1945 lief das Boot aus Kristiansand zu seiner letzten Fahrt aus und wurde am 14.2.1945 auf 61° 36' N/01° 35' W (bei den Färöer Inseln)

Hardo Rodler v. Roithberg. Sohn des k.u.k. Vizeadmirals Josef Rodler v. Roithberg. EK 1 und EK 2; U-Bootskriegsabzeichen

---

[11] siehe auch „Die Flagge" Heft 4/90 ff

von der 10th Escort Group unter Commander Burnett durch den Escorter BRAITHWAITE und die Fregatten LOCH ECK und LOCH DUNVEGAN gejagt und schließlich mit der gesamten Besatzung durch Wasserbomben versenkt[12].

Günther Scholz, geb. 27.2.1919 in St.Pölten. Vom April 1943 bis Dezember 1943 Oberleutnant z. See und Kommandant U-284. Am 21.12.1943 im mittleren Nordatlantik durch Fliegerbombe versenkt, Besatzung gerettet. Von März 1944 bis Juli 1944 Kommandant von UD2, vorm. niederl. O12, welches am 6.7.1944 in Bergen außer Dienst gestellt wurde. Von Juli 1944 bis Mai 1945 Kommandant von U 1052. Das U-Boot wurde im Mai 1945 von Bergen an England ausgeliefert und bei Operation Deadlight versenkt. Scholz ist Mitglied der Marinekameradschaft Ried i. I.

Hans H. Trojer, geb. 22.1.1916 in Birthälm/Siebenbürgen, trat als deutscher Staatsbürger mit der Crew 36 in die deutsche Kriegsmarine ein und stellte nach verschiedenen Kommandierungen am 9.5.1942 als Kommandant U221 in Dienst und versenkte auf vier Feindfahrten 11 Schiffe mit 69.589 BRT. Am 24.3.1943 wurde ihm das Ritterkreuz verliehen. Auf der vierten Feindfahrt wurde das Boot mit der gesamten Besatzung am 27.9.1943 südwestlich von Irland durch britische Flugzeuge versenkt. Letzter Dienstgrad: Kapitänleutnant. Da Trojer Jahre in Klagenfurt verbracht hat, pflegt die dortige Marinekameradschaft besonders sein Andenken.

Otto Tschadek, geb. 31.10.1904 in Trautmannsdorf (NÖ). Dezember 1944 bis 1945 Kriegsmarinerichter beim Gericht des Seekommandanten Schleswig-Holstein und Mecklenburg. MObst Richter d. Reserve. 1945 Bürgermeister und später bis April 1946 Oberbürgermeister von Kiel. 1949-1952 und 1956-1960 österreichischer Justizminister. Gest. 1969

Willibald Ulbing, geb. 19.8.1920. Von Dezember 1944 bis Mai 1945 Oberleutnant z. See, Komman-

Ritterkreuzträger Hans Trojer aus Kärnten. Mit seinem U-Boot LINDWURM mit dem Emblem der 7.U-Fl, dem „Stier von Scapa Flow".

---

[12] siehe auch „Die Flagge" Heft 1/87

dant U2347. Boot im Juni 1945 von Stavanger nach England ausgeliefert und bei Operation Deadlight versenkt.

Hannes Weingaertner, geb. 11.7.1908 in Innsbruck, 1928 Crew 28. Als deutscher Staatsbürger zur Reichsmarine, seit 1935 bei der U-Bootwaffe. Kommandant der Boote U4, U10, U16 - mit diesem Boot zu Kriegsbeginn Minenunternehmung und Handelskrieg. Schwedischen Dampfer NYLAND 3.378 BRT versenkt. Am 1.6.1942 zum Korvettenkapitän befördert und Chef der 24.U-Flottille. Am 21.5.1943 stellt er als Kommandant das Typ IX D2 Boot U 851 in Dienst und läuft am 26.2.1944 aus Kiel zur Feindfahrt aus. Letzter gemeldeter Standort 42° 2' N/46° 30' W, südöstl. Neufundland am 27. März. Seither verschollen[13].

Erhard Wendelberger, geb. 19.10.1921 in Klattau/Böhmen, Crew 39. Von November 1944 bis Mai 1945 Oberleutnant z. See und Kommandant U720. Boot am 24. Juni 1945 von Wilhelmshaven nach England überführt und bei Operation Deadlight versenkt.

Alle aufgezählten Kommandanten hatten natürlich bevor sie ihr Boot erhielten, auf anderen Booten unter anderen Kommandanten genügend Fronterfahrung sammeln können.

Stellvertretend für hunderte Maschinen-Unteroffiziere, die an der Maschinen-Schule Pola eine fundierte Ausbildung erhalten hatten, sei **Ignaz Binder** erwähnt und hervorgehoben.

---
[13] siehe auch „Die Flagge" Heft 1/88

Ignaz Binder (1896-1995). Er machte das Nachtgefecht in der Straße von Otranto mit (22.12.1916). Für seinen Dauerdienst im Maschinenraum von SMS VELEBIT erhielt er die bronzene Tapferkeitsmedaille

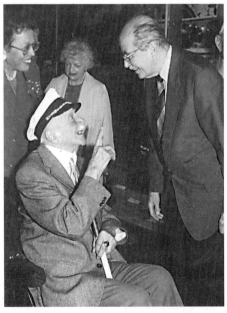

Ignaz Binder und Dr. Otto Habsburg beim Empfang der letzten lebenden Träger von Tapferkeits-Medaillen 1993, Heeresgesch. Museum in Wien

An Bord des Zerstörers VELEBIT machte er das sogenannte Nachtgefecht in der Straße von Otranto am 22. Dezember 1916 mit. Vier Zerstörer der Huszar-Klasse führten damals ein erbittertes Nachtgefecht gegen französische und italienische Zerstörer durch. Ein Vorgeschmack auf das „große" Gefecht vom 15. Mai 1917 sozusagen. Der Erfolg der Österreicher hing nicht zuletzt vom klaglosen Funktionieren der empfindlichen Maschinenanlagen ab. Binder erhielt die bronzene Tapferkeitsmedaille. Im Zweiten Weltkrieg war Binder im Marine-Arsenal Kiel in der Werkzeug-Abteilung eingesetzt.

Kriegschronik

Mit der Schließung der Überwachungslücke über dem Atlantik durch größere Reichweiten der Flugzeuge und den Einsatz von Escort Groups mit Flugzeugträgern, die Ausrüstung mit Radargeräten und der verborgen gebliebenen Entzifferung des Funkschlüssel M, war die Kriegsführung auf den Weltmeeren durch Hilfskreuzer und schwere Einheiten zu Ende und nach den großen U-Bootverlusten ab Mai 1943 der Einsatz von U-Booten des Types VII C (ohne Schnorchel) nur mehr eingeschränkt möglich, aber notwendig, um die feindlichen Seestreitkräfte und Flugzeuge zu binden. Trotz hoher Verluste blieb der Geist der U-Bootfahrer, sowie der gesamten Marine, ungebrochen. Von 1.170 in Dienst gestellten U-Booten kamen 863 zum Fronteinsatz und von diesen kehrten 630 nicht mehr zurück. Von diesen Booten wurden insgesamt 2.779 Schiffe mit 14,119.413 BRT versenkt. Tausende Schiffe wurden torpediert. Hinzu kamen 148 versenkte Kriegsschiffe und weitere 45 die torpediert wurden. Von den fast 40.000 U-Bootfahrern war 28.751 keine Heimkehr mehr beschieden.

Von den großen Einheiten der Kriegsmarine ging das Panzerschiff ADMIRAL GRAF SPEE schon am 17.12.1939 nach einem Gefecht mit brit. Seestreitkräften durch Selbstversenkung in der La Plata Mündung verloren. Der schwere Kreuzer BLÜCHER am 9. April 1940 bei der Besetzung Norwegens im Oslofjord, die beiden Kreuzer KÖNIGSBERG in Bergen, KARLSRUHE im Kattegatt, das Schlachtschiff BISMARCK nach Gefecht (gemeinsam mit PRINZ EUGEN) gegen britische Seestreitkräfte und Versenkung des britischen Schlachtschiffes HOOD am 27. Mai 1941 nach Kampf gegen übermächtige britische Seestreitkräfte und Flugzeuge im Atlantik 400 Sm westlich von Brest, das Schlachtschiff SCHARNHORST am 26.12.1943 am Nordkap nach Gefecht mit weit überlegenen brit. Seestreitkräften, das Schlachtschiff TIRPITZ am 12. November 1944 im Altafjord in Norwegen nach Flugzeugbombentreffern. Das Schlachtschiff GNEISENAU wurde bereits am 1. Juli 1942 außer Dienst gestellt und sollte in Gotenhafen repariert und umarmiert werden. Drei Jahre später, Anfang 1945 wird die GNEISENAU in Gotenhafen zwischen den Molenköpfen als Blockschiff versenkt. Das Linienschiff SCHLESWIG HOLSTEIN erhält am 18.12.1944 in Gotenhafen einen Bombentreffer, wird auf Grund gesetzt und am 21.3.1945 gesprengt. Der Schwere Kreuzer ADMIRAL SCHEER sinkt am 9. April 1945 in Kiel an der Pier nach Bombentreffern. Der Schwere Kreuzer HIPPER liegt am 2. Mai 1945 in Kiel und wird gesprengt. Der Schwere Kreuzer LÜTZOW (ex DEUTSCHLAND) greift noch im Mai im Osten in die Landkämpfe ein und wird am 3./4. Mai 1945 in der Kaiserfahrt in Swinemünde gesprengt. Nach Minentreffer erfährt das Linienschiff SCHLESIEN am 4. Mai 1945 auf der Reede vor Swinemünde dasselbe Schicksal.

Genauso schmerzlich waren natürlich die Verluste an leichten Kreuzern, Zerstörern, Torpedobooten, Minensuchern, Räumbooten, Schnellbooten und all den anderen Marinefahrzeugen bis zum Kriegsfischkutter herab.

Österreichische Patenstädte für deutsche U-Boote.

U-Boote	Wappen und Mützenabzeichen	Einsätze
U-116 VILLACH		26.7.1941//2.U-Fl. und 1.U-Fl; Frontboot seit 4.1942; gesunken nach dem 6.10.1942 im Nordatlantik aus unbekannter Ursache. (Amtlicher Todestag 15.10.1942) KK von SCHMIDT - 9.1942; OL GRIMME / Verlust 55 Mann
U-118 BAD GASTEIN	Mützen-Abzeichen	6.12.1941//4. U-Fl. ab; 10. und 12. U-Fl.; versenkt am 12.6.1943 im Nordatlantik westlich der Kanarischen Inseln durch 8 Flugzeuge des amerikanischen Trägers Bogue. KK CZYGAN / Verlust 44 Mann Konstrukteur dieses größten U-Boot-Typs der dt. KM war KL Felix Miller. Der Erfolg seines Kuraufenthaltes 1941 in Badgastein war ausschlaggebend für die Patenschaft seines neuen Schiffes. Verluste 44 Mann
U-129 PÖRTSCHACH		21.5.1941//4. U-Fl. ab - 6.1941; 2. U-Fl; am 4.7.1944 in Lorient außer Dienst und am 18.8.1944 selbst gesprengt. KL CLAUSEN Nicolai - 5.1942; KK WITT Hans - 7.1943; OL von HARPE - 7.1944
U-130 BREGENZ		11.6.1941//4. U-Fl. ab; 2. U-Fl; am 12.3.1943 im Nordatlantik westlich der Azoren durch US-Zerstörer Champlin versenkt. KK KALS - 1.1943; OL KELLER Siegfried Verluste 53 Mann - Totalverlust
U-202 INNSBRUCK	Innsbruck	22.3.1941//1. U-Fl.; versenkt am 2.6.1943 bei Cape Farewell/Grönland durch britische Sloop Starling. KL LINDER Hans-Heinz - 9.1942; KL POSER Verluste 18 Mann Aufschrift "Innsbruck" mußte 1942 nach Canaris-Unternehmung entfernt werden. Agenten des Unternehmens "Pastorius"waren an Bord von U-202 mit Spionage- u. Sabotageaufträgen vom Amt Ausland Abwehr II des OKW nach Amerika entsandt worden.
U-205 SALZBURG	Salzburg	3.5.1941//3. U-Fl. - 11.1941; 29. U-Fl. Am 17.2.1943 im östlichen Mittelmeer durch Flugboot und britischen Zerstörer Paladin versenkt. KL RESCHKE - 10.1942; OL Bürgel Verlust 9 Mann Auf der einen Seite des Turmes war auch das Emblem einer Schildkröte (seit Aug.1941) - auf der anderen Turmseite das Wappen der Patenstadt Salzburg unter deren Beisein das Boot am 3.Mai 1941 in Kiel in Dienst gestellt wurde.
U-221 KLAGENFURT	7. U-Flottille	9.5.1942//5. U-Fl. ab; 7. U-Fl versenkt am 27.9.1943 südwestlich von Irland durch britische Flugzeuge. KL TROJER Verluste 50 Mann Klagenfurt war Patenstadt dieses U-Bootes. An der Indienststellung nahmen Vertreter der Stadt teil. Kommandant des Bootes war der aus Klagenfurt stammende Oblt.z.See und spätere Kapitänleutnant H.H.Trojer. (siehe auch Seite ...) Flottilenwappen war der Stier von Scapa Flow. KL Trojer war einer der fähigsten U-Boot-Kommandanten der dt. KM

U-Boot	Wappen	Beschreibung
U-256 LANDECK		18.12.1941//9. U-Fl. November 1942 außer Dienst und im August 1943 als Flakfalle in Dienst. Nach einer Unternehmung Dezember 1943 wieder zum normalen Kampfboot umgebaut. 5.10.1944 Havarie und am 23.10.1944 in Bergen außer Dienst 1945 nach England ausgeliefert. KL LOEWE Odo - 11.1942; OL BRAUEL - 8.1944; KK LEHMANN-WILLENBROCK - 10.1944. 1943 Dienstverpflichtung von der Crew U-573 welches im Mittelmeer schwer beschädigt wurde. Internierung in Spanien. Das zurückgelassene Boot hatte eine Verbindung mit Tirol. Es hieß U-Landeck. Einer neuen Patenstadt Landeck stand daher nichts im Wege (siehe auch U-573)
U-373 GRAZ	(Mützenabzeichen)	22.5.1941//3. U-Fl. Am 8.6.1944 vor Brest durch britische Flugzeuge gebomt. KL LOESER - 9.1943; OL v. LEHSTEIN Verluste 4 Mann
U-533 WAIDHOFEN a.d. YBBS		25.11.1942//4. U-Fl. ab; 2. U-Fl. Am 16.10.1943 im Golf von Oman durch 2 britische Flugzeuge versenkt. 52 Mann gefallen, ein Mann gefangen. KL HENNING
U-573 LANDECK		5.6.1941//3. U-Fl; U-Fl. Am 1.5.1942 im Mittelmeer südwestlich von Cartagena durch Fliegerbomben beschädigt und am 2.5.1945 in Cartagena eingelaufen. Später an Spanien verkauft und umbenannt in "G 7". KL HEINSOHN Heinrich Nach Indienststellung des Bootes wurde das Wappen der Patenstadt Landeck angebracht. Nach der dritten Fahrt vor Algier gebomt und tauchunfähig. Von Mai 1942 bis März 1943 interniert (siehe auch U-256)
U-754 LINZ	(Wappen von O.Ö.)	28.8.1941//5. U-Fl. ab; 1. U-Fl. Am 31.7.1942 im Nordatlantik durch Fliegerbomben südostwärts Cape Sable (Nova Scotia) versenkt. KL OESTERMANN Verluste 43 Mann
U-763 BLUDENZ	(Mützenabzeichen)	13.3.1943//8. U-Fl. ab; 3. und 33. U-Fl. fb; 24. U-Fl. ab. Am 24.1.1945 in Königsberg bei Luftangriff versenkt. KL CORDES - 10.1944; LT BRAUN i. V. 8.1944 - 10.1944; OL SCHRÖTER Karl Heinz Tschanett der LI auf U-763 stammte aus Bludenz, damit wurde die Verbindung als Patenstadt hergestellt. Taufe in Wilhelmshaven "U-Bludenz"
U-1195 BLUDENZ		4.11.1943//21. U-Fl. sb; 24. und 5. U-Fl. ab; 11. U-Fl. Am 6.4.1945 südlich Portsmouth durch britischen Zerstörer Watchmann versenkt. OL SCHRÖTER k.-H. - 10.1944; KL CORDES Ernst Verluste 31 Mann KL Cordes vorher Kommandant von U-763 tauschte mit OL Schröter das Boot und führte weiter das Patenstadt-Wappen von Bludenz. Am 6.4.1945 gefallen.

Nach der Casablanca Konferenz vom 25. Jänner 1943 war für Deutschland nur mehr eine bedingungslose Kapitulation möglich und mit der Kapitulation der 6. Armee am 31. Jänner 1943 in Stalingrad trat der Wendepunkt des Krieges ein. Am 12. Mai kapitulierten die deutschen Truppen in Tunesien und britisch-amerikanische Truppen landeten in Sizilien am 10. Juli. Mit dem 13. Oktober befand sich Deutschland auch mit dem ehemaligen Verbündeten, der Badoglio-Regierung in Italien, im Kriegszustand. Am 6. Juni 1944 erfolgte die Landung der Alliierten in der Normandie und der 20. Juli spaltete zusätzlich das Offizierskorps - allerdings nicht bei der Marine!

Verloren - Erfahrungen und Lehren [14]

Der Mehrfrontenkireg, das Scheitern der mit dem Überfall auf Rußland verknüpften Ziele und der alliierte Sieg in der Schlacht um den Atlantik - diese Entwicklungen machten die Kriegswende spätestens im Jahre 1943 deutlich sichtbar.

Der Einsatz des Schlachtschiffs SCHARNHORST und sein Untergang am 2. Weihnachtstage 1943 weisen tragische Züge auf. Der Zwang, einen Geleitzug mit Waffen für Rußland zu bekämpfen, um damit indirekt dem Heer an der Ostfront zu helfen, überdeckte die eigene Erfahrung, daß das Schiff unter den Bedingungen des Nordpolarwinters kaum in der Lage war, etwas auszurichten.

Dabei spielte Radar die Hauptrolle. Die umwälzende Bedeutung der Hochfrequenzwaffen im Seekrieg war in Deutschland immer noch nicht Allgemeingut - trotz vieler eigener Erfahrungen mit Funkmeß als Aufklärungsmittel und trotz der bösen Überraschungen durch das gegnerische Radar, besonders im U-Boot-Krieg.

Gerade in der extremen Unsichtigkeit des Polarwinters gebührte dem Einsatz und der Wirkung der eigenen wie der feindlichen Funkmeßortung ein hervorragender Platz in allen Operationsüberlegungen, wenn die deutsche Kampfgruppe angesetzt werden sollte; sie wurden jedoch kaum beachtet.

Die deutsche Marine wurde im Zweiten Weltkrieg gewiß mit bestem Bemühen, jedoch ohne Fortune geführt. Die höheren Führungsstäbe waren insbesondere der technischen Revolution, die der Krieg mit sich brachte, nicht gewachsen. Erst spät, und fast immer nur als Reaktion auf die sich häufenden Rückschläge, kam eine enge Zusammenarbeit zwischen militärischer Führung auf der einen, Wissenschaft und Technik auf der anderen Seite zustande.

---

[14] Cajus Bekker (Pseudonym für Hans Dieter Berenbach) Verdammte See, Oldenburg 1971

Die heldenhaften Einsätze zur See 1945

Als letzte Kraftanstrengung gelang es der Marine noch ab Jänner 1945 in einem beispiellosen Einsatz nahezu zwei Millionen Menschen aus den Ostgebieten nach Westen in Sicherheit zu bringen. Dies sogar noch nach dem Waffenstillstand am 8. Mai 1945. Nach Hitlers Selbstmord in Berlin war von diesem Großadmiral Dönitz die Staatsführung übertragen worden. Die letzten deutschen Einheiten kapitulierten auf den ägäischen Inseln am 11. Mai 1945.

Wenn man in diesem Inferno der letzten Kriegsmonate kaum mehr an einen Sieg glauben konnte, so hatten die U-Bootfahrer doch noch einen ganz kleinen Funken der Hoffnung mit den neuen Booten vom Typ XXI (die ersten echten U-Boote) die Situation doch noch einmal ändern zu können. Diese Boote kamen aber erst in den letzten Kriegstagen zum Einsatz.[15]

Es ist eine seltsame Fügung des Schicksals, daß gerade jene Einheit der KM, die Traditionsträger der k.u.k. KM war, als <u>einziges</u> großes Schiff den Krieg überlebte. Der schwere Kreuzer PRINZ EUGEN wurde nach Amerika überführt und im Juni 1946 beim

Backbordschraube von PRINZ EUGEN in Laboe (Deutschland)

---

[15] Auch U2511 kapituliert. Korvettenkapitän A.Schnee übergibt sein Boot vom Typ XXI in Bergen den Engländern. Schnee ist der einzige Kommandant, der mit einem der neuen großen Elektroboote noch vor der Kapitulation zur Feindfahrt auslief. Wenige Stunden nach der von Dönitz befohlenen Waffenruhe sichtet er einen britischen Kreuzer, dem er sich kraft seiner hohen Unterwasserfahrt so vorsetzen hätte können, daß der Kreuzer mit absoluter Sichtheit versenkt worden wäre. Die gegnerische Abwehr ortet das Boot nicht.

Steuerbord-Schraube. Heute noch sichtbar. Das Schiff hat 2 Atombombenversuche überstanden und liegt kieloben. Kwajalein-Atoll im Pazifik 1994

Bikini-Atoll zu Atombombenversuchen verwendet und schließlich mit dem Heck auf die Korallen der benachbarten Lagune Kwajalein (gehörte früher zu den deutschen Marschallinseln) gesetzt, wo er am 16. Dezember 1946 kenterte. Die Schiffsschraube des Kreuzers wurde nach längeren Verhandlungen von den Amerikanern übergeben und kann jetzt auf dem Gelände des Marineehrenmales in Laboe besichtigt werden.

Daß die Österreicher nicht nur bei der deutschen Kriegsmarine ihren Mann gestanden haben, kann man am besten auch daraus ersehen, daß viele von ihnen, als es wieder ein österreichisches Bundesheer gab, den Soldatenberuf ergriffen haben und die Anzahl der aus der Marine hervorgegangenen höchstrangigen Offiziere spricht für sich. Es war immerhin ein gutes Dutzend, die es bis zum Brigadier oder Divisionär gebracht haben. Stellvertretend für alle sei hier nur der ehemalige Landeskommandant von Niederösterreich, Korpskommandant Ernst Maerker genannt.

Für begeisterte junge Männer war die künftige Entwicklung 1938/39 schwer erkennbar und beurteilbar. Den Idealen und Erziehungsnormen ihrer Generation gemäß und im Glauben an eine gute Sache taten sie ihren Dienst. Dem Urteil späterer Jahre und späterer, objektiver Historiker, möge ein abschließendes Wort vorbehalten bleiben.

Lothar Baumgartner

VOM ZÖGLING DER K.U.K. MARINE-AKADEMIE ZUM DEUTSCHEN KONTERADMIRAL

Die Lebensgeschichte des Dr. Paul Meixner (1891-1950)

Aus der Aufzählung jener k.u.k. Seeoffiziere, die im zweiten Weltkrieg in der deutschen Kriegsmarine dienten, soll Paul Meixner aus mehreren Gründen hervorgehoben und gesondert vorgestellt werden.

Zunächst stellvertretend für hunderte andere k.u.k. Seeoffiziere und ihre Laufbahn, ihre Mehrsprachigkeit, ihre menschlichen Qualitäten und ihre Fähigkeiten. Zweitens aber, weil Meixner auf Grund seines besonderen organisatorischen Talentes zum Transportleiter des deutschen Afrika-Korps aufstieg und im Juni 1944, obwohl er sich zu diesem Zeitpunkt bereits in Kriegsgefangenschaft befand, zum Konteradmiral (Sonderführer) ernannt wurde. Dies war ein einmaliger Fall und Meixner erreichte als einziger ehemaliger k.u.k. Seeoffizier diesen Rang.

Paul Meixner und die Besatzung von U16 konnten schwimmend die albanische Küste erreichen. Erst tags darauf wurden sie von einer ital. Patrouille gefangen genommen. Alle waren halb nackt. Meixner erhielt die Uniform eines Unteroffiziers der italienischen Kriegsmarine. Er steht hier in der Mitte des Bildes am Fallreep. (Das Foto stammt aus einer ital. Zeitschrift)

Freg.Ltnt. Paul Meixner (in der Mitte hinter dem Geschütz) an Bord von U16 (1916)

1891 in Wien geboren, trat Meixner im Herbst 1906 in die k.u.k. Marine-Akademie in Fiume (Rijeka) ein. Vom 2. bis zum 4. Jahrgang war er Klassenbester (Rang 1.) und auch bei der schwierigen Seeoffiziersprüfung bestand er als Bester. Ausmusterung im Juni 1910 als Seekadett.

Danach an Bord SMS SZIGETVÁR, ein kleiner Kreuzer vom Typ ZENTA, der die Monarchie damals als sogenanntes „Stationsschiff in der Levante" vertrat. Danach war Meixner auf dem Schlachtschiff ZRINYI, das im Rahmen der internationalen Blockade Albaniens vor der Mündung der Bojana lag. Schon der 19jährige Seekadett fiel durch seine Sprachkenntnisse und sein gewandtes Benehmen positiv auf. Die beiden Einschiffungen mit ihrem eher komplizierten Umfeld müssen für den jungen Offizier sehr interessant gewesen sein und eine entsprechende Erweiterung des politischen Denkens gebracht haben!

U16

Im Krieg war Meixner dann zunächst auf dem Torpedoboot 57 T (=Typ Kaiman) und machte jene Aktion mit, bei der im Hafen von Antivari (Bar) die montenegrinische Yacht RUMIJA versenkt wurde.

Dann meldete er sich zur Unterseeboots-Waffe. Als 1. Offizier des U-Bootes U16 (Kommandant Orest Ritter von Zopa) geriet er am 16. Oktober 1916 beim dramatischen Untergang des Bootes vor Albanien in italienische Kriegsgefangenschaft. U16 gehörte zum deutschen Typ UB I, es war in zerlegtem Zustand von Bremen nach Pola transportiert worden, eine für damals anerkennenswerte technologische Leistung. U-16 griff einen italienischen Dampfer und den begleitenden Zerstörer NEMBO an. Die NEMBO wurde versenkt, doch der Dampfer BORMIDA rammte, mehr durch Glück und Zufall als durch Absicht, das U-Boot so schwer, daß es kurz darauf sank. Meixner unternahm zahlreiche Fluchtversuche, die aber sämtlich mißlangen.

Im Jahr 1912 war Meixner zum Seefähnrich, 1913 zum Fregattenleutnant und 1917 zum Linienschiffsleutnant ernannt worden. Er erwarb mehrere Auszeichnungen, als höchste den Orden der Eisernen Krone 3. Klasse.

1939 wurde Meixner, der unterdessen 1927 an der Universität Wien zum Dr. Juris promoviert hatte, in seinem alten Rang Linienschiffsleutnant = Kapitänleutnant, zur deutschen Kriegsmarine gemustert und im Mai 1940 eingezogen. Erster Einsatzort war die Seetransportleitung Aalborg, danach kurzfristig Calais, während der Vorbereitungen zum Unternehmen „Seelöwe" (= geplante Invasion Englands). Ab Jänner 1941 aber war Meixner, der fließend italienisch und englisch und gut kroatisch und französisch sprach, Chef der Seetransportleitung Tripolis und damit in seinem eigentlichen Element. Es ist klar, daß die einstigen k.u.k. Seeoffiziere, die ja alle italienisch und kroatisch sprachen, als Verbindungsoffiziere zum italienischen Verbündeten und zum kroatischen Nationalstaat sehr gefragt waren.

In den folgenden zwei Jahren machte Meixner alle Höhen und Tiefen, das schnelle Vordringen und die Rückzüge des deutschen Afrika-Korps mit. Wir wissen heute, daß es den Briten gelungen war, den deutschen Marine-Funkschlüssel M, der auf der Schlüsselmaschine Enigma beruhte, zu entziffern und die Funksprüche der deutschen und italienischen Kriegsmarine weitgehend mitzulesen.

Zahlreiche Erfolge der Alliierten gegen Geleitzüge der Achsenmächte, aber auch spektakuläre Erfolge, wie die Seeschlacht von Matapan/Gaudo beruhen letztlich direkt oder indirekt auf diesem Phänomen.

Daß Meixner als Transportleiter trotzdem so erfolgreich war, beruhte auf seinem schnellen Handeln, seiner Fähigkeit Verantwortung zu tragen und auch ohne lange

Konteradmiral Dr. Paul Meixner (4. v. rechts stehend) inmitten von Besatzungsmitgliedern des Blockadebrechers ANNELIESE ESSBERGER im Kriegsgefangenenlager CAMP Mc CAIN, Mississippi, USA, Sommer 1944.
Der bewaffnete Blockadebrecher ANNELIESE ESSBERGER (62 Mann unter dem Befehl des erfolgreichen Kapitäns Johann Prahm) wurde auf seiner 2. Fahrt nach Japan von den US Kreuzern MILWAUKEE, CINCINNATI und dem US Zerstörer SOMERS am 21. November 1942 im Südatlantik aufgebracht. Nach seiner Selbstversenkung geriet die Besatzung — 8 Stunden später – in Kriegsgefangenschaft. Nach einer eineinhalbjährigen Odyssee in Brasilien brachten die Nordamerikaner die Überlebenden in die USA. Am 16. Juni 1944 marschierte die Besatzung durch das Lagertor des Kriegsgefangenenlagers Camp Mc Cain am Mississippi.

Funksprüche den Schiffsverkehr zu organisieren und wohl auch auf dem Glück des Tüchtigen.

1941/42 war Meixner zum Korvettenkapitän und dann unter Überspringen eines Ranges zum Kapitän zur See ernannt worden. Mit den Resten des Afrika-Korps geriet er am 11. Mai 1943 in Kriegsgefangenschaft. Er war in einem Camp in den USA.

Meixners Nachlaß enthält an die fünfzig herzliche Privatbriefe, die ihn im Lager erreichten und drei persönliche Briefe von Admiral Dönitz. Mit 1. Juni 1944 wurde er zum Konteradmiral (S) ernannt.

Dr. Paul Meixner starb am 8. Juni 1950 in Graz.

Kapitän zur See Dr. Paul Meixner in Tropenuniform 1942. EK 1 + EK 2, Abzeichen f. U-Boots Besatzung der k.u.k. KM, Deutsches Kreuz in Silber und Gold

ABKÜRZUNGSVERZEICHNIS

FV   Flottenverein
ISF Internationale Seefahrer Föderation
KK   Korvettenkapitän
KL   Kapitänleutnant (Kaleu)
KM   Kriegsmarine
KTB Kriegstagebuch
L-Fl Landungs-Flottille
LI   Leitender Ingenieur
MHJ Marine HJ
MV   Marineverband
O   holländische Beute U-Boote (siehe UD)
OKW Oberkommando Wehrmacht
OL   Oberleutnant
S-Fl Schnellboot-Flottille
T   Torpedoboot
U-Fl U-Boot Flottille
UA   türkisches U-Boot (beschlagtnahmt f. d. dt KM)
UAK U-Boot Abnahmekommando
UD   ehemalige holländische U-Boote unter dt. Kennung
WO   Wachoffizier
Z   Zerstörer

LITERATURVERZEICHNIS

Aichelburg, Dr. Wladimir. „Österreichischer Marineverband", im Periodicum „Yacht Revue" Nr. 7/91 und 8/91
Almanach für die k.u.k. Kriegsmarine 1918 - Kriegsausgabe, Redaktion der „Mitteilungen aus dem Gebiete des Seewesens" Pola
Binder Ignaz, Der Pionier vom Wolfersberg (Hrsg. Bürgerforum Penzing) Wien 1994
Bekker Cajus, Die deutsche Kriegsmarine 1939-1945 in über 300 Fotodokumenten. Weltbild Vlg., Augsburg 1992
Bekker Cajus, Verdammte See. (KTB d. dt. KM) Stalling Vlg., Oldenburg 1971
Brandes Bernd, Frieden durch Verstehen. Das Projekt Prinz Eugen. Vlg. Dr. Resch, Gräfelfing 1993
Brennecke Jochen, Jäger-Gejagte. Koehler Verlagsges., Herford 1956
Denscher Bernhard, Gold gab ich für Eisen. Kriegsplakate 1914-1918. J & V , Wien - München 1987
Eyssen Robert, Kriegstagebuch „Komet". Koehlers Verlagsges., Jugenheim 1960
Die Flagge, offizielles Organ des österreichischen Flottenvereines, Wien.
Högel Georg, Embleme Wappen Malings deutscher U-Boote 1939-1945. München 1984
Jubiläumsbericht des Flottenvereines. Wien 1914
Kleindel Walter, Das große Buch der Österreicher, Kremayr & Scheriau, Wien 1987
Kurowski Franz, Die Träger des Ritterkreuzes des Eisernen Kreuzes der U-Bootwaffe 1939-1945. Podzun-Pallas 1987
Lehmann - H.H. Hildebrand, Die deutsche Kriegsmarine 1939-1945, Podzun Vlg., Bad Nauheim o.J.

Marine-Hitler-Jugend im Dienst. Hrsg. Reichsjugendführer. Vlg. Mittler & Sohn, Berlin 1942

Mielke Otto, Die Deutschen U-Boote 1939-1945 - ein SOS Handbuch. Moewig Verlag, München 1954

Mohn Reinhard, Der Zweite Weltkrieg - Bilder-Daten-Dokumente. Bertelsmann-Lexikon-Verlag, Gütersloh 1968

Wallisch Friedrich, Die Flagge Rot-Weiß-Rot. Verlag v. Hase & Koehler, Leipzig 1942

Zur Verfügung standen die offziellen Periodica des Marineverbandes seit 1925.
Mitteilungen des Marineverbandes 1925-1938
Mitteilungen der Gesellschaft der Freunde der Seefahrt 1949-1956
Seit 1956 wieder Mitteilungen des MV, dann Flagge genannt.

Verbandsintern existiert als Arbeitsbehelf der Titel: Geschichte der maritimen Vereine in Österreich (Manuskript)

NEU IM BIBLIO VERLAG

Abbildungsbeispiel:
Maximilian Franz Ferdinand Freiherr von Pitner (1833–1911)

Antonio Schmidt-Brentano
Die österreichischen Admirale

3 Bände. ISBN 3-7648-2466-2. Format 17x23 cm. Gebunden.

Band 1: 1808–1895. XXVII, 513 Seiten mit 77 Abb.
ISBN 3-7648-2511-1   pro Band DM 160,–

Die Führer der ehemaligen k.u.k. Kriegsmarine werden in insges. 262 Biographien detailliert dargestellt. Die Angaben zum familiären Hintergrund und zur maritimen Laufbahn werden ergänzt durch kritische Würdigungen von Persönlichkeit und Leistung, gestützt auf zeitgenössische Quellen, so daß nicht nur militärischer Werdegang, sondern auch menschliche Entwicklung nachvollzogen werden kann. Porträts und Quellenangaben, eine Einführung mit statistischen Anmerkungen und ein ausführliches Literaturverzeichnis runden diese biographische Dokumentation ab.

Das Gesamtwerk ist chronologisch geordnet. Zwei weitere Bände werden das Werk bis über den Untergang der Habsburger-Monarchie hinaus fortführen und komplettieren.

Biblio, c/o Zeller Verlag, Postfach 1949, D-49009 Osnabrück

DIE AUTOREN

Dr. med. Lothar Baumgartner

Jahrgang 1942, Facharzt für Anästhesie. Seit über 30 Jahren Interesse für Geschichte der k.u.k. Kriegsmarine, der österreichisch-ungarischen Handelsmarine und des Küstenlandes. Sammler von Literatur, Fotos und Gegenständen, die daran erinnern. Publikationen: MILITARIA AUSTRIACA, Nr. 1 und 2.
1974 bis 1989 in der Redaktion der Fachzeitschrift „MARINE - Gestern, Heute".
Herausgeber des autobiograph. Buches „Denn Österreich lag einst am Meer" (= die Lebensgeschichte von Admiral Koudelka). Co-Autor der Bücher: Die Schlachtschiffe der TEGETTHOFF Klasse. Die Schlachtschiffe der RADETZKY Klasse. Österreich-Ungarns Marine und Küste auf alten Postkarten. Österreich Ungarns Unterseeboote. Geschichte der Uniformierung der k.k. und k.u.k. Kriegsmarine.

Georg Pawlik

Jahrgang 1945, Realschule, Ausbildung zum nautischen Schiffsoffizier - tätig u. a. bei der DDSG, derzeit Abteilungsleiter in einer großen österreichischen Versicherungsgesellschaft. Mitglied der Gesellschaft für Österreichische Heereskunde. Autor mehrerer Marinebücher sowie zahlreicher Aufsätze in Marinezeitschriften.

Univ. Prof. Dr. Gerd Kaminski

Jahrgang 1942, Leiter des Ludwig Boltzmann Institutes für China und Südostasien-Forschung. Generalsekretär des österr. China-Forschungsinstitutes (ÖCF). Wichtigste relevante Publikationen (gemeinsam mit Else Unterrieder) :
„Von Österreichern und Chinesen" Europa-Verlag 1980.
„Wäre ich Chinese, so wäre ich Boxer" Europa-Verlag 1989.

Dr. Peter Jung

Jahrgang 1955. Seit 1981 im Österreichischen Staatsarchiv, Abt. Kriegsarchiv. 1984 Marinereferent. Derzeit Oberrat und Leiter der Bestandsgruppe Kriegsmarine und Luftfahrt bis 1918. Autor zahlreicher Publikationen im In- und Ausland.

Dr. Hans Sanda †

Geboren am 15.12.1924 in Wr. Neudorf bei Wien. Seesportprüfungen 1940 - 1942 d. MHJ. 1942 auf Crew 42. Kadettenzeit auf dem schweren Kreuzer ADMIRAL SCHEER. Marine-Kriegsschule Glücksburg. Seeoffiziershauptprüfung 1944. Ausbildung als U-Boot WO. 1945 auf U1007. Gefangenschaft. 1957 Promotion zum Doktor Juris. Bahn-Direktionsrat. Pension. 1987-1990 Präsident d. öst. MV. Ehrenpräsident. Verstorben im August 1995.

IM FRÜHJAHR 1999 ERSCHEINT:

Peter Freiherr von Handel-Mazzetti
(Hrsg. Lothar Baumgartner)

„Abgelauscht"

Die Funkaufklärung der k.u.k. Kriegsmarine 1917-1918

Mit unterschiedlichem Erfolg versuchten in beiden Weltkriegen alle Marinen die Funksprüche des Gegners mitzulesen. Die besten Köpfe und Analytiker wurden dafür eingesetzt. Über den „Room 40" der k.u.k. Kriegsmarine, das waren die Spezialisten bei Großradio Pola und in den Horchstationen, ist bisher nichts publiziert worden. In der Literatur finden sich nur verstreute Hinweise. Glücklicherweise hat der LSL Peter Freiherr von Handel-Mazzetti (1892-1981), der nach der Fertigstellung von Großradio Pola ab Anfang 1917 bis Kriegsende als Radio-Offizier eingesetzt war, ein Kriegstagebuch hinterlassen. Unter Verwendung dieses Tagebuches, das zahlreiche Original-Funksprüche enthält, sowie weiterer bisher unveröffentlichter Quellen, entstand diese Publikation.
Unglaublicher Weise blieb eine Dechiffrier-Maschine, wie sie auch die k.u.k. Kriegsmarine verwendete, im Original erhalten!
ca 152 Seiten, zahlr. Abb., Faks. Dokumente, techn. Anhang. Geb. ca. öS 450,– / DM 65,–

A-1080 Wien, Lerchenfelderstraße 78-80 · ☎ 01/406 13 49 · Fax: 01/403 04 10

SONDERBÄNDE DER ÖSTERREICHISCHEN MILITÄRGESCHICHTE

Wolfgang Zecha / Hans Hirnschall
200 Jahre Flugabwehr in Österreich 1794-1994
136 S., 108 Abb., 10 z.tl. dreifarb. Karten, 7 Faks, Tab., Lit.Verz.,
geb. öS 330,–/DM 48,–

2. verb. Neuauflage 1997
Kurt Mörz de Paula
Der österr.-ungarische Befestigungsbau 1820-1914
152 Seiten, 140 techn. Skizzen, 12 Karten, 44 Abb.+Fotos, Faks., 31 Geschützskizzen mit techn. Beschreibungen
geb. öS 450,–/DM 65,–

E. Weilguny, G. Martin, P. Hekele, E. Artlieb
Armeetrain im österr. Heer 1771 - 1938
Organisation der Nachschubtransportdienste, Bewaffnung, Fahrzeuge, Uniformierung, Blankwaffen.
136 Seiten, zahlr.Abb., Skizz. Karten, Tab.
geb. öS 330,—/DM 48,—

Egon Sauer von Nordendorf
Österreichische Kavallerie Von den Anfängen bis zur Gegenwart
128 Seiten, zahlreiche Abbildungen, Faksimile, Karten
geb.. öS 350,–/DM 50,–

IM FRÜHJAHR 1998 ERSCHEINT:

Die Adjustierung des k.(u.)k. Heeres 1868 - 1914
Hrsg. Hermann Hinterstoisser

Dieses Werk schließt eine Lücke in der Uniformkunde des k.(u.)k. Heeres. Neben bisher unveröffentlichten Abbildungen sind auch relevante Teile der Adjustierungsvorschriften eingearbeitet.

ca. 128 Seiten, über 70 Bildseiten, Tab., Anh., Faks.

gebunden ca. öS 450,– / DM 65,–

VERLAGSBUCHHANDLUNG STÖHR
A-1080 Wien, Lerchenfelderstraße 78-80 · ☎ 01/406 13 49 · Fax: 01/403 04 10

DIE K.U.K. KRIEGS-MARINE
Lothar Baumgartner
Ein Kriegstagebuch 1914-1918

Peter Jung
Umsturzjahr 1918 - Ende und Auflösung

88 Seiten, zahlr. Abb. u. Skizzen, bisher unveröffentlichtes Fotomaterial!
Br. öS 270,—/DM 39,—
Abo-Preis öS 240,—/ DM 34,–

DIE K.u.K. MARINE

ÖMG 3/95   ÖMG 4/96

Erwin Sieche
Rot-weiß-rot auf gelbem Meer

Seiner Majestät Kreuzer „Kaiserin Elisabeth" Tsingtau 1914

72 Seiten, zahlr.Abb., Faks
Br. öS 270,—/DM 39,—
Abo-Preis öS 240,-/ DM 34,–

Blasich Branko, <u>Das Seegefecht bei Helgoland 1864.</u> Reprint aus Streffleurs Militärische Zeitschrift 91. Jahrg., Wien 1914. 21 Seiten, kart. öS 60,–

Bartsch Rudolf, <u>Ein Seekrieg in Schwaben.</u> Geschichte der österr. Flottille auf dem Bodensee in den Jahren 1799 und 1800. Sonderdruck a.d. Mitteilungen d. k.u.k. Kriegsarchives, Wien 1906. Zusammengestellt von Erwin Sieche. 34 Seiten, öS 60,–

<u>Die Flottanten der k.u.k. Kriegsmarine.</u> Inventarlisten des schwimmenden Materials im Hafendienst der Flotte. Hrsg. K.u.K. Seearsenal Pola Dockleitung 1916 (Reprint) 17 Seiten. Br. öS 80,–

AUS UNSEREM VERLAGSPROGRAMM:

  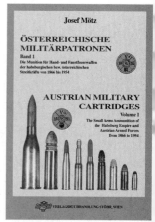

PULVERFASS BALKAN BOSNIEN-HERZEGOWINA
Weder die Türken noch die Russen am Westbalkan. Österreich-Ungarn beruhigt als Ordnungsmacht.

72 S., 6 Fotos, 20 Abb., 5 Karten, Gliederungen, Tabellen, Faksimiles
Br. öS 270,–, DM 39,–

Hrsg. Peter Jung
(Kriegsarchiv Wien)

Ein unbekannter Krieg 1914 - 1916
Das k.u.k. Gesandtschaftsdetachement Teheran von Persien bis nach Wien

72 Seiten, zahlreiche Abb., Faksimile, Karten, Broschürt
öS 270,–/DM 39,–,
Abo-Preis öS 240,–/DM 34,–

Josef Mötz
Österreichische Militärpatronen

Band 1: Die Munition für Hand- und Faustfeuerwaffen der habsb. bzw. österr. Streitkräfte von 1866 bis 1954.
Großformat, zweispr. engl/dt., 440 S., zahlr. z.tl. farb. Abb., Strich- u. Konstruktionszeichn. geb. öS 980,—/DM 140,—
Band 2 erscheint 1998!

 VERLAGSBUCHHANDLUNG STÖHR
A-1080 Wien, Lerchenfelderstraße 78-80 · ☎ 01/406 13 49 · Fax: 01/403 04 10